总　序

进入新世纪，中国高等教育发展形成的共识之一，就是要着力教育创新。教育创新共识的形成，是以对时代发展的新特点的理解为基础的，以对当今世界和我国教育发展的新趋势的分析为背景的，以实现中华民族的伟大复兴和社会主义教育事业发展的历史任务为目标的，深刻地反映了高等教育确立"以人为本"新理念的必然要求。

教育创新的首要之义就在于，教育要与经济社会发展的实际相结合，要与我国社会主义现代化建设对各类高层次人才培养的需要相适应，努力造就具有创造精神和实践能力的全面发展的人才。为了达到教育创新的这些要求，高等教育不仅要实行教育理论和理念的创新，而且还要深化教育教学改革，着力提高教育教学质量和水平。特别要注重学科与专业设置的调整和完善，形成有利于先进科学技术发展和提高国民经济发展水平的学科专业和教学内容；要注重人才培养结构的优化，形成既能适应现代化建设对各级各类高层次人才的需求，又能体现和反映高校优秀的办学特色、办学风格和办学传统的人才培养模式。教育教学创新的这些措施，必然提出怎样对传统意义上的以"学科"、"专业"为主体的教育教学结构进行整合，并使之与现代社会发展要求相适应的"通识"教育相兼容和相结合的重大问题。

高等教育人才培养模式中的"专"、"通"关系问题，并不是现在才提出来的。至于与"专业"教育相对应的"通识"教育的思想，出现得更早些。在亚里士多德那里，就有与"自由"教育相联系的"通识"教育的思想。这里所讲的"通识"教育，通常是指对学生普遍进行的共通的文化教育，使学生具有一定广度的知识和技能，使学生的人格与学识、理智与情感、身体与心理等各方面得到自由、和谐和全面的发展。

世界高等教育的发展曾经经历过时以"通识"教育为主、时以"专业"教育为主，或者两者并举、并立的发展时期。从高等教育发展历史来看，早期的高等教育似倚重于"通识"教育。随着经济、科技和社会分工的不断发展和进步，高等教育也相应地细分为不同学科、专业，分别培养不同领域的专业人才，"专业"教育的比重不断增大。20世纪中叶以来，经济的迅猛发展、科技的飞速进步、知识的不断交叉融合，使学科之间更新频率加快，高度分化和高度综合并存，"专才"与"通识"的需求同在。但是在总体上，"通识"似更多地受到重视。这是因为，新时代高等教育培养的人才，应该具有很强的应变能力和适应能力，应该具有更为宽厚的知识基础和相当广博的知识层面，应该具有更强的信息获取能力和多方面的交流能力。显然，仅仅依靠知识领域过窄的专业教育，是难以培养出这样的人才的。

我国大学本科教育专业一度划分过细，学生知识结构单一，素质教育薄弱，人才的社会适应性多有不足。随着国家经济体制改革的深入、产业结构调整步伐的加快和国民经济的飞速发展，国家和社会对人才需求的类型和结构发生了急剧变化，对人才的规格和质量的要求也不断提高，划分过细的专业教育易于造成人才供给的结构性短缺。经济全球化发展和我国加入WTO，对我国高等教育人才培养提出了更为严峻的课题，继续走划分过窄、过细的专业教育之路，就可能出现一方面人才短缺、另一方面就业困难的严峻局面，将严重阻碍我国经济社会的发展，也将使我国高等教育陷于困境。我国教育界的有识之士和国家教育主管部门，已经深切地认识到这种严峻的形势。教育部前几年就在多方征求意见的基础上，推出了经大幅度修订的新的本科专业目录，使本科专业种类调整得更为宽泛些。各高等学校也在进一步加大教学改革力度，研究和修订教学计划，改革教学内容，努力使专业壁垒渐趋弱化，基础知识教育得到强化。这些都将有利于学生拓宽知识面，涉猎不同学科和专业领域，增强适应能力，全面提高综合素质。

在高等教育"通"、"专"关系的处理上，教育创新提供了解决问题的根本方法。通过教育创新，一方面能构筑高水平的通识教育的平台；另一方面也能增强专业教育的适应性，目的就是做好"因材施教"，实现"学以致用"。在这一过程中，除了要解决好选人制度即招生制度创新和教师队伍建设创新外，还要注重教学内容、教学方式和方法，以及教材建设等方面的创新。

近些年来，武汉大学出版社经过精心组织与策划，奉献给广大读者的这套通识教育系列教材，力图向大学生展示不同学科领域的普遍知识及新成果、新趋势或新信息，为大学生提供感受和理解不同学术领域和文化层面的基本知识、思想精髓、研究方法和理论体系，为大学生日后的长远学习提供广阔的视野。我们殷切地希望能有更多更好的通识教材面世，不仅要授学生以知识、强学生之能力，更要树学生之崇高理想、育学生之创新精神、立学生以民族振兴志向！

武汉大学校长　顾海良

目　　录

绪论　人际沟通：信息的传递与交流

一、沟通与人际沟通

"沟通"在汉语中是一个古老而年轻的字眼，尽管早在我国古代儒家经典《左氏春秋》，即《左传》中就出现了"沟通"这两个字，但对"沟通"之科学含义的探讨和揭示还是近几十年的事。"沟通"，作为人类社会交往的一种基本形式，从低级到高级，从野蛮到文明，从狭小走向开放，从局部走向全体……连接着你、我、他，连接着昨天、今天和明天。爱情、婚姻、家庭、朋友、事业、人生……生活的旋律，何时何处没有"沟通"的灵魂？"沟通"标志着人类走出低等动物群，没有"沟通"便没有人类社会，时间在"沟通"中奔跑，事业在"沟通"中发展，社会在"沟通"中前进……整个人类的社会生活都是通过"沟通"，依附于"沟通"而实现的。正是在这种意义上，著名传播学家威尔伯·施拉姆（Wilber Schramn）称"沟通（communication）是社会得以形成的工具"；社会学家 C. 科林（Charles Coughlin）说"沟通"是"人类关系赖以存在和发展的机制，是一切智能的象征"；人类学家 E. 萨皮尔（Edward Sapir）强调："每一种文化形式和每一社会行为的表现，都或明晰或含糊地涉及沟通。"

虽然我们似乎每天都在以这样或那样的方式从事着沟通活动，但是到底何为"沟通"呢？

在我国，"沟通"二字最早出现在著名的儒家经典《左传·哀公九年》中："秋，吴城邗，沟通江淮。""沟通"原指开沟而使两水相通，后泛指彼此相通①。近年来，随着社会的迅猛发展，人们生活方式的不断变化和思想观念的日益更新，"沟通"这种极为普遍的社会现象已经愈来愈为人们所关注，不少人曾经或正在从不同的角度、不同的层面，运用不同学科的理论与方法对人类社会的沟通活动进行探讨，给"沟通"这个古老的概念注入了全新的含义，使"沟通"的内在本质在某种程度上得到了科学的揭示。实际上，"沟通"研究在西方发达国家已经达到了相当高的水平，在美国尤其如此。在英文中，可与"沟通"对译的单词是 communication，其含义十分丰富，据美国威斯康星大学的 F. 丹斯（Frank Dance）教授统计，关于"communication"的定义多达126 种，限于篇幅，在此我们只介绍几种具有代表性的"沟通"定义。霍本（Hoben）认为"communication 是以言语交换思想或观念"，他强调的是作为信息载体的符号。安德森（Anderson，1959）认为，communication "是我们理解他人并进而使自己为他人所

①《辞海》，上海辞书出版社 1979 年版，第 901 页。

理解的过程"，他强调的是作为"沟通"活动之决定性因素的解码。米德（Mead, 1963）认为，"互动，甚至在生物性层次上，也是一种 communication，否则，共同行动不能发生"，她强调的是互动关系和反馈的概念。巴伦德（Barnland, 1964）认为，"communication 产生于减少不确定性，有效地行动以及保护或强化自我的需求"，他强调的是作为"沟通"内容的信息，因为信息本身就是不确定性的减少或消除。贝雷尔森（Berelson）等人（1964）认为，communication "以符号……词语、图片、数字、图表等传递信息、思想、感情、技术等；这种传递行动或过程通常被称作 communication"，他强调的是"沟通"的过程概念。阿依尔（Ayer, 1955）认为，"我们的 communication 一词有时指涉被传输的内容，有时指涉传输手段，有时指涉整个传输过程"，他强调的是信息的传递与交换。鲁士奇（Ruesch, 1957）认为 communication "是把互不关联的现实世界的各部分联系起来的过程"，他强调的是联系的概念。戈德（Gode, 1959）认为 communication "是变独有为共有的过程"，他强调的是共有的概念，这实际是拉丁文 communis（分享，共同）的派生义。 《美国大学辞典》认为，communication "是传送军事讯息，命令等的手段和方法；如电话、电报、无线电信使等"，它所强调的是信息借以传递的媒体。纽科姆（Newcomb, 1966）认为，"每一种 communication 行为都可被视作信息的传递……它们由自信源而至接受者的可辨识刺激所构成"，他所强调的是刺激概念和作为人际沟通主体的信源和信宿。此外，米勒（Miller, 1966）还以目的性（意愿性）概念的角度对"沟通"的定义作了如下解释："在大部分情况下，communication 主要相关于这样的行为状态：传者以清醒的意愿，试图通过消息的传递来影响受传者的行为……"①

尽管上述诸种"沟通"的定义都只是在一定程度上揭示了"沟通"概念某一方面或某些方面的特征，但是它们都无一例外地涉及沟通主体之间信息的传递和交流，它们对于我们准确地把握"沟通"概念的本质特征和科学地界定"沟通"概念的内在含义无疑具有重要的启迪作用。而且，尽管"沟通"根据不同的分类标准有社会沟通、组织沟通和跨文化沟通，言语沟通与非言语沟通，直接沟通与间接沟通以及正式沟通与非正式沟通等不同的沟通类型划分，但其本质上都体现为人与人之间的沟通，即"人际沟通"。为此，基于上述各种关于 communication 的代表性定义并正确地运用现代信息科学的基本概念和方法，我们不妨从信息学的角度将"人际沟通"定义为：发生在人与人之间借助于某种符号和媒体传递和交流信息并产生相应行为的一种社会活动，其本质在于信息的传递与交流。在此，人际沟通包括信息的传递和信息的交流两部分内容，成功的人际沟通，不仅要求人们必须准确、有效地传递信息，而且还要求沟通双方必须以传递信息为前提进行信息的交流，也就是说它不仅要求作为信源的发信方准确无误地发出信息，而且还要求作为信宿的收信方作出积极的反应，只有这样进行互动，才能实现有效的人际沟通。

---

① 转引自周晓明：《人类交流与传播》，上海文艺出版社 1990 年版，第 3~6 页。

二、信息交流的必要性与人际沟通的必然性

信息是人类生活不可缺少的要素和"营养"，信息充斥于整个人类社会和宇宙空间，正像鱼儿处于水中一样。人类也处在信息的海洋中，人类生存的整个世界，就是一个蕴藏着丰富信息的世界，人类对于信息交流的需求犹如对阳光的沐浴和对空气的呼吸一样。在一个没有信息的世界里，人类也是不可能生活的，在某种意义上我们可以说，信息就是人的第二生命，信息交流是人类维系其自身发展的必要手段。

信息交流的必要性首先是由包括人类在内的动物界对信息具有某种渴求的生物本性所决定的。科学研究已经证明了生物对信息具有某种渴求这一事实的正确性。有人曾经做过一次有趣的试验①：将饥饿了 24 小时的老鼠，放入一个特制的"迷宫"中，进行观察，结果表明，这只老鼠可以暂时抛掉给它的食物，而急切地获取逃出"迷宫"路线的信息。这一试验证实了这样一种看法：一些动物在某种条件下，渴求信息的欲望，甚至强于饥饿的感觉，它们离开信息的交流就不能生存下去。作为低等动物的老鼠是这样，而作为高级动物的万物之灵——人则更是如此。有位外国教授设计的"无信息环境"实验②便可提供证明。他让十几个大学生每人住一间与外界完全隔绝的小屋，里面除了一袋供充饥的干粮外一无所有，连花鸟草虫也没有。他在实验以前宣布，谁在屋内留一天，就发给他一天报酬，多留则多给，住满三天后报酬加倍。那些本想多住几天，显显自己能耐的学生，多数只忍受了两天，好些人呆不到半天就叫着要出来。最长的也不过熬了三天半。从小屋里出来的人，都如同死里逃生、重返人间那样高兴。前些时期，美国心理学家也做过一次类似的实验③，他们让自愿试验者到一个封闭的场所去生活。那里，一方面严格控制书籍、报刊、无线电、娱乐品等一切"信息营养"的来源；另一方面尽力满足他们美味可口的食品等一切物质营养的供给。结果，即使试验者的物质营养供给再好，也忍受不了被割断"信息营养"供给的折磨。假如再让试验者穿上一种特制的服装沉入水中，形成更加严密的信息隔离条件，既切断任何声音和光线的刺激，又排除任何触觉和嗅觉的可能，结果，隔绝不到几个小时，试验者就出现幻觉（噩梦），心理混乱，甚至濒临发狂。因此，在某种意义上我们可以这样说：人类对信息交流的需求甚至是在较深刻的生理学水平上的一种本能反应。

不仅人类渴求信息的生物本性决定了信息交流的必要性，而且人类的社会本性也要求人与人之间必须进行某种方式的信息交流。荀子说："人，力不若牛，走不若马，而牛马为用，何也？曰：人能群，彼不能群也。"（《荀子·王制》）马克思更进一步地指出："人是最名副其实的社会动物，不仅是一种合群的动物，而且是只有在社会中才能独立的动物。"④ 社会性是人类所具有的最为本质的特征，不具备社会性的人严格地说是不存在的，古希腊大思想家亚里士多德早在 2000 多年前就认识到了这一点，他在其名著

---

① 马成立：《控制论方法》，辽宁人民出版社 1987 年版，第 39 页。
② 钟坚等：《社会沟通论》，浙江教育出版社 1988 年版，第 19 页。
③ 马成立：《控制方法论》，辽宁人民出版社 1987 年版，第 31～32 页。
④ 《马克思恩格斯选集》第 2 卷，人民出版社 1972 年版，第 87 页。

《政治学》中写道："人在本质上是社会性的动物，那些生来就没有社会性的个体，要么比人类低级，要么就是超人。社会实际上是先于个体而存在的。不能过社会生活的个体，或者自以为不需要因而不参与社会生活的个体，不是兽类就是上帝。"作为社会动物，人的一切需要只有在各种形式的社会关系中才能得到满足，人的一切价值也只有在各种形式的社会活动中才能得到实现和承认，而这各种社会活动的展开必须有赖于各种形式的人际沟通和信息交流，而且为了建立、维系和发展这各种各样的社会关系，人们也必须经常不断地进行旨在信息交流的各种人际沟通活动。

既然信息的交流对于维系人类的生存和发展是必不可少的，那么，作为一种传递与交流信息的社会活动，人际沟通对于一个人的生存与发展也必然是不可或缺的。实际上，沧桑人世，每一个人从生到死都在以各种沟通方式与他人从事着信息交流活动，一个人的发展取决于一切同他有直接沟通与间接沟通的人的发展，一个人的成长史就是一部人际沟通史。人们常说，人际沟通是人类发展的协动力，是人类交际的桥梁，是人际关系的协调器，是人才成长的阶梯，这不无道理。作为人类发展的协动力，人际沟通在某种意义上使人类这万物之灵走出了低等动物群。正是在人际沟通活动中，人才发展了手与脑；也正是由于人际沟通的需要，人类才创造了语言这一重要的沟通工具，在人类文明史上树起了一块新的里程碑；也还是由于人际沟通的需要，人类才发明了印刷术和许多先进的现代化通信技术，进而给语言和文字插上了腾飞的双翅。从此，人际沟通便逐渐突破了时间与空间的限制，从封闭走向开放，从狭小走向广阔，从单一走向丰富，从呆板走向灵活，从必然走向自由，人类社会正是在人们之间不断的沟通过程中向前发展的。作为人类交际的桥梁，人际沟通可以使人类的交际欲望得到不同程度的满足，人际沟通不仅是交际的首要功能，也是交际的首要目的，没有人际沟通，人们之间的一切联系将不复存在，而没有作为人类交际之桥梁的人际沟通，人们也不可能得到感情的补偿和思想的融合。作为人际关系的协调器，人际沟通可以增进人们之间相互的了解，减少彼此的误解，消除双方的对立，使人际关系处于融洽、和谐的状态。人是社会的人，"人的本质是人的社会关系"，在社会生活中，每个人都要与别人打交道，都不可避免地处于一定的人际关系之中，处于一定人际关系中的人们难免由于这样或那样的原因而产生一些矛盾，而这些矛盾往往只有借助于人际沟通这种特殊的协调装置，通过信息的交流和思想的沟通来予以消除，使矛盾各方的人际关系在人际沟通过程中不断地得以调节和完善。作为人才成长的阶梯，人际沟通还可以激发人们的创造灵感，点燃人们的智慧之火，马克思说过，"只有在集体中，个人才能获得全面发展其才能的手段"①；任何人的知识结构和能力结构中都存在着有待弥补和完善的空位，没有人际沟通，就没有信息的引进、知识的更新和思维的开拓。著名科学家维纳之所以能够创立控制论，主要是得益于他与神经生理学家罗森勃鲁特、二进位电子计算机的创始人别格罗、博弈论的创始人冯·诺意曼以及人工智能的奠基人麦克卡洛等人在人际沟通过程中的互相启发和学术交流。如果说昔日一个足不出户、目不窥园者也可成才，那么，在今天的信息时

---

① 《马克思恩格斯选集》第2卷，人民出版社1972年版，第82页。

代，没有广泛的人际沟通，没有直接或间接的人际沟通，要想成大才几乎是不大可能的。

人际沟通不仅伴随着一个人的成长过程，而且也伴随着整个人类社会的发展；如果说一个人的成长史是一部人际沟通史的话，那么整个人类社会的发展史也同样可以称得上是一部人际沟通发展史。纵观历史，人类社会经历了由低级向高级发展的道路，人类的人际沟通同样也走过了由简单到复杂、由贫乏到丰富的发展历程。原始社会，天苍苍，野茫茫，我们的祖先穴居群栖，茹毛饮血，披叶裹皮，结绳记事，在极其有限的范围内，为了生存和安全的需要结伴搭伙，用尚不完善的语言、手势、表情，相互交换着简单的意图和感情。在奴隶制社会，生产力迅速进步，语言有了较大的发展，但整个社会的人际沟通活动的发展却是不平衡的，奴隶主之间可以产生深厚的学业或者逸乐的友谊，进行着较高层次的人际沟通；而奴隶终日处在被奴役、受压迫的苦难之中，他们只能像耕牛一样默默地劳作，他们之间的沟通需要被压抑、被约束，彼此之间仅仅限于劳动和生活方面的低层次交往；而奴隶主与奴隶之间除了奴役与被奴役的不平等交往之外，更无正常的人际沟通可言。在封建社会，人类社会的人际沟通得到了较大的发展，农民的权益范围较之奴隶扩大了，人与人之间有了范围不大但颇为自由和持久的交往，而且封建士大夫阶层有着更为广泛、活跃、高级的人际沟通活动；但是，由于生产力的低下，小农经济自给自足的固有特征，以及社会交通的极其落后，封建社会的人们还难以摆脱自身赖以生存的狭小土地羁绊，更由于封建宗法道德规范的约束，人们的交往范围还非常狭小且交际活动也十分拘谨。在资本主义社会，机器的轰鸣震开了人们的思维枷锁，生产力的大力发展，社会交通的不断发达，电信设备的相继问世，尤其是资本主义竞争所造成的人们观念的变化，促使传统的封闭型人际沟通方式不得不逐步让位于开放的社会型的人际沟通方式。在生产资料公有制基础上建立起来的社会主义社会，生产社会化程度变得更高，人际关系呈现出辐射、扩散、复杂的状态，社会空气空前活跃，大大促进了社会主义物质文明和精神文明的发展，在现代科学技术高度发展的今天，信息已成为人的第二生命，信息的交流也突破了时空界限，人们之间的沟通正向着纵横两方面全方位发展，现代交际赋予生活以更加绚丽的色彩，从而使生活的内容变得更加丰富充实。对于现代人来说，人际沟通不仅是一种不可缺少的生活能力，而且也是一个人健全人格的重要因素之一。英国著名社会学家英格尔斯曾经将现代人的品质和特征大致归纳为以下12点：（1）准备和乐于接受他未经历过的新的生活经验、新的思想观念、新的行为方式；（2）准备接受社会的改革和变化；（3）思路广阔，头脑开放，尊重并愿意考虑各方面的不同意见、看法；（4）注重现在与未来，守时惜时；（5）有强烈的个人效能感，对人和社会的能力充满信心，办事讲求效率；（6）生活有计划；（7）注重知识；（8）具有可依赖性和信任感；（9）重视专门技术，有愿意根据技术水平高低来领取不同报酬的心理基础；（10）乐于让自己和他的后代选择离开传统所尊敬的职业，对教育的内容和传统智慧敢于挑战；（11）相互了解，尊重和自尊；（12）了解生产及过程。对于上述这12个方面的品质和特征，只要我们稍加思考，我们就不难发现它们均离不开旨在信息交流的人际沟通，而且其中的某些方面甚至与人与人之间的沟通能力和沟通活动有着直接的、十分密切的关系①。在此，我们可以毫不夸张地说，人际沟通不仅是人类自身发展与提高的需要，而且也是衡量一个人、一个民族、一个国家文明程度的重要标尺。

三、人际沟通的基本特点

作为人们之间传递和交流信息的一种社会活动，人际沟通具有以下 6 个基本特点：

1. 沟通主体的相制性

相制（interactive）即相互制约，相互作用，也可称为互动。人际沟通不是简单的"信息传递"，而是一种积极的信息交流，人际沟通必须在作为信源的发信方与作为信宿的收信方之间进行。一般来说，参与人际沟通的主体必须在两人或两人以上，沟通双方都应是积极的主体，沟通双方各自不同的背景和经历都介入了人际沟通活动，作为整个人际沟通活动的背景而起作用，这种沟通活动本身便构成了一种交互情景（reciprocalsituation），即参与沟通的每一方都试图影响另一方；每一方都既是信源又是信宿，各自不断发出信息以期引起对方作出某种形式的信息反馈，人际沟通活动就是在这种沟通双方不断发出信息又不断接受信息的互动过程中进行的。

2. 沟通行为的动态性

沟通主体的相制（互动）性决定了人际沟通是一种进行着不断变化的活动，作为人际沟通活动的参与者，沟通主体不断地受到来自其他人的信息的影响，因而他们的行为便必然经历着连续的变化。我们每一个人在日常的生活中都免不了要和别人接触和交往，在与别人进行信息交流的过程中，我们总会在某种程度上受到这样或那样的影响，我们的行为都不可避免地要在一定程度上发生变化，也就是说，当我们作为人际沟通的主体行进在人生旅途上的时候，我们是作为连接变化的个体……即动态的人……而存在于世的。

3. 沟通符号的相通性

人际沟通作用的发挥只有在作为信源的发信方和作为信宿的收信方掌握了统一的编码译码体系的情况下才能实现，简言之，沟通双方应该运用彼此相通的符号代码系统进行沟通。因为在人际沟通过程中，作为信源的沟通主体和作为信宿的沟通主体常常交换位置（角色），他们之间的信息交流，只有在相通性符号条件下才能实现，如果沟通双方不能使用相通性符号，那么他们之间的人际沟通活动就很难顺利地进行。例如，有的新教师讲课，学生听不懂；有些好卖弄的干部讲话，群众听不懂，就是由于他们所使用的沟通符号相通性不够而导致的。鲁迅笔下的孔乙己对孩子们说："多乎哉？不多也。"人们当然笑他迂腐了（关于这方面的内容，我们将在第六章"编码"中详

---

① 参见殷陆君：《人的现代化》，四川人民出版社 1985 年版，第 22～36 页。

细论述）。

4. 沟通活动的不可逆性

人们常说，"覆水难收"，"有钱难买后悔药"。话一旦说出口，并被别人所接受和破译后就再也无法原原本本地追回。尽管我们可以发出其他信息以修正原信息的影响效果，但是我们却很难消除业已实现的效果。我们在现实生活中不是常常可以看到有人因自己的某些有意或无意的不当言行而追悔莫及的情形吗？当我们在人际沟通过程中无意识地或无意向地给别人发出信息时，这一点尤其值得注意。我们可能给别人造成了恶劣的影响或者是留下了很不好的印象，而自己却毫无觉察，以至于在进一步的人际沟通中便可能会对沟通对方的反常言行感到费解，进而会妨碍相互之间信息的有效交流。

5. 沟通与环境的不可分性

人际沟通总是在一定的物质环境和社会环境中进行的。人际沟通的物质环境包括具体有形的事物，诸如室内陈设、窗帘、地毯、照明器具、噪音强度、音响效果、花草植被状况，是否混乱无序以及有无其他相竞争的信息，等等。物质环境的许多方面都能够影响并且确实在影响着人际沟通过程中信息的传递与交流，物质环境所具有的象征作用，属于非言语沟通符号的范围，我们将在后面第五章中对其中的某些方面作进一步的探讨。人际沟通的社会环境是指作为信源的发信方与作为信宿的收信方之间的社会关系的形式，人类社会中的人际沟通不是处于真空之中，而是在复杂的社会环境中发生的一种错综复杂的社会性活动。无论什么样的社会环境，都会在一定程度上对人际沟通有所影响；所用语言的种类、沟通主体之间是否彼此尊重、时间的选择、个人情绪、讲话的主被动关系、说话的方式、沟通主体表现出的不安程度和自信程度等，都是社会环境影响人际沟通的具体表现。

6. 沟通噪音产生的可能性

沟通噪音泛指妨碍人际沟通过程中沟通双方彼此之间信息有效传递和交流的所有干扰因素。人际沟通是一种十分复杂的社会活动，既然它不可能处在真空状态中进行，那么它当然也就不可避免地要受到这样或那样的因素的影响。人类认知水平的个体差异性和沟通与环境的不可分性从主观和客观两个方面为沟通噪音的产生提供了十分现实的可能性。了解沟通噪音的表现，研究其产生的原因，不断地克服沟通障碍，排除沟通噪音的干扰，对于促进人们之间的信息交流，使其更有效地进行沟通活动，无疑是十分必要的。

四、人际沟通的形式

人际沟通是我们人类最广泛、最重要且最复杂的行为之一，从日常生活中的两人交谈和书信往来，到文学艺术中的创作与欣赏和科学研究领域里的学术交流；从人们的书面语言和身体姿态，到高技术、高效率的计算机语言和现代通信方式，无一不是一种人际沟通现象。我们可以这样说，人际沟通已经以各种各样的形式渗透到人类社会活动的一切领域，离开了人际沟通，人类社会就无法存在。关于人际沟通的形式，人们曾根据不同的标准，从不同的角度对其作过划分，在此，我们拟从信息学的角度，根据沟通主体是否借助于一定的技术媒介，将人类的人际沟通活动大致划分为直接的人际沟通和间接的人际沟通这两种基本的形式。所谓直接的人际沟通，它指的是人们之间不借助于任何技术媒介而进行的面对面的信息传递与交流的活动形式，它是人类最为基本且最为常见的一种人际沟通形式；而间接的人际沟通则是指沟通主体之间借助于一定的技术媒介或第三者相互传递和交流信息的一种人际沟通形式。由于现代科学技术的迅猛发展为人类的信息传递与交流提供了许多先进的技术媒介，间接的人际沟通形式已经从昔日只借助于书信或第三者等转达信息的传统沟通形式发展到今天广泛运用声音、图像等新型通信技术传递和交流信息的现代沟通形式，因此间接的人际沟通形式所涵盖的内容是十分广泛的。

直接的人际沟通与间接的人际沟通除了其传递信息的方式（即传媒）有所不同之外，这两种人际沟通形式还在以下诸方面存在着较为明显的差异。

1. 接受刺激的感官的差异

在我们与他人进行人际沟通的时候，尽管我们无论是采用直接的人际沟通形式还是采用间接的人际沟通形式，我们都必须充分调动感官的作用，但是在这两种人际沟通形式中，沟通主体在接受刺激所使用的感官上是有差别的。在面对面的直接人际沟通中，通常全部的感官（视觉器官、听觉器官、嗅觉器官、触觉器官、味觉器官）都可能要接受刺激，沟通双方在这种全身（心）活动的基础上建立起人际沟通关系。我们与人谈话必须全神贯注，如果注意力不集中，如视线游移，听不进对方的话，就会让对方觉得我们心不在焉，这样就难免会干扰沟通信息的顺利传递和交流，影响人际沟通活动的有效进行。而间接的人际沟通，因其借助了某种媒体传递信息，所以沟通双方的感官在使用上便会受到若干限制，例如，通过电话进行沟通时所使用的感官只有听觉器官——耳，通过书信进行的沟通活动只需使用眼睛这种感觉器官，即使是使用较为先进的现代沟通媒体——声像技术进行沟通，沟通主体在接受刺激时的感官使用至多也只能是眼耳并用。

2. 取得反馈机会和速度的差异

我们在前面已经指出，人际沟通本质上是信息的传递与交流。成功的人际沟通不仅要求作为信源的发信方准确无误地发出信息，而且还要求作为信宿的收信方作出积极的反应，可见反馈是成功的人际沟通所不可或缺的要素之一。然而，尽管沟通主体在直接的人际沟通和间接的人际沟通这两种人际沟通形式中都可以在不同程度上以某种方式获得信息的反馈，但是这两种人际沟通形式在取得反馈机会和速度上的差别是显而易见的。在面对面的直接人际沟通中，信息迅速交换的机会最多，信息的来往传递也很容易。一般说来，我们将负载有信息的符号发出之后，我们可以有不断检查传递效果、改进沟通方式，解释费解符码，回答对方提问的机会。简言之，我们可以有许多机会获取反馈的信息，而且直接人际沟通中的信息反馈速度较之间接人际沟通迅速得多，因为在直接的人际沟通中，沟通双方声形并茂，彼此的言论、神色、举止姿态等表达方式均能向对方传递一定的信息量。而间接的人际沟通则不然，由于间接的人际沟通有了传媒的中介作用，因而其信息反馈的速度和数量常常受到很大的限制，即使是像打电话这种仿佛近似于"面对面"的人际沟通形式，其信息反馈的速度和所反馈的信息量也因其不能传送视觉信息而大大受到影响，至于像书信、作品等作为媒介的间接人际沟通活动，其信息反馈的机会和速度与面对面的直接人际沟通形式相比，则更是有明显的差距。

3. 信息保真度上的差异

人际沟通活动中的信息传递有无中介对于沟通信息的保真度可以产生一定的影响，在面对面的直接人际沟通中，由于免除了信息传递过程中传媒的中间作用，加之沟通双方的言行举止等言语沟通符号和非言语沟通符号及其所负载的各种信息均可能直接为对方所认知和接收，这样就避免了信息失真现象的发生，确保了人际沟通过程中所传递信息的真实性。而间接人际沟通过程中的信息传递与交流往往是通过借助于一定的媒体来完成的，而且媒体及其所产生的噪音在信息的转换和传递过程中常常会导致沟通信息的失真，当沟通主体在人际沟通过程中借以传递信息的媒体是人，即第三方时，沟通信息的失真现象尤其容易产生，我们在现实生活中常常听到的许多"流言蜚语"、"传闻"就是这种情况的典型表现。

4. 传递信息所使用的符号差异

直接的人际沟通与间接的人际沟通在沟通符号的使用上通常也有所不同。在面对面的直接人际沟通中，人们用来传递信息的不仅有言语沟通符号，而且更有非言语沟通符号，这两大符号系统在直接的人际沟通活动中往往是相辅相成的，而且有很大一部分信息是通过非言语沟通符号来加以传递的。而间接的人际沟通则不然，由于这种人际沟通形式要借助于一定的传媒，所以它在传递信息时主要使用的是言语沟通符号，如通过书信等媒介进行人际沟通时，所使用的是书面（文字）型言语沟通符号，通过第三者这种人物媒体转达信息时，所使用的便是有声（口头）型言语沟通符号。

5. 信息保存上的差异

在面对面的直接人际沟通活动中，人们所发出的信息往往是瞬间起作用的，稍纵即逝，即使这些信息在沟通对方的记忆中留下了较为深刻的印象，但是由于人类认知能力本身所固有的局限性，随着时间的流逝，它们也会被遗忘，即便是不被遗忘，它们也很难完整无缺地重现在人们的记忆之中。而人们在间接的人际沟通中所传递的信息则不然，它们常常可以依靠其传递的媒介——信函、书籍、杂志等完整无缺地长期保存下来，即使在近似于直接人际沟通的电话交谈中所传递的信息也可以随着现代通信技术的发展而通过录音电话等较为先进的技术媒介被长期完整地保存下来。

6. 速度控制上的差异

我们在面对面的直接人际沟通活动中，无论是信息的发送，还是信息的传输，甚至信息的反馈，一般来说，其速度是可以由沟通主体加以控制的。例如，我们与人交谈时，我们既可以把话说得慢一点儿，也可以把话说得快一点儿；既可以迅速地向对方提出问题，也可以慢慢地耐心回答对方所提出的问题。而间接的人际沟通则不然，由于间接的人际沟通所欲传递的信息要通过中介作用方可抵达信宿，而且作为信源的发信方对于媒体的活动难以控制。例如，托人带信这种以第三者为媒体的间接人际沟通，其信息传递的速度可能会因媒介本身的某种原因而不易控制；通过邮寄书信的方式而进行的间接人际沟通活动亦是如此。欲传递的信息可能会因为信件邮递过程中的某个环节出了故障而未能如期抵达信宿，即使它以最新的邮递方式——特快专递将信件传送到信宿所在地，信件也还是可能会因信宿所在地的某种原因而不能及时到达收信人的手中，如收信人所在单位收发人员的疏忽或收信人碰巧不在家等。因此，间接的人际沟通活动中的信息传递速度远比直接的人际沟通活动中信息传递的速度更加难以控制。

7. 回旋余地上的差异

间接的人际沟通是一种借助于一定的媒体传递和交流信息的方式，沟通主体之间的信息传递与交流要么是通过第三者要么是通过书信等技术媒介来实现的，沟通双方在人际沟通过程中不是面对面，这样不仅可以满足那些因条件限制而不能进行沟通的人们传递和交流信息的需要，而且更为重要的是，间接的人际沟通可以避免沟通双方当面交谈时的诸多不便，使沟通主体之间的一些不宜当面直接交涉或难以启齿的信息得到有效的传递，使沟通双方都有一定的回旋余地，进而避免可能出现的妨碍信息有效传递与交流的尴尬局面。而直接人际沟通的主体在回旋余地上远不如间接人际沟通的主体，因为在直接的人际沟通活动中，沟通双方面对面，其言谈举止、神色姿态以及人际沟通的场景和气氛均能向对方传递一定的信息。当沟通主体遇到不便于当面交谈的情况时，他们的回旋余地较之间接人际沟通的主体要少得多，直接的人际沟通也较之间接的人际沟通更容易出现尴尬的局面。

五、人际沟通的信息学模型

模型是对原型的一种简洁映现，也是一种解决问题的方法；通过模型而达到的抽象是人类对客体认识的深化，是认识过程的一次飞跃。人际沟通作为人类传递和交流信息的一种社会性活动，我们可以利用模型这种认识工具对其进行简洁的刻画，以达到对这一特定研究对象的本质认识。就人际沟通研究而言，模型至少具有五种功能：（1）构造功能，即模型能够揭示人际沟通过程中各（系统或）要素之间的先后次序、排列方式、结构形态以及与外界的联系；可以使我们在观照、分析其中任何一个要素时能获得整体的形，认识到这一要素和相关因素之间的复杂联系及互动形貌。（2）解释功能，即我们可以用模型来观察和分析信息传递过程中出现的种种现象，用它来回答和解决信息交流中遇到的各种复杂的问题；并且能够以一种简洁的方式和清晰的描述，将结果或答案呈现在人们的面前。（3）引导功能，即模型可以引导人们关注人际沟通过程中的各种要素及其关系，从而积极主动地干预之、调控之，使自己的工作和沟通活动能始终沿着一条比较正确的轨道进行。（4）简化功能，即模型可以使其接受者的研究工作不再需要从起码的原则和基础开始，使其接受者可以跳过一些要素，简化一些步骤，集中精力和时间去揭示人际沟通过程最微妙、最深奥的本质特征和运作规律。（5）预示功能，即模型可以对某一项人际沟通活动的进程或结果进行预示或预测，至少它能够为估计信息传递的各种不同结果可能发生的概率提供依据；研究者因而可以据此建立其假说，提出增强人际沟通过程中信息传递效果的可行性建议。

模型的上述功能决定了我们有必要在对人际沟通系统各要素展开详细考察之前，先构建一个能够简洁地映现整个人际沟通过程各要素及其相互关系的人际沟通模型，以便我们对人际沟通这一传递和交流信息的社会活动的整体形貌先有一个总体的把握。在前面，我们曾反复强调人际沟通本质上就是信息的传递与交流，如果我们从人际沟通的这一本质特性出发并借用现代信息论的基本概念和方法，那么我们便可以从信息学的角度将人际沟通的基本过程用模型勾勒如下（见图0-1）：

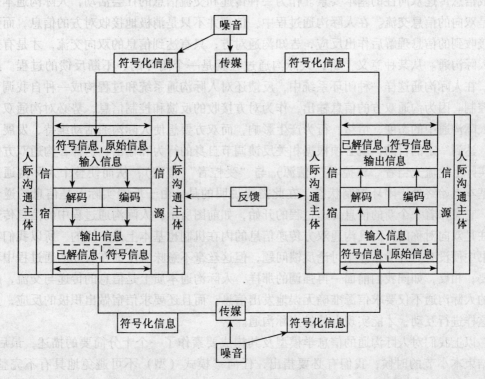

图 0-1 人际沟通的信息学模型

由以上模型，我们不难看出，人际沟通实际上是由沟通双方的一系列互动活动（过程）构成的一种闭环控制系统。所谓闭环控制系统，即是指具有反馈回路的控制系统，或者说："如果在一个系统中，用关于被控量的值的信息产生控制力，则这种系统叫做闭环系统。"① 作为一种闭环控制系统，人际沟通的构成要素主要包括：（1）信源，即指人际沟通过程中发送信息的一方，它是整个人际沟通活动的第一主体；（2）信息，即被交流的意义内容，通常它可以消除或减少作为信宿的沟通主体在某一方面的不确定性；（3）符号，即沟通信息的载体，在人际沟通中，负载信息的符号可以分为言语沟通符号和非言语沟通符号两大类；（4）编码，即指作为信源的沟通主体根据符号编排的规则（言语沟通符号的语法或非言语沟通符号的一般惯例），把自己欲表达和传递的信息内容转换为沟通对方能够理解的符号的操作过程，这是信源在人际沟通过程中必须完成的一个重要步骤；（5）传媒，指的是信息得以传递的媒介，符号化的信息只有以各种媒介才能被人们接收；（6）信宿，是指人际沟通过程中接收信息的一方，它在人际沟通活动中担当着第二主体的角色；（7）解码，作为整个人际沟通活动成败与否的决定性环节，它是指信宿对信源发来的信息符号进行领会、理解，以恢复其原义进而从中获取其载荷的信息的思维操作过程；（8）噪音，泛指人际沟通过程中一切妨碍信息有效传递和交流的干扰因素，我们在此使用的噪音概念要比经典信息论中的噪音概念在含义上更加宽泛；（9）反馈，是指信宿对信源传来的信息所做出的反应，它是构成信息传递双向性的基本要素。作为一种传递和交流信息的社会活动，人际沟通本来就是双向的信息交流。在人际沟通过程中，信宿并不只是消极地接收对方的信息，而要对接收到的信息理解后作出反应，告知沟通对方；只有达到信息的双向交流，才是有效的人际沟通。从某种意义上讲，人际沟通过程就是一个闭环的、不断反馈的过程。此外，在人际沟通这样一种闭环系统中，反馈还对人际沟通系统和过程构成一种自我调节和控制。因为沟通双方的信息输出，作为对方接收的反馈和控制信息，势必对沟通双方在人际沟通中的态度、情绪、行为产生影响，而双方要想使人际沟通活动维持、发展下去，达到一定的目的，就必须根据相关反馈调节自身的行为和输出；这样，沟通双方便在实际上轮流充当着"施控者"（信源）与"受控者"（信宿），从而使整个人际沟通系统基本上始终处于闭环控制状态。在此需要说明的是，由于反馈实际上是信息的逆传递，它意味着一个新的信息传递过程的开始，如前图所示，人际沟通过程中的信息传递往往是双向对称的，而且沟通双方传递信息的内在机制也基本上是一样的，所以我们在本书中便没有另辟专章详细讨论反馈问题，但这丝毫不意味着反馈在人际沟通过程中不重要；相反，如同我们前面一再强调的那样，人际沟通本质上是信息的传递与交流，成功的人际沟通不仅要求信源准确无误地发出信息，而且还要求信宿做出积极的反应，只有这样进行互动，才能实现有效的人际沟通。

以上我们对人际沟通的信息学模型及其构成要素作了一个十分简要的描述，最后，在结束本小节的时候，我们有必要指出，任何"模式（型）不可避免地具有不完整，过分简单以及含有某些被阐明的假设等缺陷。适用于一切目的和一切分析层次的模式无

---

① ［苏］列尔涅尔：《控制论基础》，刘定一译，科学出版社 1980 年版，第 90 页。

疑是不存在的"①。再好的模型也并不意味着就是完备的和永恒的模型，因为任何事物都是不断变化、不断发展着的，都是变动不居的。作为人的认识的反映——模型，也必然随着认识对象的变化而变化，随着人的认识的不断深入而不断完善，甚至更换。从本质上说，模型的发展和完善（似乎）是没有极限的，这就像人的认识不会永远停留在原有的水平上一样。这对于包括以上模型在内的所有沟通模型来说，亦不例外。

① ［英］麦奎尔、［瑞典］温德尔：《大众传播模式论》，祝建华译，上海译文出版社 1987 年版，第 4 页。

第一章　信源与信宿：人际沟通的主体

第一节　人际沟通主体及其一般结构

一、人际沟通主体的基本含义

主体存在于人的对象性活动之中，作为一个对象性范畴，主体只有在对象性关系中才能获得自己的规定。而作为人们之间彼此传递和交流信息的一种社会性活动，人际沟通本质上便是人类社会中最为基本的一种对象性活动的形式，而且沟通双方之间典型地体现着这样一种相互对峙、相互依存、互为中介、共生并存的对象性关系。他们构成人际沟通这种对象性关系的双方。因此，我们在此可以将人际沟通主体界定为，具有主体意识和人际沟通活动能力、从事具体的人际沟通活动并且充当人际沟通活动的支配者和控制者的人。

二、人际沟通主体的一般结构

作为人际沟通主体，人本身是一个自组织系统。当我们以人际沟通活动为中心来考察主体时，我们可以从他的自然结构、社会结构和认知结构等方面加以分析，考察它们发挥功能的机制，考察它们的相互协调、相互影响。

1. 人际沟通主体的自然结构

人是高度发展的自然存在物。从其在人际沟通活动中的作用看，可以把人际沟通主体的自然结构看成由三种基本器官组成，即感受器官、效应器官和思维决策器官。感觉器官主要包括眼、耳、鼻、舌、身，其主要作用是获取信息；效应器官主要包括手、足和口，其主要作用是参与和外界的相互作用；思维决策器官是大脑，它的主要作用是加工、整理所获取的信息，形成人际沟通活动的意图、方案、步骤，并在执行中调整它们。这种划分也是相对的，器官的功能常常互相重叠交叉。例如，手既是感觉器官，又是效应器官。而且每一种功能的实现，都不能单靠某种器官，而是诸器官共同起作用的结果。这三大部分都是完整的人体系统的组成部分，任何一部分的存在和功能的实现，都有赖于其他部分的存在和功能的实现。例如，效应器官手的应用，就离不开思维器官脑的控制，也离不开感觉器官提供的内导信息。不然，手的活动就是盲目的，也无法对动作进行校正。同样，感觉器官接受信息，也离不开大脑的加工改造，离不开效应器官与外界的相互作用。在人际沟通这种不断编码和解码的认知活动中，三种基本器官的功能在大脑这里形成了会合；人的正常活动所需的体内环境的自动平衡，主要由包括大脑在内的神经系统来协调；感官获取的"信息"，只有当送到大脑中时，才能成为信息，并且要在大脑中进行加工；效应器官的随意活动受大脑中制定的活动方案、程序的控制；对随意活动的调节，需要经过大脑不断将活动结果与原来的意图加以对照，在大脑中，信息的加工和活动的意图，方案、步骤的制定与调整存在着相互作用。

2. 人际沟通主体的社会结构

马克思说过："只有在社会中，人的自然的存在对他来说才是他的人的存在。"①人的自然结构只有在社会中才能发挥作用。社会既是人活动的产物，也是人活动的场所。人的一切活动都具有社会属性。人作为主体，无论从个体角度来看，还是从整体角度来看，都具有社会结构。前者是指个体在社会中所处的地位，后者是指在包括人际沟通在内的各种社会性活动中人与人之间的相对稳定的关系。这种关系是人在社会活动中通过各种沟通和交流方式而形成并不断发展的。由此可见，一方面，社会结构的形成与发展离不开沟通与交流，离开人与人之间的沟通与交流，就没有社会结构；另一方面，社会结构一旦形成，个人的活动、人与人之间的沟通与交流就无法摆脱掉它的制约。无论在何种条件下，人类个体都不可能与整个社会发生交往，更不用说与整个人类直接交往了。个体与社会之间的中介是人类小群体，小群体本身也有结构，每个人在群体中的地位和作用也不相同。在自给自足的自然经济时代，人类小群体的形成主要靠血缘和地域因素。在社会化大分工时代，小群体的形成主要靠所从事活动的性质，如科学活动中形成科学共同体，就是一种人类小群体。一个人可以因同时从事几种活动而成为不同小群体中的成员。小群体数量增多，小群体之间的交往频繁，交往形式的多样化，是社会结构进化的标志。通常，主体是具有层次性的。我们可以把主体分为社会主体（即人类主体）、群体主体和个体主体三个层次。人类主体就是社会化的人类（它是把古往今来的全人类看成一个整体、一个系统的结果）；群体主体指的是在人的活动中因参与沟通的成员相对稳定而形成的带血缘性、地域性或职业性的集团；而个体主体则主要指的是个人。在人际沟通活动中，个体主体往往以群体主体之间的交往为中介，既与社会主体发生横向的沟通，也与社会主体发生纵向的沟通。实际上，无论是在个体主体之间、群体主体之间，还是在社会主体之间或者是在这三个层次的沟通主体之间都存在着人际沟通关系；而且这种人际沟通关系本身也是在他（它）们之间的物质交换和信息交流过程中建立起来的，正是通过物质的交换和信息的交流，人际沟通活动的社会结构才多中心地发展起来。随着沟通范围的扩大，沟通手段的发展，人际沟通逐渐摆脱了地域性，人际沟通的社会结构真正有了全人类性。

3. 人际沟通主体的认知结构

由于人际沟通实质上就是沟通主体不断编码和解码的过程，而人际沟通主体的编码

---

① ［德］马克思：《1844年哲学经济学手稿》，刘丕坤译，人民出版社1985年版，第79页。

活动和解码活动本身就是沟通主体在其思维中进行的认知活动，因此，了解人际沟通主体的认知结构及其在人际沟通活动中的功能对于我们正确地理解人际沟通的本质和规律是十分必要的。人际沟通主体的认知结构从构成上说是指人际沟通活动中主体先存的各种意识状态的综合统一体。所谓"各种意识状态"，是指人际沟通主体的认知结构既不单纯是知识，也不单纯是逻辑结构，而是包括知识和逻辑结构在内的主体多种意识的总体。这个意识的内在构成，作为主体的心理能力，有认知意识、道德意识和审美意识；作为一定对象的反映，有对象意识、自我意识和实践意识。从意识的逻辑特征上看，有逻辑思维结构和意向性心理与个性；从意识的自觉程度上看，有表层的显意识，有深层的（潜）无意识。所有这些意识要素（主体先前获得的一切意识要素），都是人际沟通主体认知结构的必然组成部分。所谓"综合统一体"，是说主体认知结构不是这种意识或那种意识的分立状态，也不是各种意识状态遵循数学加法规则简单相加组合而成的代数和，而是各种意识要素以极其复杂的机制和方式在主体大脑中贯通、融合、综合而形成的统一体。各种意识状态对认知过程的影响既不是单独实现的，也不是直接完成的。它们以各种方式相互联系，相互作用，形成了一整套功能上相互依存的关系，而这些关系的合成，则构成了图式的整体功能。因此，各意识要素是通过相互作用融合为图式整体而实施对认知过程的影响的。

具体到人际沟通这种人类认知活动而言，主体的认知结构是作为主体观念上把握客观对象的精神器官通过以下的三种方式发挥其功能的。首先，主体的认知结构是主体确定认知对象的选择框架。主体周围往往有许多人和物，每一个人和物往往又具有多方面的属性，哪些人和物、人和物的哪些方面能同主体结成现实的对象性关系而成为主体的沟通和认知对象，这都是主体主动选择的结果。主体选择和确定对象的框架便是主体的认知结构。一般来说，主体认知结构辐射范围内的人和物才能被主体择为对象。其次，主体的认知结构是主体摄取和加工处理信息的规范和准则。当主体和对象结成现实的认知关系后，客体刺激便传入主体大脑成为有意义的信息，但这是主体主动摄取的结果，经过了主体的过滤和筛选，主体的认知结构提供了过滤和筛选客体信息的规范和准则。大量客体刺激虽为主体注意，但却由于不合认知结构的规范而被作为无意义的东西舍去，未能在主体大脑中留下明显痕迹。通常所说的"视而不见"、"听而不闻"，便是由于一定刺激不合主体认知结构的规范所致。主体大脑对所摄取的信息的分析与综合，归纳与演绎，从抽象上升到具体等一系列复杂加工处理过程，同样是通过主体的认知结构进行的。主体总是以自己的认知结构为范型或样本，把客观信息加工整理成一定的知识形态。最后，主体的认知结构是主体赋予对象以一定意义的解释-说明系统。认知过程的最终结果，是主体达到了对客体的认知和把握，即"反映"，但这种反映不（完全）是客体在主体大脑中的机械复制，而是主体依据认知结构对客体信息作了大规模的加工处理而达到的对于客体的创造性理解，是主体给予对象的解释或说明。这种解释和说明就是由主体的认知结构去完成的。因此，主体的认知结构不同对同一客体作出的反映也就不同。由此可见，主体认知过程的每一环节，从对象的确定，信息的加工到反映的形成，都是大脑通过主体认知结构进行的，离开了主体认知结构这个主体反映客体的精神器官，就没有任何认知可言。所谓认知，实际上就是主体大脑通过先存认知结构对外部世界的能动反映。

最后应当指出的是，人际沟通是一个互动的过程，它并不仅仅是一个单向的信息传递过程，而是一个双向的信息交流过程。诚然，就一个单向的信息传递过程而言，作为发出信息的一方和作为接收信息的另一方分别充当着信源和信宿的角色，但是人际沟通的互动（双向）性特征决定了沟通双方对于人际沟通活动的顺利进展均具有支配和控制的功能，因为就一次成功的人际沟通而言，其接收信息的一方并不只是消极地接受信息，而是也在发挥其主观能动性，对接收到的信息进行分析、加工，通过反馈信息而影响着发出信息的一方；发出信息的一方也并非只是传送信息，而是也在接受来自外部的新信息和来自接收信息一方的反馈信息，通过分析，不断传送出新的信息。由此可见，沟通双方共同构成了人际沟通活动的主体，二者相互依赖、互为条件；只有有了信息传送一方积极的传送行为，信息接收一方才能产生接收行为；而没有信息接收一方积极的接收行为，信息传送行为也就毫无意义了。所以，没有作为信源的信息传送者就没有作为信宿的信息接收者；反之，没有作为信宿的信息接收者也就没有作为信源的信息传送者。两者是相辅相成、缺一不可的。随着人际沟通这种互动活动的进行，沟通双方所充当的信源和信宿角色也处于不断互换的过程之中。鉴于人际沟通本质上是一种信息的双向传递活动，而且沟通双方传递信息的内在机制也基本上相同，所以为了便于分析和研究问题，我们在本章中只就单向信息传递过程中充当沟通主体角色的信源和信宿进行考察。至于双向信息交流过程中反馈阶段的情况，只要我们将沟通双方的信源和信宿角色互换便可以进行类推，因为信息的反馈过程实际上就是信息的逆传递过程，而且沟通双方传递信息的内在机制也基本上是一样的。

第二节　作为人际沟通主体的信源

一、信源——沟通主体 I

信源，简单地说，就是信息的来源，即发出消息的来源。信源具有三大特点：（1）普遍性，即世界上所有运动着的客体，如自然界中的各种物体，社会中的组织、企业、机器和人本身等，都可以作为信源而存在，都产生信息。（2）多样性，即信源发出的信息都是具体信源及其内部要素的属性和运动形态的表现，信源的多样性决定了信息的多样性；正是由于这种多样性，才使抽象信息具有了与物质、能量相同的普遍性的品格，成为组成世界的基本元素。（3）可变动性，即信源的地位和属性并非固定不变，当它发出信息时，它是信源；当它接收信息时，又变为信宿。信源发出信息时，它一般以某种符号（文字、图像等）或某种信号（电磁波信号等）表现出来，而表示信息的这些符号或信号便称为消息，消息的形式是具体的、多样的。消息一般可理解为信息的载体，它载荷着信息。通常，信源所发出的消息带有随机性，它是不确定的。如果消息是确定的，而且预先是知道的，那么对信宿来说，就无信息可言。假定有一个人事先与你约定，在指定时间准时发送电子邮件，电子邮件内容预先你全知道，对你来说，从电子邮件里就没有得到任何消息。如果电子邮件内容事先你不知道，那么你就可以从收到的电子邮件中获取信息。所以，作为信息载体而出现的消息是随机的，具有不确定性。

从经典信息论的角度来看，信源既可以是人，也可以是机器，甚或还可以是自然界中的其他物体。实际上，如前所述，任何物质都可以成为信源，无论是无机界或有机界，大至宏观的宇宙天体，小至微观的基本粒子，从单细胞的生物到结构复杂的人体，从自然界到人类社会都可以成为信源，因为它们都可以发出信息。然而，在人际沟通这种传递和交流信息的社会活动中，充当信源的只能是人，即是指在人们之间的沟通活动中发出信息的一方。人们在社会活动的相互联系中，一旦获得了某种思想、情报、情感并且有了要传送给某一对象的意向和行为，这时，他就充当了人际沟通活动中信源的角色，活跃于人际沟通的舞台上。

作为人际沟通主体的信源在人际沟通过程中居于首要地位，他把所要传送的思想、情报、情感等信息内容，通过编码变成对方所能理解的符号或符号序列（语言、文字或其他符号）传送出去，经过一定的渠道让对方接受。从人际沟通活动的一般程序来看，作为人际沟通主体的信源处于人际沟通过程的前半段，即信息的准备阶段、信息的编码阶段和信息的传送阶段。所以，我们在此将作为人际沟通主体的信源称作人际沟通活动中的第一沟通主体——即沟通主体 I 。

二、信源的能力素质

能力通常有广义和狭义之分，狭义的能力概念可以理解为在智力的基础上顺利地完成某种活动的实践表现；而广义的能力概念包括智力在内，它是指人们完成某一活动的心理特征，是人们在认识世界和改造世界时所表现出来的身心力量和本领。能力一般可分为两种：一种是基本能力，是一个人完成自己的经常性活动所必须具备的能力，以及完成某一活动要求人必须具备的能力；另一种是特殊能力，即超过一般人所具有的能力，以及完成特殊活动要求人必须具备的特殊能力。如同其他任何社会实践活动一样，作为人们之间传递和交流信息的一种社会活动，人际沟通的有效进行同样也要求人际沟通主体具备一定的能力素质。就作为第一沟通主体的信源而言，笔者认为，除了应该具备诸如观察能力、思维能力等一般性的基本能力之外，以下几种能力也是必不可少的：

1. 选择能力

信源的选择能力是指信源为了实现有意义的人际沟通，对人际沟通的内容、工具、方式和时空等进行挑选的一种能力。在人际沟通活动中，作为第一沟通主体的信源应当具备必要的选择能力。我们知道，人际沟通与其他社会活动一样，是十分复杂多样的。仅以沟通方式来说，就有交谈、演讲、书信往来等多种方式，这就产生了选择何种沟通方式更为妥当的问题。当然，沟通方式的选择应该从人际沟通的具体条件出发，把人际沟通的有效实现作为衡量的标准。信源的选择能力在人际沟通活动中主要体现在下列这几个方面：

（1）传递内容的选择。一般来说，人们总是愿意接受与自己思想、观点一致的，或是自己需要的、关心的信息。因而，要进行有效的人际沟通，作为第一沟通主体的信源首先要根据不同的接收者选择不同的沟通内容。

（2）沟通工具的选择。所谓沟通工具即是指载荷沟通信息的各种符号，它包括言语沟通符号和非言语沟通符号两大系统。在实际的人际沟通活动中，是使用口头言语沟通符号还是使用书面言语沟通符号，在面对面的交谈中，能否伴随着使用诸如姿态、表情等这样一些非言语沟通符号，这些都是为达到有效的人际沟通目的而必须充分考虑的选择性问题。

（3）沟通时空的选择。信息的传送要选择适当的时机，既不能过早也不能过迟，因为信息传送过早，对方接收信息的条件尚未成熟，难以实现有效的沟通效果；而过时的信息会丧失其应有的价值。因此，信息具有较强的时效性。同样，人际沟通的空间环境也有一个选择的问题，同一信息在不同的场合传递常常会产生不同的效果。因此，作为信息的发送者，我们不仅应该恰当地选择传递时间，而且还应该恰当地选择传递空间。

此外，在人际沟通活动的许多其他方面，信源也都会面临一些需要作出选择的问题，所以选择能力的强弱对于信源能否有效地传递信息具有重要影响。当然，选择能力是可以逐渐培养和提高的。实际上，一个人的选择能力主要是在实践中锻炼和培养出来的。对于作为第二沟通主体的信源来说，选择能力的强弱也正是其人际沟通经验的具体表现。

2. 表达能力

所谓表达能力是指人们为传递所要传递的信息内容而对一定的符号材料和结构的选择和组织能力。在传递和交流信息的人际沟通活动中，信源是首要的沟通主体，因此，信源表达能力的强弱是直接关系到人际沟通能否有效实现的关键。

在人际沟通活动中，沟通主体是运用符号来进行信息的传递和交流的。符号是信息的载体，因此，信源表达能力的好坏，主要取决于两点：一是看他的表达是否"达意"，就是说信源所选用的符号及其按照符号规则组织起来的符号序列能否表达他所想要表达的信息内容；二是看他的表达是否"明了"，即要看他用符号表达的信息内容是否一目了然，而不是含糊不清。

一般来说，一个人的表达能力是以其所掌握的符号（学）知识为基础的。首先，要掌握各种符号的含义，尤其是那些带有歧义性的符号；其次，要懂得符号的编码规则（或叫符规或码规），即符号和符号序列组织起来的逻辑，这些正是一个人表达能力的基础所在。在现实生活中，不少人就是由于缺乏必要的符号（学）知识而影响了自己的表达能力，丧失了在人际沟通活动中的优势。当然，表达能力也需要在实践中培养和训练。

3. 发送能力

发送能力就是人们将所要表达的信息内容用一定的符号形式配合好了以后，通过一定的发送器官（口、手）发射出去的能力。发送能力有书面发送能力和口语发送能力。所谓书面发送能力，它是指选择和运用不同书面发送方式的能力和艺术。发送方式运用得好坏往往会影响书面言语沟通符号信息的人际沟通效果。

口语发送能力指说话时对口头言语沟通符号的速度节奏、声音的高低、声音的轻重大小、语流的顿挫断连的控制和变化能力。每一个人所使用的口头言语沟通符号，在声音上都有自己独特的色彩，例如，小女孩的声音清脆明快，大姑娘的声音温柔恬静，壮年人的声音宽厚洪亮，老年人的声音苍劲成熟。这种色彩会因一个人说话时的情绪变化而变化，还会因场景和人际关系的不同而有所差异。如果作为第一沟通主体的信源有较好的声音造型，在人际沟通过程中，不仅能够发声明亮悦耳，字正腔圆，而且还能够随着人际沟通的内容、场景、双方的人际关系的不同，有高低抑扬、快慢急降、强弱轻重、顿挫断连、明暗虚实等多种变化，那么其声音就会具有强烈的音乐旋律感和迷人的艺术魅力，当然也就会有助于其信息的有效传递。

4. 表演能力

表演能力指人们在人际沟通过程中运用姿势、手势、表情、眼神等非言语沟通符号向沟通对方演示沟通内容、传递沟通信息的能力。由于人际沟通活动是一项十分复杂的社会活动，它不仅要借助于言语沟通符号作为载荷信息的载体，而且还要借助于非言语沟通符号作为传递信息的手段。实际上，在面对面的口语人际沟通活动中，作为第一沟通主体的信源必定要运用其身体的某些器官作为非言语沟通符号来辅助言语沟通符号向沟通对象传递要传递的信息。俗话说："演说，演说，既要说，也要演。"其实，日常的口语人际沟通往往包括表演的成分在内。通常，一个人表演能力的高低对人际沟通过程中信息的有效传递具有重要影响。首先，一定的表演能力能够对言语沟通符号的信息表达起到烘托作用。一个手势、一个眼神，常常能够加强言语沟通符号的表达效果，甚至可以增加沟通对方对信源自身的好感。其次，一定的表演能力对言语沟通符号所表达或传递的信息内容可以起到印证作用。我们知道，在人际沟通过程中，作为沟通主体的信宿一方在接收信息的活动中既可以"察言"，也可以"观色"，而且身姿、手势、表情等非言语沟通符号因其具有自然流露的性质而具有更明显的真实性。所以，作为第一沟通主体的信源在人际沟通过程中如果表情轻松、神态自然，具有较高的表演能力，自然就可以加强其所传递的言语信息的可信度。此外，一定的表演能力还可以扩大人际沟通的渠道，甚至能发挥言语沟通能力所不具有的功能。人们在听话时，只是利用了耳朵这一个器官，但身姿、手势、表情的运用则可以调动视觉、触觉等多种感觉器官。现代科学业已证明，人类通过视觉器官接收的信息大大多于通过听觉器官接收的信息，所以，人们通过身姿、手势、表情等非言语沟通符号所传递的信息常常能够丰富、补充、印证其通过言语沟通符号所传递的信息。

既然一个人的表演能力对于其在人际沟通过程中有效地传递信息具有如此重要的作用，那么我们怎样才能正确地衡量一个人表演能力的高低呢？一般来说，衡量表演能力高低的标准有以下四条：

（1）适切。它不仅包括所使用的非言语沟通符号要与欲表达的信息内容适切，而且也包括所使用的非言语沟通符号要与信源自己的身份适切，此外还包括所使用的非言语沟通符号要与沟通双方的人际关系适切。我们仅以第一种情况来看，如果我们口头上说"怎么办呢？办法有三"而伸出两个手指，这就违背了适切的标准，因为所使用的非言语沟通符号所传递的信息与所使用的言语沟通符号所传递的信息不一致。

（2）简练。正像说得多不一定就表明语言能力强一样，做得多也不一定就是表演能力强。有的人说话时总是手舞足蹈，要不就两只眼睛瞟来瞟去，要不就一会儿坐下，一会儿站起，这样都会大大降低表演效果，进而会影响人际沟通信息的有效传递。

（3）协调。它不仅是指身姿、手势、表情等非言语沟通符号的使用之间要互相协调（例如，当我们与人握手时，眼睛却看着别处，那无疑就会影响人际沟通信息的有效传递），而且指非言语沟通符号的使用也要与言语沟通符号的使用互相协调。身姿、手势、表情等非言语沟通符号毕竟是人们在人际沟通过程中用来传递和交流信息的辅助手段，它必须与言语沟通符号互相协调才能在传递与交流信息的人际沟通活动中充分发挥应有的作用。

（4）自然。无论是从美学的角度来看，还是从表达的视角观之，身姿、手势、表情等非言语沟通符号的使用都应当自然，如果我们在人际沟通过程中表现出故作惊恐之态、豪爽之笑等过分的举止，那么我们便会丑化自己的形象，导致自己对人际沟通信息的言语表达失真，进而妨碍正常的人际沟通际活动的有效进展。

5. 调控能力

调控能力是指作为第一沟通主体的信源为了实现人际沟通目标，使信息的传递活动处于有序状态，而对人际沟通过程实施必要的调整和控制的一种操纵能力。在人际沟通过程中，信源的调控能力主要体现在以下三个方面：

（1）能够随时解决人际沟通过程中出现的新问题，及时纠正出现的偏差。由于人际沟通活动是一个动态过程，作为信息传送方的信源在信息的准备、信息的编码和信息的传递等方面不可能都做得准确无误，出现偏差往往是不可避免的，而且人际沟通是一种极为复杂的信息传递活动，随时都可能会出现事先没有预料到的新情况和新问题，导致信息传递过程的中断。这就要求作为第一沟通主体的信源在人际沟通过程中能够及时地纠正出现的偏差，解决意料之外的新情况和新问题。

（2）能够及时地消除人际沟通过程中出现的干扰。人际沟通往往都是在复杂的社会环境中进行的，它必然会受到各种环境因素的影响。各种干扰常常会影响人际沟通活动的正常进行，因而作为第一沟通主体的信源应该随时注意外部环境的变化及其对人际沟通活动的影响，对出现的干扰及时地加以消除；只有进行这样的控制，信息才能正常地传递，有效的人际沟通才能顺利地实现。

（3）能够根据信息反馈的结果对原先的信息进行有意识的调整或修正。在人际沟通过程中，信源发送出去的信息由于受到其自身知识和经验的局限，往往不够完整、不够成熟，有的信息也会因事物的发展而显得陈旧，因而就要求作为第一沟通主体的信源能够根据沟通对方信息反馈的结果对原先的信息有意识地进行调整和修正。应当指出的是，这种调整或修正并不是对原先人际沟通目标的否定，而是在原先人际沟通目标基础上的进一步提高。

6. 应变能力

应变能力是指作为第一沟通主体的信源在人际沟通过程中能够应付窘境和意外情况的一种能力。应变能力主要是就口头言语沟通而言的，在面对面的口头人际沟通活动中，我们往往会遇到一些令人尴尬的局面，有时我们很难迅速找到恰当的表达方式来传递我们想要传递的信息，此时，作为信息的发出者，我们就需要有一定的应变能力来巧渡"难关"。

我们知道，口头言语人际沟通与书面言语人际沟通不同，在书面言语人际沟通活动中，作为发信方的信源可以不断地改变主意、重拟方案；而在口头言语人际沟通活动中，作为发信方的信源则往往是脱口而出，他必须具备随机应变的能力，以适应已变化了的情境和话题。人们常常都希望自己能具有高超的应变能力，然而高超的应变能力源于精辟的学识、广博的常识、非凡的见识、超群的胆识、丰富的联想、开阔的思路以及自如的表达。只有具备了这些基本素质，我们才能在选择信息、组织语言、安排层次、形成序列、情感变化、声调起伏等方面应付自如。实际上，一个人高超的应变能力主要体现在其机敏的反应即快捷的思维上。在人际沟通过程中，一个具有高超应变能力的人常常能够敏锐地分辨和预测出各种业已出现和可能出现的"意外情况"，能够从自己大脑的一个个"小房间"中迅速取出所存储的知识以"不变应万变"。因此，我们每一个人都应该在日常生活中注意培养和锻炼自己的应变能力，即对任何事物逐步做到观察细致、感受深刻、思考快捷、辨析准确、对策巧妙，久而久之，我们的应变能力便会迅速提高。

三、信源的心理特征

在人际沟通过程中，信源的主要行为是发出信息并接受对方的反馈。与此相联系，作为第一沟通主体的信源必须考虑发出什么样的信息才是适当的以及用哪些符号组织和传递这些信息；对方反馈的信息的意义是什么，如何读解对方发出的信息符号。作为信源，我们可以说自己想说的话，但是，我们却不能不顾及对方是否愿意听，听了会有什么反应；我们也可以依据自己原有的知识结构、习惯和经验来组织信息。但是，我们却不能无视对方是否有能力解读；否则，我们的人际沟通活动可能会毫无效果，或者造成对方的误解，甚至不愉快。"对牛弹琴"是不应该的，而招致对方漠然处之甚至反唇相讥，则更是正常的人际沟通活动所应该尽力避免的结局。为了使读者能对信源的心理特征有所了解，我们在此不妨从信源传递信息的心理与反馈的心理效应这两个方面来简要地描述一下信源的心理特征。

1. 传递信息的心理

为了使人际沟通活动顺利地进行，作为第一沟通主体的信源有必要把握住对方的特点，如心理特征、经历、知识水平、职业、兴趣、动机等，针对这些特点来发送信息。两个人初次见面，开始总是保持相当的距离，谨慎地寻找话题并慎重地发表见解。这些话题往往是一些"题外话"，却多少涉及双方的一些社会性特征。接下来才真正是结合双方特点的对话。只有在这时，双方才可能产生一见如故或讳莫如深的感觉。一般来说，在作为信息发送方的信源对沟通对方比较熟悉的情况下，人际沟通活动可以很快地触及实质性的内容。例如，遇到熟人说声"您好"，简单的问候却传递着表示我们关注对方的信息，而且我们相信对方会因我们所发出的信息符号而感到愉快并且会对此作出积极友好的反馈。

通常，人们在实际活动中所运用的是"社会性沟通符号"，这种沟通符号的特点就在于向他人而发，能引起他人的反应。作为第一沟通主体的信源为了使对方更好地理解自己所发出的信息，常常能够用社会性的沟通符号，试图设身处地地为对方将信息符号化。所谓设身处地，按照社会心理学的说法，不外乎是扮演对方的角色，也就是说，根据对方的角色特点来传递信息。作为信息发送方的信源希望通过输送恰当的信息使对方理解和接近自己；与此同时，他也通过扮演对方的角色，不知不觉地使自己理解和接近对方。此外，站在对方的立场上，信源便能够促使自己从对方的立场上审察自己。因此，发送信息的过程，不仅是了解对方的过程，也是信源自我认识的过程。

2. 反馈的心理效应

在人际沟通过程中，信源还有一种心理倾向，这就是期望对方表现出罗杰斯①所说的无条件的肯定的关心。当然，这是在作为信息接收方的信宿期望与作为信息发送方的信源建立友好关系的情况下存在的心理倾向。在这种情况下，作为信息接收方的信宿往往会摒弃自己狭隘的成见，采取宽容的态度，无条件地接受信源的全部表现，使信源产生全面信赖信宿的感觉，从而无拘束地自由地表达自己，发出信息。人们总是愿意同胸襟开阔、为人大度的人形成交往关系，而不大愿意同刻薄、褊狭的人打交道。从这个意义上说，作为第一沟通主体的信源，其心理状态受对方的影响颇深。

通常，作为信息接收方的信宿对待作为信息发出方的信源所持的态度可能会直接影响到人际沟通过程中信宿对信源的信息反馈。如果信宿在人际沟通过程中经常发出否定性的信息，那么信源就会觉得信宿否定了自己的见解和经验，从而其进行人际沟通的动机就会被削弱。同样，当作为第一沟通主体的信源如果感到对方对自己所发出的信息采取消极的漠然态度，不及时作出明确的反应，使自己不知道对方怎样看待自己所表示的一切，那么他就会产生困惑或厌倦，从而导致其人际沟通动机的减弱，妨碍人际沟通活动的有效进行。

第三节 作为人际沟通主体的信宿

一、信宿——沟通主体 II

信宿，简单地说，就是信息的接收者。一般来说，信宿具有如下特点：（1）普遍

---

① 卡尔·罗杰斯（Carl Rogers，1902—1987），美国心理学家，美国人本主义心理学派的主要代表人物之一。

性，即和信源一样，信宿可以是人，也可以是社会组织、团体、企业，还可以是物体、机器等。（2）针对性，即信源随时随地向外界散发信息，但信宿却是有针对性地接受与之相关的信源发出的信息。（3）加工和存储信息的能力，即可以对接收到的信息，经过整理、加工：一是立即使用，二是将不能立即使用的信息存储起来。（4）变换信息和反馈信息，即信息使用后，产生了效果，便成为另一种形态的信息。从经典信息论的观点来看，信宿既可以是人，也可以是机器，如收音机、电视机等，但是，在人们之间传递信息与交流信息的人际沟通活动中，充当信宿的一方如同充当信源的一方一样，也只能是人。因为我们所说的人际沟通活动指的是人与人之间的一种社会性互动活动，互动的双方都是人，人际沟通活动的信宿就是指在人际沟通过程中接收信息的一方，人际沟通往往具有一定的目的性，也就是说要把一定的信息传递到选定的对象那里，所以当传递信息的一方——信源发出信息之后，作为信息接收方的信宿经过一定的渠道收到符号化了的信息，并将这些符号化了的信息通过解码，转化为自己理解的意念，然后再经过判断、采用相应的行为反馈到沟通对方那里去。从人际沟通活动的程序来看，作为信息接收方的信宿处于人际沟通过程的后半段，即处于信息的接受、译解和反馈阶段，因而信宿在整个人际沟通过程中是积极响应的人际沟通者。然而，人际沟通活动中的信宿是有情感、有理性、有思想、有动机的社会人，在人际沟通过程中，他们绝不是人际沟通信息的消极被动的接受者，而是人际沟通活动的积极活跃的参与者。他们具有主观能动性，他们在人际沟通过程中往往并不是呆板地、兼收并蓄地对待信源所发出的信息，而是有选择、有重点地接受信源发来的信息。

信宿在人际沟通过程中具有不可或缺的地位。如同我们在前面人际沟通的信息学模型中所表明的那样，信宿与信源一起构成了整个人际沟通过程的双方。从整个人际沟通活动来看，信源是人际沟通过程的开端，接收信息的过程就是人际沟通过程的实现。作为人际沟通双方中的一方，作为人际沟通活动的一端，缺少信宿及其接收活动，就像缺少信源及其发信活动一样，也都是不可想象的。例如，只有送话人，没有受话人，电话如何能通？只有电视发射机，没有电视接收机，电视线路就无法开通。正因为如此，我们才认为信宿在传递信息与交流信息的人际沟通活动中具有不可或缺的地位。

如果我们从人际沟通的动机与效果来看，也少不了作为信息接收方的信宿。如前所述，人际沟通往往具有一定的目的性，信源发出的信息常常都是针对特定的接收者的。也许有人会说，人际间的口语沟通，作为信息接收者的信宿就在眼前，无疑是明确的；书面通信或通知之类的人际沟通，其信息的接收者是张三，还是李四，也是明确的；但是，文章或书籍一经发表或出版，作为信源的作者能知道会有谁来阅读吗？其实，每一个作者在写作时，心中就已经有了预想的读者对象——信宿：是写给中国人看的，还是写给外国人看的；是写给老年人看的，还是写给青年人看的；是写给知识分子看的，还是写给其他人看的……作者预先在心中是有数的。所以，作为传递信息与交流信息的任何一次人际沟通活动，其信息的传递与交流都是有其特定的接收者——信宿的。人际沟通效果也是一样。任何用来传递信息和交流信息的作品，如果没有进入接收过程，就还不能算最后完成。一篇文章、一部著作，未经阅读，只不过是一叠印着铅字、经过装饰的纸张；一段话语，未经收听，只不过是一串音流，而且其沟通效果的好坏，并不只是看发信者——信源自己满意与否，它只有待听者或读者——信宿接收之后才有效果可言，才有效果的好坏可言。从本质上来看，评价或检验人际沟通效果的最权威的标准只有一个：信宿是否对信源所发出的符号化信息有所领悟，有所理解，有所收获，以致有所反应，有所行动，以及领悟了多少，理解了多少，反应、行动的强烈程度如何。一切成功的人际沟通活动必须是获得了信宿最充分、最良好的评价和印象；而一切失败的人际沟通，也必然是忽略了信宿的存在，或者是漠视了信宿的重要性，或者是无法根据信宿的实际情况对症下药，导致以信宿对信源所发出的信息的不解或误解或无动于衷而告终。因此，就传递信息与交流信息的人际沟通活动而言，信宿与信源是相互依赖、缺一不可的，没有信源就没有信宿；反之，没有信宿也就没有信源。二者互为条件，共同构成了人际沟通活动的主体。但是，如前所述，由于信源和信宿在人际沟通过程中所处的地位不同，所处的阶段不同，并且承担着不同的职能，所以我们在本书中将作为信息接收者的信宿称为第二沟通主体，以区别于作为第一沟通主体的信源。

二、信宿的能力素质

在上一小节中，我们已经明确地提出，信宿与信源共同构成了人际沟通活动的主体。在人际沟通过程中，作为第二沟通主体的信宿，绝不是沟通信息的消极被动的接收者，相反，它是人际沟通活动的积极主动的参与者。如同作为第一沟通主体的信源一样，作为第二沟通主体的信宿要想使其人类沟通活动得以顺利地进展，也必须具备一定的能力素质。笔者认为，在传递信息与交流信息的人际沟通过程中，仅就信宿所承担的信息的接受、信息的解码以及反馈等职能而言，以下几种能力素质对于信宿是必不可少的。

1. 感知能力

信宿的感知能力是指人际沟通过程中的信息接收方通过发挥其感觉器官的功能对信源所传递来的符号化信息形成感性的反映形式的一种能力。感知是发生在感知者与被感知对象即作为人际沟通主体的信宿与信源所发出的符号化信息之间的一种关系。在传递与交流信息的人际沟通活动中，感知是信宿接收信源所传递信息的首要阶段，没有对信息符号的感知，就不可能有对信息符号的进一步解码，更谈不上有对所传信息的反馈。敏锐的感知能力对于人际沟通过程中信息的有效传递与交流具有重要的促进作用，通常，具有敏锐感知能力的人往往可以通过对沟通对方的眼神、表情、手势、体态以及声调、音量等沟通符号的感知，来洞察对方的内心世界，可以通过察言观色，从细微的表现中发现一般人不易发现或容易忽略的信息，及时掌握沟通对方的反应，从而调整自己的行为，掌握人际沟通的主动权，使人际沟通活动得以顺利进行。反之，如果一个人在人际沟通过程中对信源所发出的各种信息视而不见，听而不闻，那么会干扰和妨碍人际沟通信息的有效传递与交流，其人际沟通活动的效果也便是可想而知的了。

2. 理解能力

信宿的理解能力是指在人际沟通过程中信息接收方对信源所传送来的信息符号进行

分析、读解，以把握其内在含义的一种能力，它对于解码乃至整个人际沟通活动能否成功具有决定性的影响。我们知道，作为信息的接收一方，信宿的最终目的就是要准确无误地接收信源所传递来的信息，而信息是以符号为载体的，信宿对信息的接收程度主要就取决于其对负载信息的符号的理解能力。对于信源所发送来的同样的信息符号，如果信宿的理解能力越强，那么他对信息接收的程度就越高，反之则低。因此，作为第二沟通主体的信宿是否具有必要的理解能力对于解码活动乃至整个人际沟通活动的成败是至关重要的。

一般来说，我们可以从两个方面来判断一个人理解能力的强弱：第一，准确性，也就是说要看信息接收方——信宿能否准确无误地把握住信源所发信息的内容，信宿对信息符号含义的理解是否与信源想要传递的信息内容相吻合。第二，完整性，即要看信息接收方——信宿是否掌握了信源所传递的全部信息内容，信宿不仅要掌握信源所表达的明确含义，而且还要理解信源含蓄的示意。换言之，信宿不仅要对信源用来传递信息的符号进行表层解码——解译，而且还要对信源用来传递信息的符号进行深层解码——解释，这一点在人际沟通过程中是最为重要的，也是最易被人们所忽略的。

3. 反馈能力

信宿的反馈能力是指人际沟通过程中的信息接收者对信源所传递来的信息加以判断并且采取各种不同的反应行为的能力。反馈是信息论中的一个重要概念，又称"回输"、"回授"，它最初是由美国贝尔电话实验室的哈罗德·布朗克于 20 世纪 20 年代提出来的，原意是把电子系统的输出信号的全量或部分量回输到本电子系统的输入端。20 多年后，美国科学家维纳拓广了反馈概念，维纳主要强调的是信息反馈，他在《人有人的用处——控制论和社会》一书中写道："为了使任何机器能对变动不居的世界环境做出有效的动作，那就必须把它自己动作后果的信息，作为使它继续动作下去所需的信息的组成部分再提供给它。""这种以机器的实际演绎而非以其预期演绎为依据的控制就是反馈。"① 其实，反馈普遍存在于现实世界之中，任何系统的控制过程无不含有反馈，作为一个闭环系统的人际沟通亦不例外。在人际沟通活动中，所谓反馈，它指的是一种由信宿向信源回输信息的过程，它是人际沟通活动的重要组成部分。我们在前面曾反复强调，人际沟通不只是一种简单的单向信息传输，而是一种包含着信宿的反馈在内的信息交流活动。人际沟通本质上永远是双向的互动行为，所以在人际沟通过程中作为信息接收方的信宿并不只是消极地接收信源所发出的信息，而要对接收到的信息理解后作出反应，将反馈信息回授给对方。只有达到了双向的信息交流，我们才能实现有效的人际沟通。实际上，在人际沟通过程中，作为第二沟通主体的信宿总是在自觉或不自觉地以某种方式对来自信源的信息作出反馈，只不过信宿所作出的反馈有积极的和消极的区别而已。比如说，你作为信源向你的朋友发问："你近来生意做得怎么样？"即便对

---

① ［美］维纳：《人有人的用处——控制论和社会》，陈步译，商务印书馆 1978 年版，第 14、15 页。

方对你的发问无动于衷，不予理睬，他也是在向你作出信息反馈，至少表明了他对你的问题的态度：或是不感兴趣，或是不愿回答。当然，这种信息反馈是消极的，它显然不利于人际沟通活动的顺利进行。从某种意义上说，反馈能力是人（正常人）的一种本能，但是，在人际沟通过程中，我们应该尽量减少消极的、不自觉的反馈，而且应该对来自信源的信息自觉地作出积极的反馈。只有这样，作为信息传递与交流的人际沟通活动才能够有效地进行下去。从积极的意义上来看，我们可以从以下几个方面来把握衡量一个人在人际沟通过程中反馈能力强弱的标准：

（1）能否对来自信源的信息及时作出反应。反馈能力强的信宿一旦接收到信源发来的信息，往往能够及时地加以判断并且迅速地将自己对此信息的反应传递到对方。我们之所以强调信宿的反应要"及时"，其原因在于有效的人际沟通常常并不是一项立即可以完成的活动，而是需要沟通双方反复传递和交流信息的过程，信息及时地反馈到对方，可以供对方考虑，以便于对方再进行反馈，如此反复，最后便可以实现有效的人际沟通。否则，如果信宿的反馈不及时，信源发出的信息长期得不到信宿的响应，那便会延误信息传递与交流的时机，导致人际沟通活动的中断或夭折。

（2）能否"适宜"地反馈信息。信宿的信息反馈要"适宜"，也就是说，信宿反馈的信息要针对信源传递过来的信息内容，而不能偏离中心。此外，信宿的信息反馈还要做到"适量"，即信宿向信源反馈过去的信息不能过量，过量的信息往往会冲淡沟通信息的主题内容，进而妨碍人际沟通活动的正常进行。

（3）能否"主动"地反馈信息。信息反馈的主动性是指信宿在人际沟通过程中进行反馈时不仅要对信源传递来的信息简单地表示自己的态度，而且还应该主动地提出自己的见解，向信源提供更新的信息，以便于人际沟通活动能够有效地进行下去。

关于信宿的能力素质，在此应当说明的是，以上只是就信宿在信息传递过程中所承担的基本职能来讨论几种必要的能力。实际上，除了上述的感知能力、理解能力和反馈能力之外，在前一小节中所谈到的信源的某些能力素质对于信宿来说也是十分重要的。比如说，应变能力不仅对于信源是必不可少的，而且对于信宿同样也是必要的。在人际沟通活动中，不仅信源会遇到一些令人尴尬的局面，而且信宿也可能会遇到一些难以对应的窘境，信宿同样也需要具备一定的应变能力来保证人际沟通活动的顺利进行。其实，信源的能力素质与信宿的能力素质往往是交叉的，因为人际沟通过程中信息传递的双向性决定了信息之传与信息之受总是集于一身，传方和受方又总是处于不断的互动之中。之所以把信源的能力素质与信宿的能力素质分开单独讨论，其目的是为了对它们获得较为系统和深入的认识，因此，对此不应作机械的理解。

三、信宿的心理特征

在人际沟通过程中，信宿的主要行为是接收信源发出的符号化了的信息，对这些信息符号进行读解以及向信源作出反馈。作为信宿，我们在与他人的沟通过程中，应该注意对方说些什么（言语沟通符号），怎么讲（非言语沟通符号），对方的意思是什么（读解），以及我们如何将自己的意思编成各种符号向对方作出反馈。此时的问题在于，作为信宿，我们是否要全部接收信源发出的信息符号，如何读解所收到的符号，以及如何采取适当的方式组织自己的信息，而这些问题又与信宿的心理密切相关。为此，以下我们将从信息选择的心理和读解的可能偏向这两个方面来简要讨论一下信宿的心理特征。

1. 信息选择的心理

在通常情况下，作为信息接收方的信宿在人际沟通过程中并不是像信源所希望的那样无选择地接收信源所发来的所有信息符号。当我们在听一个人说话时，我们很少能够做到注意他所说的每一个字（言语沟通符号），观察出他所有的暗示（非言语沟通符号）。一般来说，作为信息接收方的信宿往往带有这样一种心理倾向，即在可能的情况下，信宿会选择自己感兴趣的信息，而忽略自己所不感兴趣的信息。例如，在教学这种人际沟通活动中，即使作为信宿的学生们专心听讲，我们也不能指望他们记下作为信源的教师所讲解的全部内容。这不仅因为学生们的记忆力做不到，更因为学生们具有自己的选择能力和选择标准。实际上，我们在人际沟通过程中经常作出选择，并且试图使自己相信自己的选择是合理的。换言之，我们总是选择自己喜欢或赞同的东西。在西方，有人将这种倾向称为对赞同性信息的偏好。他们认为，个人有意地寻求赞同性信息，躲避非赞同性信息，以保持态度的一致性。正是由于人们如此注意选择，所以信宿在人际沟通过程中往往会自觉或不自觉地放弃信源传递来的部分信息。例如，抽烟上瘾的人因其听惯了有关抽烟有害无益的说法，所以，如果别人告诉他烟草影响健康，他不以为奇，很可能漠然处之；一旦有人论证烟草的好处，他却可能铭记于心。因此，个人的主观好恶等心理倾向常常成为影响人际沟通过程中信宿选择信息的因素。在极端的情况下，信宿甚至可能会对信源所发来的信息视而不见、充耳不闻，以至于排斥信源所传递的所有信息。对此，我们应该有一个清楚的认识，应该尽量避免选择信息过程中的不良心理影响。

当然，对外来信息进行选择并不总是坏事，一个人不可能也没有必要对所有外来的信息都感兴趣，都毫无选择地接收，信宿在人际沟通过程中对信息的选择从另一个侧面说明了在人际沟通活动中并不存在完全被动的一方。信宿在人际沟通过程中并不是消极被动的信息接收者，而是积极主动的参与者，它与信源一样也充当着人际沟通主体的角色，二者共同构成了人际沟通活动的主体。

2. 读解的可能偏向

在人际沟通过程中，作为第二沟通主体的信宿不仅不可能接受信源所传递来的所有信息，而且在对接收了的信息符号进行读解时，还可能会背离信源的原意。也就是说，信宿在解码时难以完全做到客观公正、准确无误，特别是在信宿对信源并不熟悉的情况下，这种偏向更是难以避免。通常，当我们同陌生人打交道时，由于我们对他们的特点不了解或了解得不充分，对于他们所传递的信息符号缺乏参考的背景资料，所以我们往往有可能会戴着有色眼镜进行处理。例如，作为信源的一方对作为信宿的一方说，"我很喜欢你的个性"，作为信宿的一方很可能会怀疑作为信源的一方是否说得有诚意，是否对自己有所求而故意夸奖自己，还可能会觉得他轻率、不慎重，等等。总之，信宿会对信源缺乏信赖感，进而会影响到其解码的客观性和准确性。

此外，信宿在读解信息符号的时候还往往存在凭主观或所需来解码的倾向，也就是说，信宿往往按照自己的口味、固有想法或者所认定的常识，在不同程度上曲解接收到的信息。特别是当信息符号暧昧不清时，由于信宿以往的经验和当时的内在需求和态度的影响，因而很容易出现各种自以为是的解释。

但是，这些偏向并不是不可避免的，人际沟通的互动性就有可能纠正符号读解的误差。在人际沟通活动反复进行的过程中，当信源一旦发现对方对自己所发出的信息符号产生误解时，他便可以考虑重新表达自己要传递的信息。当然，这要求信宿明确地表明自己的感受，即对信源所发出的信息作出恰当的反馈，以便使信源有机会印证自己的原意是否被完全理解。

以上我们分别对人际沟通主体以及作为人际沟通主体的信源和信宿的有关问题进行了讨论。在结束本章的时候，我们有必要进一步强调指出，在人际沟通这样一种传递与交流信息的过程中，信源与信宿总是处于不断的互动之中，沟通双方总是一身兼二职，他们既充当着信源的角色，又充当着信宿的角色。例如，作者与读者，演说者与听众，管理者与被管理者，教师与学生，等等，在每一次人际沟通过程中，他们既是信息的传递者，又是信息的接收者，我们在此之所以将信源和信宿作为两个单项因素来讨论，只是为了研究的需要。在科学研究中，为了认识客观对象的本质，只从整体上粗略地认识是不够的，必须把组成整体的各个部分、各个方面暂时割裂开来，把被考察的特性、因素从整体中抽取出来，让它们单独起作用，或者是使处于动态的研究对象暂时凝固为静态，然后再分别进行研究，以把握其内在的本质。正如列宁所言："如果不把不间断的东西割断，不使活生生的东西简单化，粗糙化，不加以割碎，不使之僵化，那么我们就不能想象、表达、测量、描述运动。"① 为了认识和把握人际沟通主体的本质特征，我们同样也应该这样做。当然，我们把研究对象分解为它的各个部分、方面、因素而孤立地加以研究，并不是分析的最终目的，而是认识事物的一种手段，在对人际沟通的信息学研究中对信源和信宿的分析上也同样是如此。

---

① 《列宁全集》第38卷，人民出版社1956年版，第285页。

第二章 信息：人际沟通的内容

第一节 信息的本质

一、信息的基本含义

"信息"一词，古已有之。早在唐代，我国诗人李中在其《暮春怀故》中的"梦断美人沉信息，月空长路倚楼台"的诗句中就使用了"信息"这个词。然而，人类早期对"信息"的认识一直停留在朦胧的状态，"信息"概念并没有被赋予严格的科学定义，而真正自觉地把"信息"作为研究对象进行研究并且开始触及"信息"的本质，已是 20 世纪 20 年代以后的事情了。"信息"作为一个科学概念，最早出现于通信领域。1928 年，美国学者哈特莱发表了《信息传输》一文，他在探讨信息传输问题时，指出了"信息"和"消息"在概念上的差异。信息是包括在消息中的抽象量，消息是具体的，其中载荷着信息。到了 20 世纪 40 年代，美国科学家申农和维纳从通信和控制的角度提出了"信息"的概念。1948 年，申农与魏沃尔发表了《通信的数学理论》，维纳也发表了《控制论——动物和机器中的通信与控制问题》。这两部著作的发表，标志着信息论的诞生。从此，人类对信息的认识进入了一个新的阶段，从经验到理论，从定性到定量，从自发到自觉，从朦胧到清晰。今天，"信息"是人类使用频率最高的名词之一，"信息"的概念已经成为现代社会一种时髦的术语。然而，由于信息本身是一个多元化、多层次、多功能的复杂综合体，"信息"概念广泛渗入各学科领域，而各个学科又有其自身的特殊性，因而就导致了人们对"信息"概念的不同理解，出现了从各自不同的侧面和角度对"信息"概念给出的各种解释或定义。

据不完全统计，关于"信息"概念的不同定义，目前至少有 40 种之多。为了对"信息"的本质有一个全面、深入、系统的认识，我们不妨先来考察几种比较典型的且具有代表性的"信息"观点。

1. 信息是用来消除或减少随机不定性的东西

这是美国科学家申农的"信息"观点。申农于 1948 年在《通信的数学理论》这篇著名论文中，把"信息量"定义为随机不确定性之差，或者为，消除了的不确定性。能够消除不确定性或减少不确定性的消息，就包含有信息；否则，就没有包含信息，或者所包含的信息量等于零。因此，尽管申农并未明确地给"信息"概念下定义，但他对"信息"的理解是十分明确的，是"信息量"的定义中暗含的，即"信息"就是用来减少或消除随机不定性的东西。所谓收到了信息，就是减少或消除了原有的不确定性。在现实生活中，这类随机不定性是大量存在的，而消除或减少这种随机不定性的东西，按照申农的定义，就是信息。申农给出的"信息"定义是有道理的。的确，信息可以消除或减少相应的不定性。只要你得到了某种信息，就可以消除或减少与此相关联的不定性，从而可以作出某种决策，采取某种行动，达到一定的目的。不过，申农的"信息"定义也有它的缺点和局限性。其最主要的缺点是，他把"信息"仅仅局限于"消除随机不定性"的范畴，而不定性不见得都是随机的，由于存在模糊性，因而也会引起不定性。比如说，从卫星上拍摄一幅地球表面的照片，由于距离太远，拍出的照片可能是相当模糊的，这样就有了不定性，为了消除这种不定性，也需要信息。可见，信息也可以用来消除或减少模糊性所引起的不定性。申农的"信息"定义另外还有一个缺点，这就是，他仅仅考虑了形式化的一面，而不考虑"信息"的含义与价值。因此，申农的"信息"观点至少是不全面的。

2. 信息是控制系统进行调节活动时，与外界相互作用、相互交换的内容

这是美国控制论专家维纳的"信息"观点。维纳于 1950 年在《人有人的用处——控制论与社会》一书中认为，"人通过感觉器官感知周围世界（获得信息）"，"我们支配环境的命令就是给环境的一种信息"，"信息这个名称的内容就是我们对外界进行调节并使我们的调节为外界所了解时而与外界交换来的东西"。"接收信息和使用信息的过程，就是我们适应外界环境的偶然性的过程，也是我们在这个环境中有效地生活的过程。"① 作为高等动物的人类及其社会是一个控制系统，人们通过语言、文字、图像等彼此交换信息，以调节人类社会的活动。所以，维纳认为，信息就是控制系统进行调节活动时，与外界相互联系、相互作用、相互交换的内容。在这里，维纳把人与外部环境交换信息的过程，理解为一种通信的过程，这自然是没有问题的，因为通信本来就可以泛指人与人、人与机器、机器与机器、机器与自然物，人与自然物之间的信息交换和传递。而且维纳在一定程度上触及了信息的本质。但是，维纳给出的这个信息定义仍然有它的不确切之处，因为人与环境之间互相交换的内容不只有信息，也有物质和能量。人与外界还要发生物质的相互和能量的相互作用，因此，这个定义是笼统的、不严格的，照此仍不能把物质、能量与信息划分得很清楚。

3. 信息是作为事物的联系、变化、差异的表现

这是控制论的另一位重要奠基人、英国生物学家艾什比在 1956 年版的《控制论导论》一书中对"信息"概念提出的另外一种理解。艾什比首先引入了一个"变异度"的概念，他提出的"'变异度'这一概念，即信息论中所讲'信息'这一概念"②。所谓变异度，就是指某一集合中元素的差异程度，通俗地讲，就是事物的变化、差异。

---

① ［美］维纳：《人有人的用处——控制论和社会》，陈步译，商务印书馆 1978 年版，第 9 页。
② ［英］艾什比：《控制论导论》，张理京译，科学出版社 1965 年版，第 152 页。

我们所生活的宇宙是复杂多样的，宇宙间的事物总是处于相互联系、相互作用、永不停息的运动变化状态之中，而在艾什比看来，表征这种联系、变化、差异的就是信息。例如，广播、电视、互联网等大众传媒每天所报道的消息、新闻，它们反映了国际形势、国内时事的各种动态，每天都有变化、差异，每天都有新的内容，因而才为人们提供了信息。如果第一天所报道的内容，第二天再进行重复，与第一天没有任何差异，没有提供新的东西，当人们再听到它时，就没有获得任何信息。所以，按照艾什比对"信息"的理解，信息必须表现出事物的关系、变化、差异，提供出事物在运动变化过程中出现的新的特征。艾什比的"信息"观点反映了他从联系与变异的角度对"信息"概念的理解，他的"信息"观在一定程度上触及了信息的本质。正因为如此，艾什比对"信息"概念的理解才在学术界产生了广泛的影响。基于这一理解，也有人将"信息"理解为"差别"、"被反映的差别"、"物质和能量在时空中分布的不均匀程度"等。然而，我们不难证明，艾什比的"变异度"实际上就是申农"不确定性（即负熵）"的特殊情形。设某集合 X 有 N 个元素，每个元素的出现概率等于 $1/N$，则有申农的不确定性 $H(x) = \log_2 N$，即等于艾什比的"变异度"。可见，信息的"变异度"理解及其新派生的诸种理解仍然没有超越申农对"信息"的理解。

以上这几种具有代表性的"信息"观点，只是在一定程度上从某个侧面触及了信息的本质。相比之下，笔者认为，我国著名学者钟义信教授对信息的理解则更为可取。钟义信教授认为应当从两个方面给出"信息"的定义：一个是"纯客观"的定义，一个是从人的认识角度出发给出的定义。为了叙述的方便，我们把前一个定义姑且称为第一定义，把后一个定义称为第二定义。

（1）"信息"的第一定义："信息"是事物运动的状态和方式。这里，事物既可以是客观世界的，也可以是主观世界的；可以是随机性的，也可以是模糊性的。总之，是一切形式的事物。一切事物都在运动，绝对静止的事物是没有的。运动状态是事物运动的相对稳定的一面，运动方式是事物运动的变化的一面。事物是处在什么运动状态？它又以什么方式在运动着？这就是信息，是"纯客观"的信息。按照第一定义，"信息"是一种普遍的存在：存在于自然界，存在于人类社会，也存在于思维领域。显然，现有的许多"信息"定义都可以包含在第一定义之中。

（2）"信息"的第二定义："信息"是关于事物运动的状态和方式的广义知识。所谓广义知识，当然包括通常意义下的知识，它是对于事物运动的状态和方式的一种规律性的描述，是人类思维加工的结果。广义知识还包括对于事物运动的状态和方式的简单表述，它不像知识那样具有普遍性和概括性，但仍然具有知识的秉性：使观察者对于事物运动的状态和方式由不知变为知，由知之较少变为知之较多。

（3）如果我们把前面的第一定义与第二定义结合起来，我们便可以得到"信息"的第三定义或基本定义："信息"是事物运动的状态和方式以及关于这种状态/方式的广义知识；它的作用是用来消除用户关于事物运动状态/方式的不定性；它的数值可以用它所消除的不定性的多少来度量。由于基本定义中的"事物"、"运动"以及"广义知识"都具有最广泛的含义，因此，这里所说的"不定性"也是广义的不定性，可以是随机型的、模糊型的或其他任何形式的不定性。至于用所消除的不定性的数量来度量信息，当然是一个合情合理的结果。

钟义信教授的"信息"定义不仅从正面回答了什么是信息，而且较为深刻、全面地揭示了信息的本质、特征、性质和功能，具有普适性，几乎所有关于"信息"的其他定义和理解都可以从中得到阐发。因此，本书所采用的就是这种"信息"观点。

二、信息与物质及能量的关系

控制论的创始人之一、美国数学家维纳有一句名言："信息就是信息，不是物质也不是能量。不承认这一点的唯物论，在今天就不能存在下去。"① 维纳的这一论断在信息与物质、能量之间画了一道明确的界线。这是否就意味着信息与物质、能量之间不存在任何联系呢？答案当然是否定的。其实，信息、物质、能量是三个既相互区别又互相联系的概念，它们三者既存在某种"血肉联系"，又不具有"同族属性"。为了对信息的本质有一个深入的了解，我们有必要对信息与物质及能量的关系作一下说明。

1. 信息与物质的关系

一谈到事物之间的关系，往往要涉及两个方面：一是事物之间的区别，一是事物之间的联系，我们讨论信息与物质的关系当然也不例外。就信息与物质之间的区别而言，首先，二者在性质上有所区别，任何一个具体的物体当它转移到别处去之后，原有的地方就不再有这一物体了。例如，当我们将一份财产送给别人之后，我们自己就不再拥有这份财产了。而信息则不同，信息传递给别人，我们并未失掉什么，例如：当某人把他的知识（指人所拥有的关于某种事物的信息）传递出去之后，他本人并未把自己具有的知识丢失。因此，对于他本人来说，知识（信息）并未发生因转移而减少或消失；相反，由于在传递过程中反复使用，知识反而更加巩固。其次，信息与物质在质量上也有所不同，一张小卡片要比一座石山小得多，但是，它所载荷的信息却可能比石山所载荷的信息多得多。至于信息与物质之间的联系，则是毋庸置疑的，现代科学业已表明，信息的产生、表达、传递、存储等均离不开物质，都要以物质为基础，为载体。我们读书、看报从中获得的信息就是以印刷成的书、报形式而存在的，就是通过物质结构再现出来的。消息、符号、声波、电磁波等都是表达信息、传递信息的物质载体。没有电磁波、广播电台就不能传递信息；没有声波、没有语言文字，人们就无法交流信息。而磁带、光盘、书籍、报刊等则又是存储信息的物质材料；DNA 是生物存储遗传信息的物质载体；人脑是加工与存储思维信息的高度组织起来的物质器官……可见，信息的存储也离不开物质，没有物质材料作为载体，信息就无法存身。因此，不可能有不依赖于物质而存在的信息。罗维斯基指出，声波有一定的能量，但它不是信息，而只是信息的媒介。声波和其他传递信号的物质手段本身不是信息，但是没有它们就不可能有信息。物

---

① ［美］维纳：《控制论》，郝季仁译，科学出版社 1963 年版，第 133 页。

质信号的存在是获得信息的必要条件①。

2. 信息与能量的关系

正如信息与物质的关系一样，信息与能量也是既具有本质的区别又具有内在的联系。我们先来考察一下二者的联系。粗看起来，信息与能量具有一些相像的"体态"。水库中水的位能可以变成水轮机转动的动能，再推动发电机变成电能，电能又可以驱动机床，变为机械能，还可以通过电灯变成光能，等等。在这变来变去的过程中，能量虽然形态多变，但本质未变。同样，信息也有这种多变的本事。你看，发送一条"台风警报"，不是既可以用文字登报，又可以用无线电波发送吗？消息接收者从光波（报纸上的文字，以光波形式反映到人脑）或声波（电波转化为声波）中，都能够获得同样的台风信息。同一条"台风警报"消息可以转变多种形态传递信息，信息的本质保持不变。信息的这种"本性"十分可贵，它给人们提供了改进和利用信息手段的可能，不然的话，若信息随着消息的表现形式不同而变动不居，那还有什么通信技术的多样化呢？现代科学技术发展所提供的大量材料已充分证明信息与能量是密不可分的，信息的获得与传递离不开能量，而能量的转换与驾驭又离不开信息。例如，一个现代化的防空系统就需要有强大的能源来维持其运转才能获得防空信息；如雷达装置的运转，要有电能发射无线电波，才能获得有关目标物如飞机、导弹、运载火箭之类的坐标、速度、航向等方面的信息。同时，若要摧毁敌方的目标，则需要有强大能量的打击武器，如核弹头、导弹等。但是，要驾驭这些具有巨大能量的打击力量，则又需要精确的信息。如当雷达搜索到有关目标物的信息后，要通过信息传输系统送到指挥控制中心，并且利用电子计算机从中算出导弹发射的信息：发射的时刻、发射的轨迹等；有了这些信息；控制中心才能下达指令（信息），发射出导弹，从而驾驭巨大能量去击中敌方目标；否则，如果没有准确的信息去控制核弹头、导弹，则这些有巨大能量的打击武器只不过是一种盲目的破坏者。可见，获得信息，传递信息以及信息的转换都需要能量，而能量的驾驭又离不开信息。无怪乎美国学者迈伦·特赖布斯和爱德华·麦欧文在其《能量与信息》一文的最后指出，"信息和能量是难分难解地交织在一起的。'知识就是力量'这句话所表现的智慧是值得我们深思的"②。

信息的传递固然离不开能量，能量是传递信息的媒介，然而，信息毕竟是信息，而不是能量，它与能量之间具有本质的区别。能量在变换中，既不能创造，也不能被消灭，它是守恒的。可是，信息变换却有点儿特殊，它缺乏数量上的守恒性质，它常常会因传递过程中所受到的干扰而丢失。例如，收音机受到干扰，原有的信息就会受到损失，而损失掉的信息也不能再转化为别的形态的信息；一本书被烧掉，书中载荷的信息也随之消失了；而且人们思考问题时，还可以对许多信息作出比较并产生联想，从而获

---

① ［苏］罗维斯基等：《机器与思维》，徐世京译，生活·读书·新知三联书店 1963 年版，第 116～117 页。

② ［美］迈伦·特赖布斯、［美］爱德华·麦欧文：《能量与信息》（中译文），载《外国自然科学》1974 年第 2 期，第 7～11 页。

得新的信息。此外，信息的内容及其所起的作用不取决于传递信息所消耗的能量，信息的内容取决于信源。信息所起的作用则取决于信息的内容，当然它和信源有关，也与信宿的条件有关。例如，打一封电子邮件，如字数相同，则所需的能量可以相等，但内容却可以完全不同，电子邮件的作用可以由电子邮件的内容以及邮件接收者的情况来决定；而与打电子邮件所消耗的能量无关。

总之，信息与物质、能量既相互联系又相互区别，彼此之间不能截然分割，更不能相互对立起来。作为资源，它们三者构成了"三位一体"的关系，相辅相成，缺一不可。既不可能存在没有物质基础的能量和信息，也不存在绝对没有能量和信息的物质。特别是在高级的、有目的性的系统中，三者的相辅相成更加明显：没有物质，系统便无形体；没有能量，系统便没有活力；而没有信息，系统便没有灵魂。即使是在日常生活中，信息、能量和物质之间三位一体的关系也随处可见。"巧妇难为无米之炊"是大家熟悉的一句俗语，说的是材料（米）的重要性。但是对于"炊"来说，能量也扮演着同样重要的角色：没能火（能量），生米不会成为熟饭。另一方面，谁都能想到，即使有了米和火，如果没有巧妇观察炊食过程，取得信息，掌握火候，控制进程，也是不可能做出好饭来的。可见，物质、能量和信息是三位一体的，它们构成一个和谐的有机整体。

第二节　信息的特征

作为事物运动的状态和方式以及关于这种状态/方式的广义知识，信息具有一系列基本特征，在此我们可以将信息的基本特征归纳如下：

一、普遍性

信息在宇宙中是普遍存在的。众所周知，客观世界中的一切事物都在运动，绝对静止的事物是根本不存在的，而事物的运动总要呈现出一定的状态或采用一定的方式，这就是说，事物运动的状态和方式是普遍存在的，运动状态是事物运动的相对稳定的一面，而运动方式则是事物运动的变化的一面，既然客观事物的及其状态和方式是普遍存在的，那么关于这种状态/方式的广义的知识当然也是普遍存在的，因此，作为事物运动的状态和方式以及关于这种状态/方式的广义知识，信息就具有普遍性的特征。

二、传递性

信息是可传递的，无论是在时间上还是空间上，信息都具有传递性。信息在空间上的传递被称为通信，而信息在时间上的传递则被称为信息存储。信息的效用与信息的传递是分不开的，没有信息的传递就没有信息的效用。信息的这一特性说明，信息处在一定的流动过程中，这一过程便形成了信息流。信息只有处在传递过程中，才能发挥其应有的作用。信息的传递与能源和物资的运输不同。能源与物资在运输时，发货点发出能源或物资，其本身的数量就要相应减少，它的减少量与接收点所得的数量相等（在运输途中没有损失的条件下）。同一数量的能源或物资，接收点愈多，每个接收点所得到的数量就相应地减少。信息传递则不同，信源发出信息之后，其自身信息并不减少，而信宿（信息接收者）都可以得到信息。同一信源可以把信息提供给多个信宿，每个信宿都可以得到同样多的信息，不因信宿的增加而使每个信宿所得的信息减少。信息传递的这一特点使得同一信息作用的空间和时间得以无限扩展。

三、共享性

信息可以同时为众多的使用者所共享。这一点与信息的传递性密切相关。信息是依附于载体（物质）而存在的，但是它不同于一般物质的属性，它既可以传递又可以共享。萧伯纳曾经有一个很形象的比喻："假若你有一个苹果，我也有一个苹果，而我们彼此交换这些苹果，那么，你和我仍然各有一个苹果。但是，假若你有一种思想，我也有一种思想，而我们彼此交流这些思想，那么，我们每个人将各有两种思想。"这里，萧伯纳所说的"思想"，也就是人脑创造和存储的信息的一种形态。同样，你有一支铅笔，给了我，你就没有了。但是你有一项发明，写成了研究报告，我看到了，我知道了，而你仍然是发明者，不因为我得到了，你就失掉了。这就是说，信息不仅可以传递，而且可以与人共享。一位研究人员或是一个研究集体，花了几年时间，走过了曲折和失败的道路直到成功，而所取得的成果，别人只要几天，几个小时甚至几十分钟，便可以完全了解、吸取，变为自己的新知识。从整体上来看，这不仅可以缩短人类探索、认识、改造自然与社会的时间，而且还可以极大地节约人力、物力和财力。我们追求信息的目的就在于共享，在共享的基础上利用信息，在共享的基础上再创造。因此，合理地使用信息资源，就能使同一信息为更多的使用者服务。

四、有用性

信息是人类活动所必需的，这里所谓"人类活动所必需的"，是指人们可以利用信息获得某种效益。正是根据这一特征，信息才被称为"无形财富"和"特种资源"。应当注意的是，信息的有用性并不意味着只有给人们的活动带来实效的知识才是信息。往往有这样的情形，人们利用某一信息，预期取得某种效益，但是据此信息进行活动的结果却带来了损失。例如，在市场竞争中，某竞争者根据市场预测制定了一套销售方案。方案实行后，却被竞争击败而遭受重大损失；这时，当然不能认为其预测结果和销售方案不是信息。因为，不论其实际结果是成功还是失败，这些预测和方案还是被利用了，因而是活动所需的知识，应当认为是信息。至于结果失败，其原因是多方面的，概括起来无非是两个方面：一是实施中有失误；一是信息不完善。如果是前者，当然不能由此而不承认原信息的有用性；如果是后者，也不能认为不完善的信息不是信息。通常，信息的有用性既与人们活动的目的有关，又与人们活动的对象有关。

五、寄载性

信息必须借助于一定的载体或者媒介体才能表现出来。信息是抽象的，表现信息的载体或媒介体主要是符号。符号是信息的载体，信息是符号所载荷的内容。在人类社会中，基本的信息表现符号主要包括言语沟通符号和非言语沟通符号。在信息理论中，信息表现符号被称为消息。消息是具体的，但还不是物理的。将消息寄载于一定的物理性物体上才具有物理性，消息通过语声或书面文字符号表现出来的就是物理的；寄载消息的物理性物体就是信息载体。

六、时效性

信息的效用有一定的期限，过了期限，效用就会减少，甚至丧失。人们获取信息的目的在于利用，信息的价值也就在于把一人、一时、一地、一事的创造，传递给另外的、更多的需求者，从而创造出更新的成果或更多的物质财富。就所有在特定条件下持有特定需要的用户而言，其对特定信息的需求，都有着强烈的时间性。所以，从客观方面就造成了对信息的时间性的要求。信息的功能、作用、效益都是随着时间而改变的，这种性能即为信息的时效性。信息在获取、加工、传递、利用的整个过程中，时效性是很重要的，时效性既表明了信息的时间价值，又表明了信息的经济价值。也正因为如此，人们才普遍认为：当今的竞争本质上就是信息的竞争。

七、开发性

即对于同一条信息，人们因其自身的阅历、地位和知识水平的不同可以从中发掘出不同的价值与效用。作为自然界存在和发生着的信息，作为人类科学劳动产品的信息，是以物质的形式（载体），向人们提供精神产品（智慧）。它给人以新的知识，促进科学技术和经济的成长与发展，它点燃创造的火花，引导人们开拓更新的、更高层次的、更广阔的领域。因而，人们认为信息是最廉价的、最重要的资源，又是具有开发性的、可再生的、永远不会耗竭的资源。

八、无限性

信息处在无限地产生和发展之中，在人类生存和接触到的一切领域，都随时产生着信息。随着时间的推移，客观事物的运动和变化，信息又是在无限地产生和发展着，物质世界是无限的，对物质世界的认识也是无限的，人类的创造力是无限的。所以，在整个宇宙的时空中，信息也是无限的。

九、滞后性

信息的这种特征只是就信息的传递而言，因为信息的产生与事实的发生从本质上来看是同步的，难以分出谁先谁后。准确地说，"滞后性"应该是指信息传递的滞后性，因为传递手段再先进，传递速度再快，也总是在事实发生之后。信息的传递总是要有一个过程，总是存在着时间差，这个时间差才是信息的"滞后性"。如同新闻与事实的关系一样，新闻与事实是同时发生的，但是新闻报道相对于事实发生具有滞后性。

第三节　信息的分类

信息普遍地存在并作用于自然界、人类社会和思维领域，其表现形式是多种多样的，我们可以根据不同的标准对信息作出不同的分类。

一、社会信息与非社会信息

根据信息的实质内容和产生基础，信息可以被分为社会信息和非社会信息。社会信息指的是人类传递和交流的信息，包括一切由人创造的具有广义社会价值的文化形态和观念。社会生活中充满了各种社会信息，如妙语连珠的话语、十字路口的红绿灯、政府向社会发布的公告、书刊杂志上刊登的文章、电台播放的乐曲和新闻、领导者向下属发出的指令、教师向学生传授的知识、五彩斑斓的图画、各种各样的数字和表格等，都是社会信息的表现。非社会信息是指生物信息（如遗传信息）和自然信息（如天体信息）。其中，生物信息指的是生物遗传密码的传递、复制和转录、转译过程以及生物之间的通信联系。例如，鸟类的鸟语以不同声频为信息，蝙蝠以人耳听不到的超声波为信息，蚊子、臭虫以气味为信息。而自然信息则是指以自然界中的事物相互作用为信源发放出来的信息。例如，地震是地球内部巨大能量的释放，这种能量在地震到来之前会发生多种信息。实际上，社会信息即人类信息，非社会信息也可称为非人类信息。

二、客观信息与主观信息

根据信息的地位，信息可分为客观信息和主观信息。所谓客观信息即是指表现物质特征的信息；而主观信息则指的是表现精神属性的信息。客观信息是主观信息的对象和内容，主观信息是客观信息功能的反映和抽象。而介于两者之间的则是经过电脑加工的"人工信息"。人工信息的特征是：有人工痕迹，但主观色彩极少，它来源于客观信息而又高于客观信息，是在客观信息的基础之上经过数度抽象而成的，因而亦可称为低级的主观信息、高级的客观信息。

三、实在信息、先验信息与实得信息

根据对事物的观察过程，信息可以被分为实在信息、先验信息和实得信息。所谓某事物的实在信息，是指该事物实际的运动状态和方式，这也是在理想观察条件下观察者所获得的关于该事物的全部信息；观察者关于某事物的先验信息是指他在观察之前通过某种途径所感知的该事物运动的状态和方式；而在观察过程中，观察者关于某事物的实得信息，则是指他通过观察所新感知到的该事物运动的状态和方式。

四、直接信息与间接信息

根据人的感知方式，信息可以分为直接信息和间接信息。直接信息即是指从人的直接经验中所获得的信息，如人通过观察某一社会现象或自然现象所获得的信息。直接信息在多数情况下是指事实或现象，即事物运动的存在形式。而间接信息则指的是人对客观事物的反映，或者说事物运动的表达形式，它包括书籍、文献、资料、数据、演讲等。

五、言语信息与非言语信息

根据载荷信息的符号种类，信息可以被分为言语信息和非言语信息。言语沟通符号和非言语沟通符号是人类社会的两大符号系统。言语沟通符号是人类用来传递和交流信息的最重要、最基本的工具，言语信息即是由言语沟通符号所载荷的信息，其重要性就在于它能够表达和传递最抽象的思想、最复杂的感情和最丰富的内容。而非言语沟通符号也是人类符号系统中重要的组成部分，寄载于非言语沟通符号中的信息即是非言语信息。非言语信息是言语信息的孪生兄弟，二者互为补充，组成了绚丽多彩的信息世界。

六、内储信息与外化信息

根据信息的存在形式，信息可以分为内储信息和外化信息。内储信息指的是经过人脑加工储存在人脑信息库中的那一部分信息。所谓"人是最可宝贵的财富"，那"财富"实际上大半是我们这里所说的内储信息。而外化信息则是指以符号形式存在的一切精神产物。

七、动态信息与静态信息

根据信息的运动状态，信息可以被分为动态信息和静态信息。在此，"动态"和"静态"并不是严格意义上的科学概念。由于信息是事物运动的存在形式或表达形式，在本质上总是运动的，在形式上也总是动中有静、静中有动的。因此，动态信息和静态信息只是一种比喻说法。所谓动态信息，常常指的是诸如新闻、情报这样的时间性极强的信息。例如，我们通常所说的军事情报、经济信息等就属于此类。而这里所说的静态信息则主要是指像历史文献、资料和知识这样的处于相对稳定状态的信息。

八、可外传信息、不可外传或只可在极小范围内传递的信息

根据信息的流通方式，信息可以被分为可外传的信息、不可外传或只可在极小范围内传递的信息。可外传信息不仅包括大众传播媒介（报纸、广播、电视、书籍等）所传播的信息，而且还包括组织之间和组织内部所传递的信息（如文件、报告等）以及大量在"小道"上流传的信息。然而，在现实生活中，有许多信息是不可外传的，或只能在极小的范围内传递。例如：日记、"自言自语"或者其他形式的自我发泄就是不能外传的信息；而机密情报、"内部"情况或人际交往中的诸如恋人之间的情书往来等信息沟通现象，则属于只能在极小范围内传递的信息。

九、有记录信息与无记录信息

根据信息的外化结果，信息可以被分为有记录信息和无记录信息。有记录信息是指那些已经写在书上、画在纸上、刻在碑上、录在磁卡上或输入光盘中的那类信息，此类

信息具有延续性和继承性。没有有记录的信息，就没有知识的积累、历史的延续和社会的进步，也就没有人类文明史。有记录信息与无记录信息是相对而言的，无记录信息是人们信息生活的主食，这类信息具有大量性、广泛性和群众性的特征，如一言一语、一举一动都可以构成无记录信息。

十、有用信息与无用信息

根据信息的作用、结果，信息可分为有用信息和无用信息。从本质上说，有用性是信息的基本特征之一。我们所说的有用信息和无用信息是就信息对用户的作用结果而言的。如果某一信息对于用户没有带来有益的结果，无助于用户从事某种活动，这种信息当然就是无用信息；反之，则是有用信息。信息的有用与否，既与人们的活动目的有关又与人们活动的对象有关，还与时间有一定的关系。有些信息对于人们从事的某项活动有用，而对于人们从事其他活动则可能是无用的；有些信息对于成人有用，而对于儿童则可能是无用的；有些信息昨天很有用，而今天则可能变得没有什么用了。某些信息随着人类及其活动的不同和时间的推移，其有用性往往也逐渐降低。

十一、实质信息与冗余信息

根据信息度量标准，信息可以分为实质信息和冗余信息。如前所述，信息的作用是用来消除用户关于事物运动状态或方式的不定性，它的数值可以用它所消除的不定性的多少来度量。据此，我们将可以直接消除用户关于事物运动状态/方式的不定性的信息称为实质信息。而在信息论中，除去传输信息时所需最小限度信息外，出现在信源、编码、信号、信道或系统中的其他信息，可称为冗余信息。如果信息传输中有冗余的信号或符号，信道的传输效率就会降低，因为这时信道并不是以最大可能速率来传递信息的。这是冗余信息的消极作用。应当指出的是，我们不要因为"冗余"意味着低信息量而就轻视冗余信息在信息传递中的作用。事实上，冗余信息在人际沟通活动中，并不像它的字面含义那样纯属"多余"。从理论上讲，人际沟通可以在没有冗余信息的情况下发生，但是在实践中，这基本上是不大可能的。一定程度的冗余信息，对于实际的人际沟通是十分重要的。它不仅可以作为一种技术性手段辅助人际沟通活动的正常进行，而且冗余信息本身亦具有一定的社会价值和作用。就技术性功用而言，冗余信息可以用来对抗噪音。例如，在通信系统中，常用对整个消息的重复技术来提高可靠性。为了有效地进行通信，人们常常对冗余的消息进行有效编码，以利于消息的快速传送。为了对抗噪音，人们又往往需要进行有一定冗余的再编码（即可靠编码），以利于可靠地传送信息。至于冗余信息的社会功用，主要表现在它的人际沟通性上。例如，我们在街上或学校遇到了一个熟人并同他打招呼："早上好"、"上哪儿去呀"、"吃饭了没有"等，就是发送了冗余信息。这类的"招呼"以及"招呼"的"文本"并不是为了从技术上解决什么信息交流问题，也不包含多少信息，但是这类"招呼"本身却具有不可轻视的社会功用：它是一种对既存关系的维护和加强。关系，特别是人与人的关系，只能经由不断的交流才能存在。打招呼，也许并不改变或发展这种关系；但不打招呼，则一定会削弱这种关系。虽然这种人际沟通行为或文本并不包含什么新的东西，甚至可以说是没有信息量的，但是其目的却在于使用既成通道，使之保持开通，并维持在有用状态。其实，这种冗余信息至少可以辅助性地或间接地消除沟通对方的某种不确定性。

十二、空壳信息、黑洞信息、饱和信息与含熵信息

除了上述的信息分类方法之外，还有人从思维科学的角度，根据信息的结构将信息分为空壳信息、黑洞信息、饱和信息和含熵信息四类①。要了解这四类信息的概念含义，我们有必要先弄清楚熵信息量、信息结构这些基本概念的含义。所谓"熵"，它是一个介于信息内容和信息量之间的概念。简单地说，它就是不确定的信息内容，而信息量则是信源所包含的信息内容的定量表示。一定的信息量通过一定数量的消息表现出来。我们知道，信源要向外发送消息，信源所含的全部信息量就可以部分地或全部地为其所发出去的消息所携载，被消息所携载的信息量我们称为"携载信息量"，而那部分没有为消息所携载，仍然潜藏在信源之中的信息量则叫做"熵量"。所以，信源所含信息量等于熵量加携载信息量。假定熵量为零，信源信息量就等于携载信息量；反之，假定携载信息量为零，则信源信息量就等于熵量。一个信息量既然要通过若干个消息表现出来，那么就有一个信息量在消息中如何分布的问题，这是信息结构的第一层含义，即信息结构就是信源发出的消息数和这些消息所含信息量的对比关系。展开来说，信息结构就是信息量在消息中的分布状况。信息结构的第二层意思是信息量在消息与信源中的分布。信源所含的全部信息量不一定都能通过发出的消息转变成为携载信息量，往往还有一部分以熵的形式存在于信源之中。信息量在消息与信源中的分布就是携载信息量与熵量之比。据此，我们就可以对空壳信息、黑洞信息、饱和信息和含熵信息作出界定。当信源中不再有熵，发出的消息中携载了信源含有的全部信息量，这时，信源发出的消息所携载的信息量就达到了饱和——它可能携载的信息量已经全部携载了，信源中再没有什么信息量可以被它携载了（中间遇到的噪音撇开不说），这种信息便称为"饱和信息"；而含熵信息则是不饱和信息，空壳信息和黑洞信息则是信息量为零的信息。空壳信息是没有熵、也没有信息量的信息，而黑洞信息则全部是熵、但没有信息量的信息。说得准确些，黑洞信息是信息量很少、趋近于零的信息；如果不要求很精确地表述，把它的信息量视为零也可以。

第四节　信息的层次

我们在前面已经指出，信息是事物运动的状态和方式以及关于这种状态和方式的广义知识，这个基本定义本身就描述的是两个层次的信息，即本体论层次的信息和认识论层次的信息。所谓本体论层次的信息，它指的是事物运动的状态和方式，也就是事物内部结构和外部联系的状态和方式。从本体论层次给信息下定义，是最普遍的层次，也是无条件约束的层次，在这个层次上定义的信息是最广义的信息，它适用的范围最广。上

---

① 田运：《信息与思维》，福建教育出版社 1990 年版，第 94～103 页。

述定义中所说的"事物"泛指一切可能的研究对象，包括外部世界的物质客体，也包括主观世界的精神现象；"运动"泛指一切意义上的变化，包括机械运动、物理运动、化学运动、生物运动、思维运动和社会运动等；"运动状态"是指事物运动在空间上所展示的性状和态势；"运动方式"则是指事物运动在时间上所呈现的过程和规律。认识论层次的信息是指认识主体所感知或所表达的事物运动的状态和方式。要从认识论层次给信息下定义，就必须有认识主体这个约束条件，这个认识主体可能是人、生物或机器系统。认识主体要获得一个事物的信息，就要了解该事物的内部结构的状态和方式以及它的外部联系的状态和方式。认识主体所感知的事物运动状态和方式，是外部世界向主体输入的信息，认识主体所表述的事物运动状态和方式，是主体向外部世界（包括向其他主体）输出的信息。信息是普遍存在的，在没有认识主体时，它就普遍存在于世界之中，只有有了认识主体（特别是人）获取信息，信息才会有意义。

如果把信息与用户或观察者联系起来，信息就有了新的性质，进而呈现出三个既相互联系又相互区别的层次。

第一层次是"事物运动的状态和方式"。这是最基本的层次，是信息的纯形式方面，是最抽象的。就如同语言学中的语法只考虑词与词之间的语法关系一样，这一层次的信息只涉及事物运动状态和方式的形式化关系，故称为语法信息。语法信息回答的问题是"事物运动的状态和方式是什么"。从信息交流的角度来看，这一层次的信息主要相关于"技术问题"，即"交流符号怎样才能被精确地传输"（申农语）。因此它亦被称为技术信息，其相关的理论是"技术信息论"。

第二层次是"事物运动的状态和方式的含义"。这一层次将状态或方式与它们所代表的实际事物联系起来，表明这种状态和方式究竟是什么意思。它相当于语言学中的语义，故称之为语义信息。语义信息回答的问题是"事物运动状态和方式的含义是什么"。从信息交流的角度来看，这一层次的信息主要相关于"语义问题"，即"被传输的符号怎样准确地运载欲表达的意义"（申农语）。其相关的理论是"语义信息论"。与技术信息论相比，语义信息论更强调信息的语义性问题，并且更适应于一般人类交际问题的研究。

第三层次是"事物运动状态和方式的效用"。这里的效用是对信宿而言的。这个层次显然要以前两个层次为基础；首先要知道什么样的运动状态和方式，然后还必须知道这个状态和方式具有什么样的意义，这样才有可能考虑这个状态或方式对于信宿具有什么样的效用或价值。这个层次的信息，又叫语用信息。从信息交流的角度来看，语用信息相关于信息对于接受者的"效用问题"，即"被接收的意义怎样有效地影响产生所欲得到的行为"（申农语）。其相关的理论是"效用信息论"。语用信息是最具体、最实际的信息层次。从利用信息的角度来看，语用信息是最有意义的。

语法信息、语义信息和语用信息是三个既相互区别又相互联系的信息层次，下面我们以爱因斯坦的著名公式 $E = mc^2$ 为例来简要说明一下这三层信息的关系。如果从语法信息的角度来说，公式 $E = mc^2$ 规定了这些英文字母和数字的一种特定的排列方式。在没有看到这个公式之前，我们不知道 26 个字母中哪几个会出现，也不知道 10 个阿拉伯数字中哪个或哪几个会出现，而且也不知道这些字母和数字会以什么样的方式排列起来，这就是我们在观察之前所存在的不确定性——关于这些字母和数字的运动状态和方式的不确定性。当我们观察到了这个公式时，我们就获得了它们的运动状态和方式，也就是获得了语法信息，于是就消除了我们事先所存在的关于这些字母和数字的运动状态和方式的不确定性。这就是公式 $E=mc^2$ 提供的语法信息。对于通信来讲，也许认识到这一步就足够了。但是从人际沟通与研究的角度来说，仅仅看到了这个公式，如果不知道这些字母和数字的含义，也不知道它们这样一种排列顺序或位置有什么意义，那么我们对于这个公式的含义，就还具有不确定性。直至我们知道了字母 E 代表能量，m 代表质量，c 代表光速，数字 2 代表平方关系，我们才知道这一公式的真正含义。这就是说，我们获得了这一公式所包含的语义信息，明白了质量与能量转换的关系。那么这一公式以及它所代表的物理含义对于观察者（信宿或用户）具有什么效用呢？弄清了这一公式的含义，并且确实证明了该公式在逻辑上的真实性之后，信宿就懂得利用这一公式所表明的关系，就可以找到办法来改变原子核的质量状态，从而获得巨大的原子能。当然，要实际地实现语用信息所提供的效用和价值，还需要具备各方面的条件，而且不同的信宿对于利用这一效用和价值的条件和兴趣是不大相同的。一般来说，衡量语法信息的主要指标是数量的多少，衡量语义信息的主要指标是逻辑的真实性，而衡量语用信息的主要指标则是对信宿所提供的价值或效用的大小。

为了进一步理解和把握语法信息、语义信息和语用信息的本质及其关系，我们不妨再结合信息的获取与传递过程作进一步阐释。获取与传递信息一般有两个基本环节：一个是信源（消息的发送者），一个是信宿（消息的接受者），二者之间还必须有传递消息的通道。通常，信息的获取和传递大体上可以分为三个不同的阶段：第一阶段，消息从信源到信宿，尽可能正确地复制出来，这时消息中载荷的信息就是技术信息或语法信息。第二阶段，消息的接收者（信宿）所理解的消息载荷的新知识、新内容的原义尽可能与消息发送者（信源）试图说明的原义近似或者相符，这时从消息中获得的信息就是语义信息。近似或符合程度越大，信宿获取的语义信息就越多。不过，由于种种主客观原因的影响，在消息传递中语义信息丢失的现象是经常发生的。从一般情况来看，只有当消息在人掌握的知识范围以内，才能准确地提取它的语义信息。同样听一场音乐会，训练有素的音乐家与缺乏欣赏能力的听众，获得的语义信息显然是不同的。第三阶段，消息接收者的行为和动作影响与消息发送者在这方面的意图尽可能地近似或符合起来；这就是语用信息。一首诗、一支歌、一场舞蹈、一个命令、一句话等，由于每个人对语义信息接收程度的不同，对他们的行为、思想、感情等产生的作用和影响也不同。谁的行为、思想、感情等变化大（与消息发送者的意图符合程度大），谁获得的语用信息就越多。哥尔德曼等人认为语用信息的实质作用就是消息接收者消除了双重不确定性：从量上说，它消除了信宿对消息是否出现的不确定性；从质上说，它消除了消息对信宿的行为、动作、目标实现是否有价值、有效用的不确定性。人们在利用信息来同事物打交道的时候，最经常的就是通过语用信息来作判断和决策的，如图 2-1 所示。根据语用信息与目标信息，用户可以得到判断：若有利于实现他的目标，他就作出决策，通过控制调整，来促进该事物的发展，否则就抑制它的发展。

总之，语法信息、语义信息和语用信息是相互联系的，语法信息只考虑运动的状态

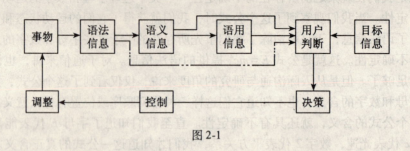

图 2-1

和方式，语义信息是将状态和方式与现实世界联系起来，而语用信息则将状态、方式及其含义与信宿联系起来，三者之间的相互联系构成了信息概念的全部外延。

第五节　信息的度量

信息是事物运动的状态和方式以及关于这种状态/方式的广义知识，其作用就是用来消除用户关于事物运动状态/方式的不确定性，其数值可以用它所消除的不定性的多少来度量。那么何为不定性呢？我们怎样通过所消除的不定性的多少来对信息进行度量呢？

一、不定性与信息量

众所周知，任何事物都处在不断的运动过程之中，而事物运动的状态和方式往往存在着不确定性。从通信的观点来看，信息就是通信的内容。人们为什么要通信呢？在什么情况下需要通信呢？一般来说，人们需要通信的情况有两种：自己有某种疑问需要向有关的人询问，而且总是估计到被询问者能够解答自己的疑问；或者自己有什么情况或想法需要告诉对方，而且估计对方并不知道这种情况或想法。如果自己没有疑问，自然就没有询问的必要；如果对方已经知道所欲告知的情况，当然也没有通信的必要。这里所说的"疑问"和"不知道"便可以被称为"不定性"，因为所谓"有疑问"，无非是对某个问题的若干种可能的不同答案拿不定主意，而所谓"不知道"，也正是对各种可能性作不出确定性的判断。例如，通信系统传送的内容一般是接收方事先不知道的，对接收方来说是不能事先确定的；雷达之所以要不停地搜索，就是因为目标的出现与否以及何时出现都具有不定性；指挥控制中心何时会收到目标参数以及会收到什么样的目标参数也是事先无法确定的；它将给导弹操纵台发出什么样的发射信息也是事先不可预知的……这些事先不能确知的通信内容、目标参数、控制指令、发射参数等便是不定性。而消除这种不定性就意味着得到了信息，或者反过来说，取得了信息，就可以消除不定性。也正因为如此，在信息论中，有人将信息定义为消除不定性的东西。例如，甲通过通信系统把某项科学实验的结果告诉给乙，在通信之前，乙对这个结果不知道，也就是存在不确定性：成功？失败？几分成败？通信的结果，乙的这种不确定性消除了。再比如，A 告诉 B "今年某地粮食增产"，B 收到这个消息之后，就消除了他关于今年某地粮食是增产还是减产的不定性；但是，到底增产多少？还存在着某些不定性，还需要补充新的信息。显然，收到的信息越多，所能消除的不定性也就越大。所以，信息的数量（或叫信息量）便可以通过它所消除的不定性的大小来计算。于是，度量信息的关键就是要找出不定性数量的度量方法。

二、度量信息的方法

从本质上来说，不定性是与"多种结果（或称状态）的可能性"相联系的，而在数学上，这些可能性是以概率来计量的，因而事物不定性的大小便可以用概率分布来描述。例如，考察掷硬币这一事件，它的不定性表现为具有两种同样可能的状态或结果，即状态 x_1（字朝上）出现的可能性（即概率）$P(y_1)$ 为 $\frac{1}{2}$，状态 x_2（画朝上）$P(y_2)$ 也是 $\frac{1}{2}$。再比如，投掷均匀正六面体骰子，具有六种同样可能的状态，即状态 y_1（1 点）、y_2（2 点）、y_3（3 点）、y_4（4 点），y_5（5 点）和 y_6（6 点）出现的概率为 $P(y_1)=P(y_2)=P(y_3)=P(y_4)=P(y_5)=P(y_6)=\frac{1}{6}$。在这种情况下，当然，掷六面体骰子的不定性大，为了消除它的不定性，掷骰子场合所需要的信息应该比掷硬币场合多。但是，如果骰子不是各面同重，而是其中的一面特别重，那么，投掷的结果往往是出现某一特定的点数，比如这时有：

$$P(y_1)=0.95$$

$$P(y_2)=P(y_3)=P(y_4)=P(y_5)=P(y_6)=0.01$$

那么，虽然它的可能状态数比掷硬币时多，但是不定性反而比掷硬币时小。可见，事物的不定性的大小，一方面与它的可能状态的数目有关，另一方面与各可能状态的概率分布情况有关。信息论证明：若某事物具有几种独立的可能结果（或者叫做状态）：x_1, x_2, $\cdots$, x_n，每一状态出现的概率分别为 $P(x_1)$, $P(x_2)$, $\cdots$, $P(x_n)$，且有 $-\sum_{i=1}^{n} p(x_i)=1$，那么，该事物所具有的不定性数量 $H(x)$ 为：

$$H(x)=-\sum_{i=1}^{n} p(x_i)\log P(x_i)$$

当对数底取 2 时，$H(x)$ 的单位为比特。值得注意的是，函数 $H(x)$ 与统计热力学中 L. 克劳胥斯定义的熵公式是相同的。因此，在信息论中，$H(x)$ 也被称为熵。事实上，L. 克劳胥斯的熵是表征统计热力系统的无组织性的，这与不定性的意义恰好相通。这样，熵函数 $H(x)$ 表征了事物的不定性数量，因而我们就可以用它来表示信息的数量——信息量。

在通信的场合，如果在通信之前收信者对某事物存在的不定性数量——熵值为 $H(x)$，经过通信收到信息之后，这个不定性被完全消除了，那么，我们就说，收信者收到的信息量（记为 I）等于 $H(x)$，即：

$$I=H(x)-0=H(x)$$

但是，如果收到信息之后，收信者的这个不定性并未完全消除，只是减少到

$H(x)$。它表示收信者收到信息 y 之后对该事物 x 仍然存在的不定性数量(熵),那么我们就说,收信者收到的信息量为:

$$I = H(x) - H = H(x/y)$$

这就是前面所说的,信息量等于被消除的不定性数量,或者说,信息量等于熵的减少量。这是信息论的最重要结果之一。于是,任何一个事件,只要知道它的各个可能独立状态的概率分布,就可以求出它的熵值,从而也就可以求出它所能提供的信息量。正是由于统计热力学中的熵表征的是系统的无组织程度,亦即不定性,而且信息量又是以被消除的不定性来度量的,所以,信息的性质可以理解为负熵。

上述信息量公式 $H(x) = -\sum_{i=1}^{n} p(x_i) \log P(x_i)$ 中的量完全是统计量,它只能用来表示概率信息量,而在实际应用中,除了概率信息之外,还有另一类甚至更重要的信息——模糊信息。概率信息对应的不定性是由事件的概率性质(或叫统计性质,随机性质)引起的,而模糊信息对应的不定性则是由事件的非随机性质——模糊度性质引起的。概率是由普通集的测度来定义的,而模糊度则是由模糊集的测度来定义的。所谓普通集是指这样的集:某个元要么属于这个集,要么不属于这个集,是非分明,没有模棱两可的情形。因此,普通集的示性函数是矩形的,如图 2-2 所示,只要是区间 $[a,b]$ 上的元 x 都属于这个集,它们的示性函数值 $f(x)$ 为 1,而在区间 $[a,b]$ 之外的任何元都不属于这个集,它们的示性函数值 $f(x)$ 为 0。比如掷硬币这一事件,它的面只有两个:字和画。每次试验只能出现这两种结果之一,不可能有其他任何结果。这就是一个二元的普通集。而模糊集则不是这样,它的示性函数没有严格的界限,而是连续过程的,如图 2-3 所示,区间 $[a,b]$ 内的元的示性函数等于 1,但其外的示性函数并不都等于 0,而是有界于 0 与 1 之间的模糊段。这种模糊集在现实生活中是大量存在的。正如美国学者 L. A. 扎德所言:"现实世界遇到的各类事物,更多的情况并不是界限分明的,比如,动物这个类,当然包括狗、马、鸟等,而不包括石头、流水、工厂等,可是细菌算不算动物类?海盘车属不属于动物类?这里就显示了模糊的性质。又如,远大于 1 的实数类,10 是不是属于这个类?也没有明确的界限。当然,这些类都不能构成数学中的普通类或普通集。然而,这些不能精确定义的类却在人们的认识活动中,特别在图像识别、通信和抽象化研究方面起着重要的作用。许多生物系统、经济学系统、都市系统以及更一般的大范围系统都属于这样的类。"[1]事实上,恩格斯早就指出过:"'绝对分明和固定不变的界限'是和进化论不相容的……'非此即彼!'是愈来愈不够了。……一切差异都在中间阶段融合,一切对立都经过中间环节而相互过渡,对自然观的这种发展阶段来说,旧的形而上学的思维方法就不再够了。辩证法不知道什么绝对分明的和固定不变的界限,不知道什么无条件的普遍有效的'非此即彼!',它使固定的形而上学的差异互相过渡,除了'非此即彼!',又在适当的地方承认'亦此亦彼!',

---

① 转引自钟义信:《信息的科学》,光明日报出版社 1988 年版,第 15 页。

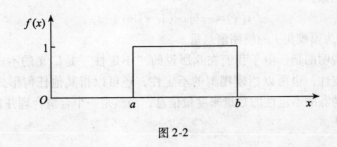

图 2-2

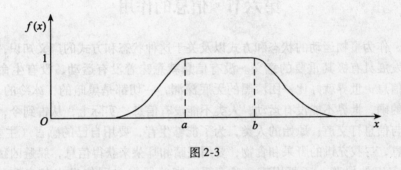

图 2-3

并且使对立互为中介。"① 可见，模糊集是普遍存在的，因而模糊信息的研究有着重要的意义。

　　关于模糊信息的度量问题是模糊信息研究领域中的最重要且难度最大的问题之一。长期以来，人们从不同的侧面对此进行了有益的探索并且提出了一些颇具启发性的模糊信息度量方法，在此，我们不妨介绍其中的一种方法，以期对读者有所启发。

　　这种度量模糊信息的方法是这样的：

　　假设 I 是有限元（N）的模糊集，它的示性函数为 f，则其模糊测度 $\mu(f)$ 为满足下列条件的非负函数：

　　(1) 当且仅当 f 是普通集的示性函数时，有 $\mu(f) = 0$；

　　(2) 当且仅当对所有的 $x \in I$ 均有 $f(x) = \dfrac{1}{2}$ 时，$\mu(f) = \max$；

　　(3) 若 f^* 是 f 的某种锐化形式，即对于 $f(x) \leqslant \dfrac{1}{2}$，有 $f^*(x) \leqslant f(x)$，而对 $f(x) \geqslant \dfrac{1}{2}$，有 $f^*(x) \geqslant f(x)$，则 $\mu(f^*) \leqslant \mu(f)$。

　　用熵函数建立一种具体的模糊测度，记作 $d(f)$，有：

$$d(f) = \frac{1}{N} \sum_{i=1}^{n} s(fi)$$

$$= \frac{1}{N} \sum_{i=1}^{n} \{ f(x_i) \ln f(x_i) + [1 - f(x_i)] \ln [1 - f(x_i)] \}$$

---

① 《马克思恩格斯选集》第 3 卷，人民出版社 1972 年版，第 535 页。

其中，熵函数为：

$$s(x) = -x\ln x - (1-x)\ln(1-x),$$

则称 $d(f)$ 为模糊集 I 的模糊信息量。

最后应当说明的是，由于我们在此所说的"不定性"是广义的不定性，它既可以指随机型的不定性，也可以指模糊型的不定性，还可以指其他任何形式的不定性。所以，我们用所消除的不定性的数量来度量信息，当然是一个合情合理并且具有最广泛适用性的度量方法。

第六节　信息的作用

信息，作为事物运动的状态和方式以及关于这种状态和方式的广义知识，对于人类的生存和发展具有极其重要的意义。没有信息就意味着没有运动、没有生命、没有一切；没有信息，世界就好比一团漆黑的无底深渊，一切都是黑暗的、冰冷的、静止的、僵死的。的确，世界不能没有运动，人类不能没有信息。实际上，从古到今，人类无时无刻不在与信息打交道：原始的人类，为了能够生存，要用自己的感官（主要是眼睛）来获得信息，寻找充饥的野果和食物，要用眼睛和耳朵来获得信息，躲避凶猛野兽的进攻和各种灾害的侵袭，还要用嘴、脸、手、脚等器官向同伴发出信息和接收信息，以便协同一致地去采食猎物，甚至与野兽搏斗……现代人更无例外，更需要不停地获得信息、利用信息，只是获得和利用的信息水平更高级罢了。信息对于人类和人类社会的作用可以列举出成千上万个方面，但是，最基本且最重要的则主要体现在以下三个方面：

一、信息是人类生存的前提

按照达尔文的进化论学说，"适者生存"是一切生物生存进化的根本法则。这就是说，任何生物要想能够生存下来并且不断发展，其最根本的前提就是要能够适应不断变化着的环境；否则，就要受到"自然选择"法则的淘汰。那么，怎样才能适应变化着的环境呢？显然，首先就要能够察觉环境的变化，要能够了解环境运动的状态和方式，然后才有可能设法去适应这种变化。可见，发现并体察环境变化和运动的状态和方式，并根据这种知识来制定适应环境变化的策略，这是一切生物必须具备的本领；否则，就不可能生存，更不要说发展了。那么，"发现和体察环境运动的状态和方式"是什么意思呢？根据我们前面的信息定义，这就是要获取信息。换句话说，能够从环境中不断地获取信息，并且不断地根据这些信息来制定行动的策略，这是一切生物得以生存的最基本的条件。生物尚且如此，更何况人呢！人类不仅要适应环境，更重要的是要改造环境。没有信息，没有获取并利用信息的能力，这一切是根本不可能的；也正是在这个基础上，量子力学的创始人之一、著名奥地利物理学家薛定谔曾经引申出一个重要论点。他认为，人不是以物质和能量为生，而是以负熵（即信息）为生；生命是靠从周围环境中不断地吸收负熵（即增加有序）而生存的。事实上，作为生命现象的两个最基本的方面——新陈代谢和遗传，本质上都是信息过程。由此可见，信息确实是人类生存的前提，没有信息，人类就不能生存。

二、信息是人类社会发展所必需的资源

今天，无数事实已经充分地证明，信息和物质、能量一起，成为现代社会资源的三大支柱。物质向人类提供材料，能量向人类提供动力，而信息向人类提供的则是知识和智慧。换句话说，对于一切人造的设备、系统来说，特别是对现代社会所最感兴趣的有"目的性"的高级复杂系统来说，物质使系统具有形体，能量使系统具有活力，而信息则使系统具有灵魂、具有智慧。它们三者相辅相成，缺一不可，构成为"三位一体"的关系。例如，就一个现代化的高级自动防空体系而言，雷达监视空间，一旦发现目标就发出相应的信息，经过通信系统传到计算中心，在这里算出敌方目标的飞行信息以及我方导弹的发射参数信息，通过控制系统指挥我方导弹发射和飞行。这时，雷达系统不断地测试我方导弹与敌方目标之间的偏差信息，计算中心根据偏差信息不断地修正我方导弹的飞行参数，直到命中为止。在此，没有好的材料，整个体系便是空中楼阁；没有强大的能量，体系不能正常工作，不可能摧毁敌方目标；但是，如果没有准确及时的信息，导弹就会盲目发射与飞行，不但不能击毁敌方目标，说不定还会成为一种盲目的破坏性力量，对体系本身造成巨大的威胁。

作为资源，信息不仅和物质、能量同样重要，而且由于信息具有可共享性、无限性以及开发性等独特的性质，这又使它对于人类具有更为显著的意义。信息可以为无限众多的用户所共同享用，而物质和能量则不可能这样，这就使信息可以发挥出巨大的威力。信息是事物运动的状态和方式，只要事物在运动，就有信息存在。因此，信息的"储量"是无限的。只要人们努力去求取，就总会有所收获。而具体的物质资源和特定的能量资源，在一定的空间中总是有限的。此外，信息还具有开发性：利用信息，可以开发出新的材料；利用信息，可以开发出新的能源。不仅新材料和新能源的开发有赖于信息的利用，而且新材料和新能源要得到充分和有效的利用，也有赖于信息。

三、信息是人类一切智慧和知识的源泉

人类的一切活动，归根结底就是认识世界和改造世界，并在改造客观世界的同时不断地改造主观世界。而在人类认识世界和改造世界的整个过程中，信息扮演着尤其重要的角色。

为了认识世界，我们首先就要通过自己的感觉器官（眼、耳、鼻、舌、身等）来感知外部世界的各种事物运动的状态和方式，也就是通过信息感受器官来获取外部世界的信息。然后，通过导入神经系统，把这些信息传送给大脑，并在这里对这些信息进行存储、变换、处理、比较和分析，去除各种干扰，提取有用的信息。这就是所谓去粗取精、去伪存真、由此及彼、由表及里的改造、加工和制作的功夫。在这个基础上，我们形成初步的判断，获得相应的认识。为了改造世界，并检验所得到的认识，我们就要把初步得到的判断和决策付诸实践，这就是说，要把在大脑中所得到的决策（这是在加工外界信息的基础上所产生出来的新的信息，称为决策信息）变为相应的指令信息，来控制和指挥（通过导出神经）相应的行动和执行器官（手、脚等），借助于一定的物

质和能量形式，把决策信息反作用于外部世界的事物。这样，我们就完成了由客观到主观，再由主观到客观的第一次"循环"。

为了检验"认识"和"改造"的效果，感觉器官还要把决策信息反作用于外部世界的效果作为一种补充的信息反馈给大脑（"效果"也是事物——改造过程——运动的状态和方式，因此也是一种信息）。根据这个反馈的信息，思维器官再作出新的补充决策，调整和修正原来的指令信息，从而修正行动器官的行动策略和方式。这就完成了第二个"循环"。

这样的循环将继续进行下去，每次循环都使我们的认识更深入，使我们的改造更成功，直至达到完全的成功，实现对客观事物的改造目标。而在这个过程中，我们自身也不断地得到改造；即，我们的决策不断地得到修正和完善。

从本质上说，认识世界和改造世界的过程，就是不断地获取、传递、处理和加工信息以及把决策信息反作用于外部世界的过程，简言之，就是一个信息过程。在这个过程中，虽然每一个环节都必须有物质和能量来支持，但是，真正贯穿全过程并支配全局的却是信息。具体的物质和能量的形式都只是支持信息过程的手段，它们的形成往往是可以代换的，而只有信息才是主导的、不可取代的。伴随着人类获取信息和利用信息之水平的不断提高，不仅人类的智慧水平和知识水平可以大大提高，而且人类认识世界和改造世界的能力也可以大大增强。

四、信息是人类社会各种管理活动有序开展的必要手段

人类社会是由各种不同类型的社会组织构成的一个巨系统，作为一个有机的整体，无论是人类社会这个巨系统本身，还是构成社会巨系统之子系统的各个社会组织，其存续均离不开以信息为必要手段的有效管理。

就社会巨系统而言，人类社会的一切活动，万物的生长变化，每时每刻都离不开信息的传递、储存、处理和利用，正是信息的联结与交流，在调节着人们的行为和思想情绪，才使得整个社会形成一个有机的整体，使人们的行为合乎社会的道德规范，保证社会成员有秩序地工作和生活，倘若停止了信息的交流，人们彼此隔绝，都不知道如何调节自己的行为，社会将会陷入无秩序的混乱状态。

即便是对于构成社会巨系统的各个社会组织来说，其存续也同样离不开以信息为必要手段的有效管理，因为组织的管理实际上是一种信息运动，整个管理过程，是通过决策、计划、执行、协调、监督、控制等诸环节进行的，其中每一个环节的运动，每一个功能的发挥，都离不开以信息作为沟通手段的管理。组织的整个管理过程，就是信息从输入到输出，经过反馈再次重新输入的循环过程，这一过程的每一个阶段也离不开信息的处理。无怪乎著名的著名管理学家巴纳德强调指出："组织理论说到底，信息交流占着中心的地位，因为组织的结构、广度和范围几乎全由信息交流技术所决定。"[①]

---

① ［美］巴纳德：《经理人员的职能》，孙耀君译，中国社会科学出版社 1997 年版，第 73 页。

　　总之，人类生活在信息的海洋之中，一时一刻也不能离开信息，一分一秒也不能没有信息；而接收信息和使用信息的过程，就是我们适应外部世界环境的偶然性变化的过程，也是我们在这个环境中有效生活的过程，要有效地生活，就要有足够充分的信息。

第三章 符号：人际沟通信息的载体（上）
——符号概论

第一节 符号的基本含义

一、符号的定义

人际沟通的本质在于传递和交流信息，而信息往往是抽象的，其传递和交流必须借助于一定的媒体才能够进行，在人际沟通过程中，这种载荷信息的媒体就是符号。

"符号"是一个非常广泛的概念，一般来说，凡是人们用来有意义地指称一定对象物的标志或记号，均可以称之为符号。然而，由于人们研究符号的角度有所不同，因而人们对符号的界定自古以来便存在着差异。

最早对符号作出界定的是古罗马时期的基督教思想家奥古斯丁（Aurelius Augustinus），他认为："符号是这样一种东西，它使我们想到在这个东西加诸感觉的印象之外的某种东西。"① 奥古斯丁的这个符号定义相当简洁，它类似于我们的一般意义上的"征兆"，因为在奥古斯丁生活的年代（354—430），"符号"与"征兆"之间并没有严格的区别。在英语中，"符号"与"征兆"的词根是相同的，即：seme-，这个词根在希腊语中是表示"符号"的意思。在古代希腊，符号就是征兆，征兆也就是指明人和动物肉体情况的符号。

关于符号的定义随着人们对符号研究的日益深入而经历了一个日臻明确、严格、完善的过程。在现代，许多学者分别从各自的学术背景出发，从不同的研究视角提出了自己的符号定义。

美国当代哲学家、美学家和文艺理论家苏珊·朗格（S. K. Langer）在《艺术问题》一书中引用艾恩斯特纳盖尔的话对符号作了如下界定：

"按照我的理解，一个符号，可以是任意一个偶然生成的事物（一般都是以语言形态出现的事物），即一种可以通过某种不言而喻的或约定俗成的传统，或通过

---

① Oswald Ducrot and Tzvetan Todorov. *Encyclopedic Dictionary of the Sciences of Langusge*. Baltimore and London: The Johns Hopkins University Press, 1979. p. 99.

某种语言的法则去标示某种与它不同的另外的事物的事物。"①

　　由于苏珊·朗格是一位哲学家，她更多的是从哲学的角度来消化和理解符号概念，因此她所说的符号多是哲学意义上的符号，而并不主要是指语言学意义上的符号，她的符号定义也往往带有十分浓厚的哲学味道。

　　皮尔士是19世纪末、20世纪初美国著名的哲学家和逻辑学家，也是美国符号学的创始人，由于他是从逻辑学"切入"符号学的，所以他的符号学理论也是以逻辑学的形式出现的，在他看来，"就一般意义而言，逻辑学也是符号学的一个别名，是关于符号带必然性的或形式的学说"②。而他的逻辑学则被理解为关于"再现的一般理论"，也就是关于人的"精神产品"怎样真实地"反映"世界的方式的理论。因此，从这样一个基本立场出发，皮尔士把符号视为对象的"再现"：

　　　　"一个符号，或再现体，是某种对某人来说，从某个方面或力上代表了某种东西的东西。它能告知某个人，也就是说，在个人的头脑中制造出一个同等的符号，或是一个更为发展了的号。我把这个创造出来的符号称之为第一个符号的阐释。这个号代表某种东西，即它的对象。"③

　　与皮尔士并驾齐驱的欧洲符号学派的创始人索绪尔是一位著名的瑞士语言学家，其学术背景决定了他的符号学思想的出发点及大部分观点都与语言问题和语言符号相关。尽管索绪尔没有专门用语言表述形式对"符号"作出界定，但是，从他对符号概念的深刻理解和阐发中，我们不难领悟出他的符号定义。在索绪尔看来，符号是一个带有意义的物质性对象。用他的术语来说，一个符号由"符具"和"符指"所组成。符具是一个可被感知的"形象"；符指是符具指涉对象的精神性概念。符号是符具和符指的统一体。索绪尔说："我建议保留符号（sign，signe）一词，去表示这统一体的全部，并以符指（signified，signife）和符具（signifier，signifiant）去取代概念（concept）和音像（sound-image）；这前两个术语有利于表明它们之间的对应，以及它们作为部分与整体的区别。"④ 很明显，作为语言学家的索绪尔将符号视作相对独立的统一体，在索绪尔的符号模式中，外在现实对象相对地远离于符号，并通过意指过程而与符号联系起来。

　　在美国符号学界有一位最突出的代表人物，他就是为符号学理论的体系化作出了重要贡献的著名哲学家莫里斯（Charles William Morris）。莫里斯以有机体的行为作为出发

---

① ［美］苏珊·朗格：《艺术问题》，滕守尧、朱疆源译，中国社会科学出版社1983年版，第125页。

② Peirce. C. S.. *Collected Papers of Peirce C. S.*. Vol. 2. C. Hartshorne and P. Weiss (eds.). Harvard University Press, 1933. pp. 227-229.

③ Peirce. C. S.. *Collected Papers of Peirce C. S.*. Vol. 2. C. Hartshorne and P. Weiss (eds.), Harvard University Press, 1933. pp. 227-229.

④ 转引自周晓明：《人类交流与传播》，上海文艺出版社1990年版，第144页。

点，从行为科学的视角对符号概念作了如下说明：

> "如果任何事物 A，是一个预备刺激；这个预备刺激在发端属于某一行为族的诸反应序列的那些刺激-对象不在场的情况下，引起了某个机体中倾向于在某些条件下应用这个行为族的诸反应序列去作出反应，那么，A 就是一个符号。"①

在现有的各种符号定义中，还有一种符号定义在此颇值得一提，这就是著名的波兰语义学家沙夫对符号所作的解释，沙夫在《语义学引论》一书中写道：

> "每一个物质的对象，这样一个对象的性质或一个物质的事件，当它在交际过程中和在交际的人们所采用的语言体系之内，达到了传达关于实在（reality）——即关于客观世界或关于交际过程的任何一方的感情的；美学的、意志的等内在经验——的某些思想这个目的的时候，它就成为一个符号。"②

显然，沙夫对符号概念的这段说明将符号与人际沟通联系了起来。

上述各种关于符号的阐述可以说都在一定程度上揭示了符号概念的本质，参照上述各家的观点，结合本书所要论及的对象和范围，我们可以将"符号"定义为：符号就是沟通主体在人际沟通过程中用来载荷和传递信息的某种有意义的媒介物，换言之，这种作为沟通信息载体的有意义的媒介物便是符号。

二、符号研究的历史考察

符号实际上是一个很古老的概念。符号概念的出现，以及对于符号现象的描述、研究，见之于文字记载的，至少可以上溯到公元前几个世纪。在中国，《易经》中的卦画结构、卦爻辞，特别是《易传》中的"象"概念甚至在某种程度上触及了现代符号学的一些基本范畴。

在西方，"符号"一词的产生可以一直追溯到古希腊时代，古代希腊人把符号视为医学的内容之一。人类第一部关于符号学的著作是古希腊医学家希波克拉底（Hippocrates）所写的《论预后诊断》，这部书若用现在的医学术语来说就是症状学，它是说如何从病人的症候来判断病情。两个多世纪以后，古罗马医师兼哲学家盖伦（Claudius Galen）又写了一本叫做《症状学》的书，这部书的书名"Semiotics"就是我们今天所说的"符号学"。

总的说来，作为一门具有自觉意识的学科领域，现代符号学的历史不过百余年。现代意义上的符号学被明确界说为研究符号现象的科学，它于 19 世纪末、20 世纪初几乎同时发端于瑞士和美国。欧洲符号学派的创始人是瑞士著名语言学家索绪尔，他期望建

---

① C. Morris. *Signs, Language and Behavior.* NewYork：Prentice-Hall Press 1955，p. 8.
② ［波］沙夫：《语义学引论》，罗兰、周易译，商务印书馆 1979 年版，第 176～177 页。

立一种符号学，以便使语言在其中得到科学的描述。索绪尔在其名著《普通语言学教程》一书中写道："语言是一种表达观念的符号系统，因此，可以比之于文字、聋哑人的字母、象征仪式、礼节形式、军用信号等。它只是这些系统中最重要的。""因此，我们可以设想一门研究社会生活中符号生命的科学；它将构成社会心理学的一部分，因而也是普通心理学的一部分；我们管它叫符号学。它将告诉我们符号是由什么构成的，受什么规律支配。……语言学只不过是这门一般科学的一部分……确定符号学的恰当地位，这是心理学家的事，语言学家的任务是要确定究竟是什么使得语言在全部符号事实中成为一个特殊的系统。……语言比任何东西都更适宜于使人了解符号学的性质。……语言的问题主要是符号学的问题……"① 索绪尔从语言学本身开始，以语言符号为例，明确了符号的一些概念，他对符号、符具和符指的定义和阐述启示了所有的现代符号学家，对后来的符号学研究起到了十分重要的作用。

美国符号学的创始人是美国著名的哲学家和逻辑学家皮尔士，他提出有必要建立一种新科学，这种科学论述意指作用，论述意指作用诸系统间的可调换性以及它们在物质范畴内的关系，这就是符号学，他用 semiotigue 一词来定名这门科学。在他看来，符号学只不过是更广泛意义上的逻辑学的代名词，他认为，逻辑独立于推理和事实而存在，它的基本原则不是公理而是"定义和划分"，而这些最终来自符号的划分和功能，因而把逻辑看做是"关于符号的一般必然规律的科学"②。作为一个符号学家，皮尔士的贡献主要在于他给符号概念下了确切的定义，对符号的种类进行了划分和描述，与索绪尔偏重于符号之心理性、社会性功能研究的符号学理论相比，皮尔士的符号学理论则偏重于符号逻辑功能的研究。人们一般认为，皮尔士是与索绪尔具有同等重要地位的现代符号学的奠基人。

索绪尔和皮尔士的符号学理论无疑为后来恩斯特·卡西尔的符号哲学体系的创立起到了强有力的催生作用。

恩斯特·卡西尔是德国现代著名的哲学家，他将符号学应用于人类文化领域的研究，建立了一个独特的符号形式哲学和人类文化哲学体系。他认为，在人的诸多功能中，"符号的功能"是最重要的，人本质上不是生活在物理世界中，而是生活在"符号世界"中。他还阐发了符号的两个基本特征：一是普通适用性，二是多变性。他把这两个基本特征作为界定动物世界与人类世界的分水岭。在他看来，人类是符号动物，人类只有通过符号活动才能创造出使自身区别于动物的文化实体："只有这样，我们才能指明人的独特之处，也才能理解对人开放的新路。"③

在当代，尽管人们在符号学研究的重心和称谓上还存在着一定的差异，但是这门科学的确立已经成为一个不容置疑的事实。实际上，符号学已成为当今人文科学、社会科学研究中的热点，其影响是极其广泛的，如同英国哲学家比尔兹利所言："从广义上来

---

① ［瑞士］索绪尔：《普通语言学教程》，高名凯译，商务印书馆 1982 年版，第 37、38、39 页。

② 转引自［美］特伦斯·霍克斯：《结构主义和符号学》，瞿铁鹏译，上海译文出版社 1987 年版，第 130 页。

③ ［德］恩斯特·卡西尔：《人论》，甘阳译，上海译文出版社 1985 年版，第 34 页。

说，符号学无疑是当代哲学以及其他许多思想领域的最核心的理论之一。"① 的确，现代符号学研究的许多成果已经从一个侧面为我们科学地探讨人际沟通活动中的信息传递规律奠定了必要的理论基础。

实际上，不仅符号学的基本理论可以为我们科学地研究和揭示人际沟通的基本规律提供理论营养，而且符号学所具有的方法论功能还可以为我们正确地构建人际沟通信息学的科学体系提供重要的启示。因为"符号学既是一种批判研究的洞察力，又是一种方法论。在这个意义上，符号学完全可以作为检验我们的宇宙以及我们对宇宙的理解方式的一种构架。通过从一般的分解的观点来重新考察我们以往的研究，以一种打破学科界限的眼光重新看待我们的世界，我们将发现，我们彼此之间毕竟比曾经想象的要接近得多"②。"符号学 …… 将为我们提供一幅非常复杂而又非常详尽的概图，使我们能够从中确定任何一个涉及其他领域的高度专门化领域的位置，迅速地告诉我们如何从这一领域转向另一领域，并且区别开那些尚待开垦的领域和耕耘已久的领域。"③

三、符号与信号

符号与信号是两个有联系的概念，但是它们各自内在所具有的规定性决定了这两个概念的本质差异。为了进一步理解和把握符号概念的本质，我们有必要对这两个概念的关系作一些说明。

所谓信号，它是物质以粒子流、振动波或实物作用于感官的结果，感官相当于换能器把外来的物理刺激转换成通过神经网络的生物电脉冲形式，认知意义上的信号（或"第一信号系统"）指的是这种被接收、被内化了的信息，而不是纯粹外在的物理运动。信号是表示某物、某事、某条件存在与否的一种信息，它本身要受到时间、地点或其他条件的制约；而符号则是任何可以拿来有意义地指代另一种事物的东西。符号不仅仅表示某物、某事、某条件存在与否，它还能在信息接受者的大脑中引出关于某物、某事、某条件（亦即符号的指说对象）的概念（conception）。符号可以受到一定条件的制约，也可以有普通意义。

信号与符号其实并无非此即彼的界线，任何一个载有信息的指号，都可以用作信号或符号，关键取决于从信息传递者和接受者那里引起什么样的心理反应。如果引起的反映仅仅与某物、某事、某条件存在与否有关，那么是信号的作用；如果能引出有关事物的概念，那么便是符号的作用。换言之，符号是高级信息载体，信号是低级信息载体。信息传递过程是交替或同时使用这两种信息载体的过程。

对于符号和信号这两个概念的区别，美国著名符号学家莫里斯曾经在他的著作中作过区分，他的区分较好地把握了符号和信号各自的特点：

"如果机体给它自己提供了这样一个指号，这个指号在控制它的行为方面代替

---

① 转引自［美］李普曼：《当代美学》，邓鹏译，光明日报出版社 1986 年版，第 7 页。

② ［美］迪利：《符号学引论》，印第安纳大学出版社 1982 年版，第 87 页。

③ ［美］迪利：《符号学引论》序言，印第安纳大学出版社 1982 年版。

了另一个指号，意谓那个被替代的指号所意谓的东西，那么这个指号就是一个符号，这个过程就是一个符号—过程；如果情况不是这样，那么，它就是一个信号，这个指号—过程就是一个信号—过程。说得简单一点，符号就是符号的解释者所产生的，作为一个与它同义的指号的替代物而起作用的那种指号；所有不是符号的指号都是信号。"①

对于人来说，信号和符号都可以是信息的体现者，但是地位却不同。信号对客体有体现作用，这是信号内在的语用，信号之间的结构是信息的语形，被体现的客体的存在状态是信息的语义。我们可以用图 3-1 来表示这三者之间的关系：

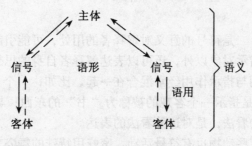

图 3-1

图中虚线表示信息的流向，实线表示主体构建客体的路径。

在考虑语形时，人们暂时撇开了信号与客体之间的关系。在考虑内在语用时，主要是强调信号是客体的体现者，这时信号的意义尚属未知。在考虑语义时，则要把这三者的关系都包括进去，主要是强调主体必须通过信号去认知客体，并把信号中包含的信息解读出来，从个别上升到一般。

符号这个信息体现者与信号有所不同。在信号中，信息是具体的，需要经过人的认知才能上升到一般。在符号中，信息相当于符号的意义，它总是一般的。按照皮尔士的见解，符号是某种对某人来说在某一方面或以某种能力代表某一事物的东西②。某种东西、某人、某一事物被结合在一起，形成了符号关系。在这个关系中，某种东西作为符号，内在地包含着不同于它的某一事物的意义，某人成了符号的解释者，某一事物成了符号指称的对象。在解释者、符号、被指称的对象之间流动的信息，其语用、语义，语形诸关系可以用图 3-2 来表示。

在这三者的关系中，单就符号之间的关系加以研究，是符号的语形问题。舍弃符号对解释者之间的关系，抽象出符号与被指示对象之间的关系，是符号的语义问题。把三者的关系都考虑进去加以研究，是符号的语用问题。语用包括两个部分，一是符号以其

---

① ［美］莫里斯：《指号、语言和行为》，莫兰、周易译，上海人民出版社 1989 年版，第 31 页。

② ［英］特伦斯·霍克斯：《结构主义和符号学》，瞿铁鹏译，上海译文出版社 1987 年版，第 130 页。

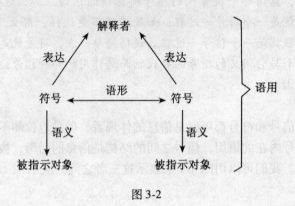

图 3-2

意义指向被指示对象；二是符号的意义对解释者的用处，可能引起的反应。另外，对解释者来说，符号除了指示对象以外，还可以表达解释者自身的思想感情、意志等主观的东西。符号的表达作用与指示作用经常混合在一起。比如，一个人指着一本书说，"这是一本好书"，他主要是指示一个客观的被称为"书"的东西；与此同时，这个符号串还表明他对这个对象的看法，是对这种看法的表达。

粗看起来，似乎有些动物也有符号活动。蜜蜂用特殊的舞姿来表示蜜源的方位和距离；大雁会用特殊的叫声来表示面临险境；有些动物在交配期身上会发出一种特殊气味以吸引异性；狗在陌生的环境中，隔一会儿就会在路旁撒一些尿，以便归途循尿味而返，等等。无论是蜜蜂的舞蹈，还是大雁的特殊叫声，都包含有信息。但是，它们都仅仅是信号的应对，这些活动都是一种与生俱来的本能，作为信号的指示物与作为对象的体现物之间不像符号与其对象之间的关系那样是任意的，而是固定的、唯一的、不可分解的，即信号与物质对象之间是内在的被决定的必然联系。蜜蜂的舞姿和大雁的特殊叫声都是动物无意识地适应环境的活动，它们受自然选择规律的制约。

有时，我们在动物的行为中可以发现相当复杂的信号和信号系统。例如，被人驯化的动物对信号就更加敏感，马戏团里的各种动物都会按照主人发出的信号，表演许多在自然状态下不可能有的动作。巴甫洛夫的条件反射实验证明：动物不仅可以被训练得对直接刺激作出反应，而且还能对间接刺激作出反应。他在给狗喂食物的同时让一个铃发出响声，久而久之，即使没有食物出现，狗一听到铃声也会馋涎欲滴。但这并不表明铃声是食物的符号。铃声与食物同时出现，它和食物对狗来说都是直接刺激，只有拿食物作参照系，人才能把铃声看成间接刺激，铃声和食物能分别在狗的大脑皮层上建立起两个兴奋灶，由于这两个兴奋灶同时出现，久而久之，两者之间就建立起神经通路，一个兴奋灶的活动可以带动另一个兴奋灶，引起相应的生理功能。在这种情况下，实验者成功地改变了狗进食的环境，靠着有意识地引入新的因素使狗进食环境复杂化。铃声作为整个进食环境的一部分，可以作为信号，告诉狗食物同时出现，它和食物都是物理实在，它并不能离开具体物理环境去指示食物。

一切信号都总是某个同时性或相继性物理环境的一部分，它不能离开具体场境去指示场境外与自身不同的他物的意义，而只能体现本场境中的其他部分，只能处理个别的、不关联的、零星的表象或感觉，通过信号面向世界仍然是直接面向世界。而符号则相反，它的功能恰恰是指出具体物理场境外他物的意义，符号能够处理成系统的、彼此相关的表象、感觉和概念，它可以使人间接地面向世界。没有符号，就没有人类社会的历史。人类社会过去、现在、未来的历史联系，全靠符号使它脱离现实时空，获得超时空的意义；人类文明之所以进步得愈来愈快，其中有一个很重要的原因就在于我们在生活中获得的知识可以借助于符号传给后代，积累越来越多，愈是后人，便愈直接承受先辈的知识。正因为如此，人们常常认为符号与信号的不同是文化与本能的不同。

当然，符号与信号也是有联系的。任何在物理上可以体现他物的东西，当人们尚未认识它们时，它们只是他物的信号，人们一旦认识了它们，就可以把它们转变为他物的符号。但这还仅是不成熟的符号。对于人来说，镜子中的容貌、鸡蛋的气味、橘子的颜色都可以由信号转变为符号。作为信号，它们和人的长相、鸡蛋的好坏、橘子的品种和质量都有某种必然的联系。人掌握了这种联系，信号就变成了符号。这时，鸡蛋的气味告诉人们的就主要不再是气味本身，而是鸡蛋的好坏。由于这种联系是必然的，因而还不是成熟的符号。闹钟的响声作为起床时刻到了的符号，情况就不一样了，这是成熟的符号。闹钟响和起床原本没有必然的联系，人们规定了这种联系，钟声就变成了符号，钟声告诉人们的就主要不再是钟声，而是起床的时间到了。

除了由信号转变来的符号，人还创造了各种各样的符号系统，来表达对象世界的意义，规范自己的行为，进行人际沟通。由自然信号转变来的符号和人为规定的符号结合在一起，使人的符号活动日益繁杂、精细。符号本来是非符号的东西的符号，但是，信号和符号的关联以及符号的人为规定，使符号和非符号的区别只能是相对的、互相规定的。人可以使非符号的东西变为符号，也可以使符号再产生符号。这样做常常涉及看问题的角度和层次的转换。在同一角度、同一层次内，符号与非符号的区分是绝对的。

应当指出的是，虽然信号与符号确实有联系，但是，我们却不能因此就把动物的信号活动到人的符号活动的进展仅简单地理解为一个渐进过程，因为二者的生理基础不同，动物因其只具有第一信号系统而只能从事信号活动，而人不仅具备第一信号系统而且还具备第二信号系统。所以，人不仅能够对信号作出反应，而且更为重要的是还能够把反应提高到符号应对的水平上。正是在这种意义上，德国哲学家卡西尔才认为，人是进行符号活动的动物，是能够使用并且是唯一使用符号的动物。在他看来，人与动物的根本区别就在于：动物只能对"信号"作条件反射，只有人才能把这些"信号"改造成有意义的"符号"，并且通过这种感性的符号去行动、去创造。

四、符号、消息、信息

符号、消息与信息是三个很容易被混淆的概念，这三者既互相联系，又相互区别。就符号与消息而言，在信息理论中，消息是载荷信息的有一定秩序的符号序列，它表现为信息源传递给信息接收者的话音、图像、电文、数据等。以感知途径和交流方式划分，消息可分为视觉消息（文字、图像、表情、服饰等）、听觉消息（口语、音乐、声音符号等）、触觉消息（盲文，"捏"的手语，对物体的触感、抚摸等）、嗅觉消息（气味）、味觉消息，甚至"意念消息"（如各种特异功能）等。至于符号与信息的关系，如同我们在前面已经指出的，信息是抽象的，它必须借助于一定的符号才能表现出来；没有赤裸裸的信息，信息总要寄载于一定的符号之中，总要以一定的符号作为自己的存在形式。因此，符号常常被人们称为信息的"载体"。然而，信息与其表现符号的不可分离性，并不能理解为一种信息只能用一种符号来表现。实际上，作为信息载体的符号，其形式多种多样，同一信息往往可以表现于不同的符号形式中。例如，某一信息不仅可以用汉语符号、蒙语符号、藏语符号，甚或英语、法语等言语沟通符号来表示，而且还可以用眼神、表情、手势等非言语沟通符号表示。又比如，街道上的交通灯是用灯光符号来载荷和表示交通的指挥信息的，但是，同样的信息也可以通过交通警察的手势这种符号来表示，甚至这个信息还可以通过口令这种声音符号来表示。反过来，同一种符号也可以载荷不同的信息。例如，"0"和"1"这两个符号，既可以表示"高"和"低"，也可以表示"正"和"负"，还可以表示"阴"和"阳"或者"开"和"关"，或者逻辑学中的"假"和"真"，等等。

在符号、消息与信息之间，使用得最混乱的便是消息与信息这两个概念。在日常生活中，信息常常被人们看做是消息的同义语。例如，唐代诗句"梦断美人沉信息，日空长路倚楼台"中的"信息"一词就是作为"音信，消息"来使用的。但是，从科学的角度来看，这种理解并不确切。人们常常说"这则消息包含很丰富的信息"，或者说"这则消息没有什么信息"，这实际上已经说明了消息和信息并不是一回事。最早从概念上将消息与信息区分开的是美国学者哈特莱，他于 1928 年发表了《信息传输》(*Transmission of Information*) 一文，首次提出了消息是代码、符号，它与信息有区别。在他看来，消息是信息的载体，消息的形式是多样的、具体的，而信息则是指包含在各种具体消息中的抽象量，他并且用消息出现的概率对数来度量其中所包含的信息，从而为申农的信息理论的建立奠定了初步的基础。其实，信息是以消息的形式传递的，信息是消息的内核；消息是信息的外壳，信息要经过编码才成为消息，接受消息后要经过解码才能掌握信息，信息与消息是内容和形式的关系。书报上的文字、电视屏幕上的画面、讲话的声音等，都是传递信息的消息，一则消息可能包含很少的信息，也可能包含很多的信息，消息中含有的信息量的大小与消息减少事物的不确定性程度相关联，消息减少事物的不确定性越大，那么该消息中包含的信息量也就越大；反之则小。

第二节　符号的特征

一、形式与内容的统一

如前所述，任何可以拿来有意义地指代另一种事物的东西均可以称为符号。换言之，符号就是指称一定对象并被赋予一定意义的感性形式，或者说，符号就是意义的物质载体。不具有确定的物质的感性形式，不能被人感知的东西不能作为符号存在；同样，没有指称，不具有一定意义的感性形式也不能算是符号，符号是形式和内容两者相结合的统一体。在此，符号的内容是指符号内在要素的总和，主要包括符号的指称、意义、思想、精神等；而符号的形式则指的是把内容诸要素统一起来的内部结构或内容的表现方式，亦即符号在我们感官面前的那种物理表现，符号只有依靠自己的物质形式，才能作为感性实体而客观存在着，才能成为一定的思想和意义等信息的载体；另外，符号必须具备一定的意义内容，才能作为表达思想、指称对象的东西，否则，符号就只能是自己表现自己而类似于自然物质的东西了。瑞士著名语言学家索绪尔曾经从语言学的角度考察了符号的内容与形式两个方面，他把概念和音响形象的结合叫做符号①；他认为这两个方面是相互依存的："语言可以比做一张纸，思想是正面，声音是反面。我们不能切开正面而不切开反面。同样，在语言里，我们不能使声音离开思想，也不能使思想离开声音。"②其实，我们在这里所说的符号的形式和内容类似于索绪尔所说的符具和符指。例如一个表示"太阳"的符号（O）就是一个由符具"O"和符指【太阳】所构成的符号统一体。再比如说，作为非言语沟通符号，一束在特定语境下表示"坚贞"含义的梅花也便是由作为一种植物花朵的"形式"与其所象征的内容"坚贞"构成的符号统一体。

二、约定性与任意性的统一

虽然符号是形式和内容二者相结合的统一体，但是这二者的结合并不是由于它们之间有着必然的、本质的对应关系，它们之间也并没有由它们的本性所决定的必然的内在联系；感性客体并不选择具有它自身特性的符号来指称它，感性符号也不具有它所指称的客体的特性。例如，"红"这个符号就不是红色的，"方"这个符号就不是方形的。一般来说，用什么符号指称、标志什么客体，在开始完全可能是任意的和偶然的。我们为什么采用这种符号（不论是言语沟通符号还是非言语沟通符号）来代表这个意义，而不采用另外一种符号来代表，这多半是取决于创造这个符号的人的"主观"意志，在此的"主观"，不完全意味着个人的意志，它包括时空因素（即时代、时期和地域、地区的因素），也包括社会习惯。例如，汉语把人称为"人"，当"ren"这个声音符号被公认指"人"以后，这个声音符号"ren"当初为什么就用来代表"人"，不能不说带有某种任意性或偶然性；作为交通指示符号的红灯和绿灯、红旗和绿旗，其含义最初也可能是任意性的，或者至少是带有偶然性的。对于符号的任意性和偶然性，著名的美国当代符号学家苏珊·朗格曾引用艾恩斯特·纳盖尔的话做过说明，她说："按照我的理解，一个符号，可以是一种偶然生成的事物（一般都是以语言形态出现的事物），即一种可以通过某种不言而喻的或约定俗成的传统，或通过某种语言的规则去标示某种与它不同的另外的事物的事物。"③恩格斯在谈到语言符号的任意性时也曾举例说："正和负。也可以反过来 …… 北和南也一样。如果把这颠倒过来，并且把其余的名称相应地加以改变，那么一切仍然是正确的；这样我们就可以称西为东，称东为西。太阳从西

---

① ［瑞士］索绪尔：《普通语言学教程》，高名凯译，商务印书馆1980年版，第101页。
② ［瑞士］索绪尔：《普通语言学教程》，高名凯译，商务印书馆1980年版，第158页。
③ ［美］苏珊·朗格：《艺术问题》，滕守尧、朱疆源译，中国社会科学出版社1983年版，第125页。

边出来，行星从东向西旋转等等。这只是名称上的变更而已。"①

然而，符号的任意性只是在符号的创制阶段起作用。符号一旦进入系统的人际沟通过程，标志、指称特定的现实对象之后，一经在社会交往中被沟通信息的社会群体普遍承认和普遍使用并且被普遍理解，它就不再带有任意性，它就只能表达特定的意义，而成为一种公众准则或社会准则了。这时，符号也就有了相对的约束力，它对于使用的人来说就具有强制性、约定性，使用符号的规则也不再以使用者的意志为转移了。这就是所谓的"约定俗成"。早在我国的战国时期，古代著名的唯物主义哲学家荀子对"约定俗成"的原则就作了很好的说明：

> "名无固宜，约之以命。约定俗成谓之宜，异于约则谓之不宜。名无固实，约之以命则实，约定俗成谓之实名。名有固善，径易而不拂，谓之善名。"②

在荀子看来，用什么"名"指称什么"实"，或者什么"实"用什么"名"指称，都不是固定的，而是根据社会成员在长期共同生活、相互交往、彼此沟通中形成的经验习俗和历史传统，互相约定，习俗相互沿袭的结果。一经约定，习俗已成，什么"名"指称什么"实"，什么"实"用什么"名"，就能够为社会成员所接受和通晓，达到"名闻而实喻"。在这种情况下，"名"和"实"，符号和它指称的客体之间的关系就固定下来，不能任意改变；否则，人们之间的沟通与交往就无法进行，社会生活便可能会引起混乱。实际上，符号在创制时的任意性和使用时的约定性是一件事情的两个方面，换言之，符号是由任意性和约定性二者构成的统一体。

三、稳定性与可变性的统一

符号的这一特性与符号的前一个特征密切相关。如前所述，符号一旦约定俗成，就有了相对的约束力，不能随个人的意志而随意变更，因而它也就具有确定性与稳定性。符号的确定性和稳定性是人际沟通有效开展和社会生活有序进行的基本前提，符号一经社会群体所公认和使用，它便成为一种公众准则或社会准则，言语沟通符号是这样，非言语沟通符号也是如此。在当今这样一个我们每日每时都必须同外界进行沟通和交往的社会中，如果我们无视这种约定俗成的社会准则，那么我们势必要碰壁的。例如，在现代城市交通管理中，"红灯"或"红旗"这种符号表示"不许通过"，以及"绿灯"或"绿旗"这种符号表示"畅通无阻"，这已经成为约定俗成的交通规则。但是，如果我们无视这种社会准则，置这些符号的稳定性于不顾，而随意地变更这些符号的特定指称对象，比如，将符号"红灯"代表"前进"，而把符号"绿灯"代表"停止"，那么其结果便可想而知了！

然而，符号的稳定性也是相对的。众所周知，客观世界的一切事物在本质上无时无刻不处于发展变化之中，作为人际沟通工具的符号当然也不例外。符号不仅具有稳定性

---

① 《马克思恩格斯选集》第 3 卷，人民出版社 1972 年版，第 539 页。
② 《荀子·正名》。

的特征，而且也具有可变性的特征，随着时间的推移和各种不同因素的影响，符号常常会发生不同程度的变化。例如，当一个国家因政治因素而分裂成两个国家时，其作为符号的语言就可能会分化。现代英、美两国的语言，无论是语音、词汇，还是语法或其他方面，都有很大的差别，无怪乎有人说，再隔两百年，没有翻译人员，两国人就不能交谈了。符号的变化不仅表现为符号的分化，而且还表现为符号的融合或其他的某种变化形式。就符号的融合而言，现在国际间的交往频繁，很多国家的词汇中都有不少外来语，例如，现代汉语这个符号系统中就有不少词是从日语、英语、法语等语言符号系统中来的。对于符号的可变性，索绪尔曾以语言符号为例作过说明，他说："语言根本无力抵抗那些随时促使所指和能指的关系发生转移的因素。"① 不过，"在整个变化中，总是旧有材料的保持占优越，对过去不忠实只是相对的。所以变化的原则是建立在连续性原则的基础上的"②。符号是稳定性与可变性的有机统一体。

四、系统与要素的统一

所谓系统，它是指由一定数量的相互联系的要素以一定的结构方式所组成的具有一定功能的有机整体。具体说来，系统有三个特征：（1）由若干个要素或子系统所组成，没有一定数量的要素就不成其为系统；（2）这些要素或子系统相互联系、相互作用、相互制约，并且这种种联系、作用、制约已经有序化，具体表现为一定的结构方式；（3）当一定数量的要素按照一定的结构方式相互联系起来之后，就产生了一种大于各要素功能之总和的整体功能——系统功能或系统质。系统的概念具有普遍的意义，系统的存在也是一种客观的、普遍的现象，从人所面对的自然界到人类构成并生活于其中的社会，一切事物无一不构成一定的系统，无一不存在于一定的具体系统之中，作为人际沟通过程中信息载体的符号当然也不例外。从人际沟通活动中用来载荷和传递信息的符号这个大系统来看，它本身就是由作为其要素的言语沟通符号和非言语沟通符号这两个子系统所构成的。

在符号这个大系统中，各个子系统之间以及各个元素之间形成了一定的结构关系，符号系统的结构是决定符号系统功能的关键性因素。单一的符号元素只有遵循一定的组合规则构成一个结构优化的符号系统才能在传递与交流信息的人际沟通活动中发挥其最佳功能。例如，在符号系统的子系统——言语沟通符号系统中，语素构成语词符号，形成言语沟通符号系统中的最小意义单位；把语词符号作为言语沟通符号元素，按照一定的符号组合规则，构成了句子这个符号系统。这样，句子就成了言语沟通符号元素——语词符号构成的言语沟通符号系统。在句子这个符号系统中，同样具有一定的结构，每一句话里，词语怎样搭配，怎样排列，搭配和排列的结果是什么样子，都要遵照一定的规则，词语的搭配和排列的符号组合规则就是人们通常所说的语法。言语沟通符号要素只有通过语法这种符号组合规则构成句子这种符号系统，才能成为有效传递信息的手

---

① ［瑞士］索绪尔：《普通语言学教程》，高名凯译，商务印书馆1980年版，第113页。
② ［瑞士］索绪尔：《普通语言学教程》，高名凯译，商务印书馆1980年版，第112页。

段，才能实现句子这个符号系统的整体功能。现代符号学的符号场理论也从意义的角度表明了符号是要素与系统的统一。所谓符号场，它是指一个符号化过程所经历的场所，而符号化过程则指的是某对象起着一个符号作用的那个过程。按照符号场理论，符号与符号场同时存在，符号的作用在符号场中实现。一般来说，任何一个符号都是有含义的，但是在严格意义上，个体符号或要素符号的确切含义只有在特定符号场里的系统中才能清楚地表达出来。可以这么说，个体符号或要素符号（就系统而言）的意义是由符号场里系统赋予的，符号在符号场中靠系统来表达意义；而整个符号系统的意义又依赖于各有含义的要素符号，并按一定规则组成的结构。要素符号的意义与符号系统的意义是相互借助、互为依存的。因此，符号是要素与系统的统一体。

第三节 符号意义

一、意义概述

符号是人际沟通主体在人际沟通过程中用来载荷和传递信息的某种有意义的媒介物。符号之所以能够传递信息，其原因就是在于它是有意义的。符号同意义是不可分的，符号总是具有意义的符号，意义也总是以一定的符号形式存在的意义。符号与意义构成一个相互联系的整体，符号也正是同意义联系在一起，才同客体发生了指称与被指称的关系。符号之所以能指称、标志客体，也正是因为有意义作为中介。可见，意义是一个极为重要的符号学范畴。在符号学中，其分支学科语义学（或符号意义学）就是一门专门研究符号意义的科学。

那么，到底什么是"意义"呢？英国学者 C. K. 奥格登和 I. A. 理查兹在其最为著名的《意义之意义》一书中列出了关于"意义"的 16 种定义①。这 16 种定义多数是从关系的角度来界定意义的。实际上，当代的许多学者常常都是这样来理解"意义"的，他们往往把"意义"置于一个关系结构之中。例如，美国语言学家威廉·J. 贝克就曾针对人际沟通指出："意义显然只能存在于说话人和听话人的思想中。意义不是词或话语具有的性质，而是说话人和听话人赋予词或话语的性质。所采用的赋予方式是要达到下面这个目的：希望听话人接收到该话语以后，对它的解释跟讲话人想说的意见一样。"② 由此可见，在威廉·J. 贝克看来，"意义"就是符号的使用者和解释者之间的一种关系。

基于上述各种关于"意义"的认识，再结合人际沟通活动的特点，我们可以将"意义"的本质理解为一种既定的秩序，就如同我国知名学者俞建章和叶舒宪所认为的那样，"意义是符号使用者和解释者之间据以对符号的指涉进行编码和解释的一种既定

---

① C. K. Ogden & I. A. Richards. *The Meaning of Meaning*. New York and London：Harcourt Brace Jovanovich, 1923, pp. 186-187.

② ［美］威廉·J. 贝克：《从"信息结构"的观点来看语言》，陈平译，载《国外语言学》1985 年第 2 期。

的秩序"①。例如，一个不懂得英语的人听到"This is a book"，会问："这句话是什么意思？"你告诉他，"这句话的意思是'这是一本书'"。他明白了这个意义，懂了。实际上是他找到了一个对应的既定秩序来解释"This is a book"。如果问的人是一个幼儿，他就会接着问："什么是书？"显然，他不懂得"书"的意义，也就是说，在他有限的经验中，找不到解释"书"这个符号的既定秩序。那么，你会进一步告诉他："书就是写着好多字的好多张纸。"这句话中的"字"、"纸"、"好多"，能够构成一个对应的既定秩序，于是，这个"意义"便建构起来了。

应当指出的是，由于意义是处在一种关系结构中并且具有一种动态的交流性质，意义因而必然具有开放性；解释既定的秩序，也往往因人而异，一个符号常常可以从几种不同的既定秩序方向来把握，因此便存在着符号多义性的情况。在日常生活中，人们之所以常常对某些符号的意义不能达成一致，其原因正是在于他们对这些符号嵌入了不同的既定秩序。

二、几种有代表性的意义理论

对"意义"问题的研究最早可以追溯到古希腊，亚里士多德就首先提出了事物的"本质"问题，把本质属性和偶性区别开来。他认为，一个事物的本质属性规定了关于这个事物的概念的内涵；当本质由所属的事物分离出来而与有关语词符号相结合时，它就变成了这个语词符号的意义。继亚里士多德之后，曾有不少哲学家、逻辑学家和语言学家探究过"意义"问题并且提出了各种关于"意义"的理论，其中有代表性的意义理论有五种，它们分别是：意义的指称论、意义的功用论、意义的行为论、意义的观念论和意义的语义论。尽管这些意义理论主要是从言语沟通符号——语言的角度来探讨"意义"问题的，但是了解这些意义理论对于我们正确地理解和把握包括言语沟通符号——语言在内的各种沟通符号意义的本质，无疑有着重要的参考价值。

意义的指称论是五种有代表性的意义理论中历史最为悠久且影响较大的一种意义理论。它的基本思想是：名称是通过指示或指称外部世界中的事物或事实而具有意义的，一个名称的意义就是它所指示或指称的对象，这里所说的对象既包括特定的、个别的人或物（专名指称的对象），也包括某一类的事物（通名指称的对象），有人认为还包括状态、性质、关系等。名称和对象的关系是语言事物和非语言事物之间的关系。此外，也有人认为，一个表达式的意义，不在于表达式所指称的对象，而在于表达式与它所指称的对象之间的关系，这种关系构成了表达式的意义。应当承认，意义指称论的基本思想有其合理之处，但也有其自身的缺陷。意义指称论的主要局限性在于它只是孤立地、静止地、或多或少有些机械地分析语词符号的意义，没有注意考察人们在使用语言的实践活动中所产生的意义的多义性与变异性问题。意义的指称论者一般只是局限于从语法或逻辑的角度研究意义问题，他们着重考察语词符号与对象之间的对应关系，而不研究语词和对象之间的许多中间环节，不研究语言符号的使用环境，不研究语言（符号）和语言（符号）使用者之间的关系，不考虑语言（符号）使用者的心理因素以及语言

---

① 俞建章、叶舒宪：《符号：语言与艺术》，上海人民出版社 1988 年版，第 216 页。

行为的效果，等等，这些不能不说是意义指称论者的缺陷。

与意义的指称论相比，意义功用论的出现可以说是意义理论研究中的重大进展，它标志着意义研究从静态研究转向动态研究。一般来说，意义功用论的基本观点主要体现在两个方面：一方面，它强调语词被说出时的语境作用，认为只有在语句的语境中才能找到语词的意义；另一方面，它主张词或词组的意义在于它们的使用或功用，重视研究词或词组在一定的语境中所发挥的作用。就前一个方面而言，意义功用论者对语境的强调，可以说表明他们注意到语言活动与生活实践的密切联系；而且他们从研究单个的词的意义，到强调只有在语句或命题中才能确定其意义，以至于最后把语句的意义与整个理论体系联系起来考察，这种逐步扩大对语境范围的理解显然是一种进步。但是，我们也不能片面地强调这种整体论观点，而否认词、词组成语句本身所具有的相对意义，否认词或词组与其指称对象之间的对应关系。对于意义功用论观点的后一个方面来说，意义功用论者强调语词的意义在于语词的使用，在于语词在一定语境下所完成的功能或所起的作用，这种动态的研究方法无疑是有价值的，它弥补了意义指称论者的静态研究方法的不足。我们承认在日常的人际沟通活动中，当我们知道一个语词的意义时，通常也就知道这个语词的使用，反之亦然。但是，如果把语词的意义与语词的使用完全等同起来，那么显然是不恰当的，因为在人际沟通的某些场合下，我们可能会使用某个语词（例如，祈祷时说的"阿门"【amen】），而不一定知道这个词的意义，或者，我们可能知道某个词（例如，某个拉丁语词）的意义，而不知道它的用法。

与意义的功用论相似，意义的行为论也是从动态的角度来研究意义问题的。不过，它不是强调语词的功用，而是强调语词的效果，即语言行为在听话者身上所引起的反应。诚然，意义的行为论者重视语言行为和语言效果的联系，注意研究"刺激—反应"这个公式在人们的语言行为中的作用，这种研究方法有一定的可取之处，但是我们不能把"刺激—反应"公式的意义无限夸大，不能认为可以用它来解释人的全部语言行为。因为人是社会的动物，而不只是一种生物机体，人的思想意识以及表达思想意识的语言行为受到多方面的影响，不是仅仅用"刺激—反应"这个简单的公式所能充分解释的。因此，仅仅依靠"刺激—反应"这个公式，试图根据语言行为的效果来确定语言表达式的意义，这往往是做不到的。

与意义的行为论相反，意义的观念论是从心理的角度来探讨意义的问题。在意义的观念论者看来，语言是表达思想的工具，思想是由人们意识中的观念组合而成的，观念是个人私有的，人们要交流思想，就必须使用彼此都能理解的语词，而语词不外乎是观念的代表。一个人使用语词来使他的观念外在化，如果他所使用的语词能在别人心中唤起与他自己的观念相同的观念，他对语词的使用就是合适的。当然，意义的观念论从心理角度来探讨意义问题的研究方法并非绝对不可取；但是，仅仅从心理角度则很难解决意义这个复杂的问题，因为它面临着许多困难。首先，观念本身是看不见、摸不着的，很难说明究竟是什么观念，由于"观念"这个概念的含义模糊不清，所以意义的观念论者所说的"意义"也是模糊不清的。其次，观念是私人的、内在的、不可观察的，当我说出一个词或一个词组时，在我的脑海里出现的与这个词或词组相联系的观念，是否恰恰相同于在其他人脑海里出现的与同一个词或词组相联系的观念，要证明这一点也是很困难的。最后，观念是否能够脱离语言而独立存在。科学家们一般认为，除了在原始的、低级的水平之外，思想不能与语言相分离，不借助于语言文字等符号，人们就不能思考复杂深奥的问题。既然如此，离开了语言这个物质外壳，观念如何能独立存在呢？意义的观念论本身所包含的诸如此类的理论疑难使它已遭到了十分严峻的挑战。

语义论是美国当代著名分析哲学家戴维森在 20 世纪 60 年代根据塔尔斯基的真理论而提出的一种新的意义理论。与其他几种意义理论不同，语义论有其独特之处：它所研究的既不是语词的字面意义，也不是语句的字面意义，而主要是语句或命题的认识意义，因为它是从语句的成真条件的角度研究意义问题；而词或词组是没有真假之别的，而且语句的字面意义也是不涉及语句的真假对错的。

从以上描述中，我们不难看出，上述这五种意义理论各自的侧重点是不同的。然而，尽管这些意义理论只研究了意义问题的不同方面或不同层次，但是它们对于我们准确地揭示和把握人际沟通活动中所使用的各种符号的意义之意义，无疑是大有裨益的。

三、意义的基本种类

如前所述，符号的意义处于一种关系结构之中并且具有一种动态的交流性质，因而它必然具有开放性，一个符号经过约定俗成，常常可以从几种不同的既定秩序方向来把握，所以，符号的意义便显现出多种多样的形式。

对于符号意义的种类，人们往往从不同的学术背景出发，根据不同的标准进行划分。英国兰开斯大学语言学教授杰弗里·利奇是当代著名的语义学家，在其颇有影响的著作《语义学——意义之研究》一书中从语言学的角度将"意义"划分为七种不同的类型，即：概念意义、内涵意义、社会意义、情感意义、反映意义、搭配意义和主题意义①。在杰弗里·利奇看来，概念意义有时亦叫做"外延"意义或"认知"意义，它是一个语词在言语沟通中表达出来的基本含义，它是客观对象的特殊属性的反映或概括，是言语沟通的核心因素。由于这种意义是在词典中固定下来的，所以它也常常被人们称为"词典意义"。例如，"人"这个词在词典中就被定义为"能够制造工具并使用工具进行劳动的高等动物"②，后者就是"人"一词的概念意义，这一定义表达了"人"这个客观对象的基本含义，谁也无法从各自不同的立场来否认这一基本含义。利奇所说的内涵意义是指一个语词除了它的纯概念内容之外，凭借它所指的内容而具有的一种沟通价值。其实，利奇的"内涵意义"是附加在"概念意义"上的意义，具体说来，即是社会、阶级、阶层、集团甚至个人附加在某个词之上的意义。例如，"妇女"一词的概念意义是指"成年女性"，但是社会上该词的使用者往往附加以"温柔"、"脆弱"、"易动感情"、"富于母性"等"内涵意义"。内涵意义是随着时代和社会的变化而变化的，例如，对于"经商"，这个语词的意义，人们从昔日"无商不奸"的观念到今天"无商不富"的观念的转变就说明了这一点。社会意义是一段语言所表示的关于

---

① Geoffrey Leech. *Semantics*. New York：Penguin Books Ltd.，1983，pp. 9-19.
② 中国社会科学院语言研究所词典室：《现代汉语词典》，商务印书馆 2010 年版，第 1144 页。

该段语言的社会环境的意义。某一语言的文体有不同的侧面和层次，我们部分地通过对这些不同侧面和层次的辨认来对一个语段的社会意义进行"解码"。利奇指出，我们说一些词或发音具有方言性质，就是说这些词或发音在告诉我们说话人所生活的地理环境和社会环境；语言的其他特征向我们表明讲话人和听话人之间的社会关系。他还认为，从比较狭隘的意义来说，社会意义能包括一段话语的言外之意。例如，这句话是应解释为请求、道歉、或威胁等，还是其他，不能确定。所谓情感意义，它是用来表达说话者的感情或态度的，它经常通过所用语词的概念内容或内涵内容明确地表达出来。例如，当有人对某个人说："你是个凶恶的土霸王，可耻的堕落者，为此我非常恨你！"这里，说话人对他的感情就是毋庸置疑的。情感意义基本上是依附性的，因为为了表达情感，我们要依赖意义的其他范畴（即概念范畴、内涵范畴和语体范畴）。反映意义和搭配意义是两类在语言词汇层次上具有相互联系的意义，在存在多重概念意义的情况下，当一个词的一种意义构成我们对这个词的另一种意义的反映的一部分时，便产生反映意义，反映意义常常通过情感联想而突出地表现出来，日常生活中的很多谚语、歇后语和谜语往往是由反映意义而产生的。例如，"三个臭皮匠，顶个诸葛亮"就是通过"臭皮匠"与"极普通的群众"以及"诸葛亮"与"有计谋"的联想而使这整句话获得"人多智广"的意义的。至于搭配意义，它则是由一个词所获得的各种联想构成的，而这些联想则产生于与这个词经常同时出现的一些词的意义。有些同义词由于与其他词搭配上的不同而产生语义上的差别。例如，汉语中的"交换"与"交流"，意义相近，都是指把自己的东西交给对方，又将对方的东西取归自己，但两者在与其他词搭配上则有所不同："交换"可以与"礼物"、"意见"、"资料"、"产品"相搭配，"交流"则与"思想"、"经验"、"文化"、"物质"相搭配。如果细加分析，我们会发现"交换"往往与比较具体的或范围较小的语词相配，"交流"是与比较抽象或范围较大的语词相搭配。这些也就是"交换"与"交流"的意义差别。利奇接着指出，内涵意义、情感意义、社会意义、反映意义和搭配意义，这五种意义都可以用联想意义这一名称来概括。他所列出的最后一种意义类型是主题意义。他说："我试图区分的最后一个意义范畴是主题意义，这种意义是说话者或写作者借助组织信息的方式（语序、强调手段、信息焦点的安排）来传递的一种意义。"① 例如，说某某"屡战屡败"，其主题意义就是指某某在军事上是个无能的饭桶；如果调整一下语序，说成某某"屡败屡战，"，其主题意义则变成了赞扬某某的顽强精神。同一个语句，重音的位置不同，主题意义也会不同。例如"小张送小王两本书"这个语句的语义强调了送书的对象是小王而非他人；而"小张送小王两本书"这个语句则变成强调所送书的数量了。

总的来说，利奇的意义分类还是比较细致和符合实际的。除了利奇之外，还有人从符号学的意指理论出发将符号意义分为"指谓"与"内涵"两种②。"指谓"是符号最直接"客观"地指涉的对象或含义，亦称"外延"、"指示义"、"字面义"、"本义"

---

① Geoffrey Leech. *Semantics.* New York：Penguin Books Ltd.，1983，p. 19.

② 周晓明：《人类交流与传播》，上海文艺出版社 1990 年版，第 195～201 页。

等。例如，符号"rose"或"玫瑰"的指谓，就是这两个符号所指涉的那种蔷薇花科的植物或花。而"内涵"则是已经形成的符号整体，在新的符规的作用下，以原符号的指谓为基础而新衍生出来的"含义"，亦称"衍生义"、"联想义"、"引申义"、"喻义"等。例如，在社交场合，人们常以"玫瑰"表示"爱"，这"爱"的意思就是"玫瑰"这一符号整体在新的符规作用下衍生出来的新的含义。"指谓"的本质是符号的指涉性、直接性意指，即符号在使用者的头脑中按照该符号系统的符规直接地指涉、表示符号的初始对象或阐释。而相比之下，"内涵"的本质则是符号的含蓄性、联想性的意指，即符号在使用者的头脑中，不仅仅根据该符号的属系统的符规，而且还相同于其他各种系统的符规，如文化系统、意识形态系统的符规，进行二度符号化或连续性符号化的结果。换言之，"内涵"意指是符号与符号使用者的感受、情感以及他的文化、价值观等"相遇"时所发生的"互动过程"。如果说"指谓"意指主要相关于符号与对象的"客观性"关系，那么"内涵"意指则主要指的是发生于符号与使用主体在主观上、文化大范畴内相联系的层次上。从这个意义上讲，"内涵"意指本质上是与原符号"同形"的新的符号。

如果我们参照上述的意义分类思想，并结合人际沟通的具体特点，那么我们在此不妨将沟通符号的意义大致分为"显意义"与"潜意义"两大基本类型。显者，明显、露于外，易于看出也；而潜者，则隐于内，不露于表面也。所谓"显意义"，它是指人际沟通过程中的符号使用者根据基本的符号代码本，通过符号的表层结构便可以解译出的一种基本意义，它是一种较为稳定的并且具有规范性的静态意义；而"潜意义"则指的是人际沟通过程中的符号使用者以基本的符号代码本为基础并且根据特定的语境，通过对符号深层结构的解释方可揭示出的一种隐含意义，它是在显意义的基础上引申和扩充出来的一种动态意义。例如，"家庭"一词的显意义一般是指"最小的社会经济单位"或者是"父母加子女"。但是，具有不同家庭生活经历的人对"家庭"一词可以具有各自不同的潜意义："家庭"对于甲来说可能代表着温暖、互助、坦诚；对于乙来说可能暗示着冷酷、自私、伪善；对于丙来说可能包含着约束、严厉、惩罚；而对于丁来说则可能意味着放纵、宽恕、奖励。再例如，"It's eight o'clock now"这句话，从其显意义来看，它只不过是陈述了一个事实："现在八点钟"而已。但是，如果将它同特定的语境联系起来，其意义决不仅仅是陈述"现在八点钟"这个事实，它必定还会具有不同的潜意义。比如说，如果一个人睡觉睡过了头，醒来一看手表，马上从床上蹦下来，急匆匆地对家人说："It's eight o'clock now."其潜意义可能是说："快点弄饭吃，不然就要迟到了。"如果这句话是出自约会的青年男女之口，其潜意义则可能是表达一种埋怨："他（她）怎么还没来，又不守时？"可见，潜意义只有在特定的语境中才能实现由"潜"变"显"的转化。

沟通符号的"显"意义与"潜"意义的划分不只是针对言语沟通符号而言的，这种意义分类对于非言语沟通符号系统也同样是适用的。例如，"手势"是人际沟通活动中常用的一种非言语沟通符号，用食指和中指向外做个 V 形标记是我们在日常生活中很常见的一种手势符号，如果从这种手势符号的显意义来看，它只不过是意味着"两个"而已。但是，如果将它同特定的语境联系起来，它则具有不同的潜意义。比如说，在英美乃至当今世界的许多地方，在特定的场合，用食指和中指向外做个 V 形标记，其潜意义往往是指"胜利"或"和平"；而在有些地区，这种符号则是性侮辱的标记。我们再来看一个非言语沟通符号的例子。"类语言"常常被人们视为非言语沟通符号的一种类型，其中的"咳嗽"便不仅具有显意义而且在特定的语境下还具有不同的潜意义，从其显意义来看，"咳嗽"本来是一种喉部或气管的黏膜受到刺激时迅速吸气，随即强烈地呼气，声带振动发声的生理反应；但是，从其潜意义来看，在特定的语境中，"咳嗽"不仅是一种提示或暗示的信号，而且还可以表现一种自信和自豪的情绪。例如，当课堂纪律不好，教室不安静时，有同学突然发现老师走来，会有"咳嗽"警告其他人，以示安静；在课堂上，当学生精力不集中、不注意听讲时，老师可以用"咳嗽"以示警告。再比如说，演讲者在谈到与自己有关的成功事例时，"咳嗽"一声便是一种自豪的表露。

实际上，从系统论的观点来看，沟通符号的意义是一个沟通符号的显意义子系统和潜意义子系统构成的意义系统，前面所述的指谓与概念意义和内涵与各种联想意义等都可以分别归属于显意义和潜意义这两个基本的意义子系统之中。

第四节　符号与人际沟通

符号是人际沟通的工具，人与人之间的人际沟通离不开符号，同样，符号也离不开人与人之间的人际沟通，二者是相互联系、互为前提的。

一、人际沟通是符号存在和运用的基础

符号产生于人与人之间的人际沟通，并且又应用于人与人之间的人际沟通。人际沟通是符号所固有的特性，因为人际沟通是符号最基本、最重要的功能，离开了人际沟通，符号不仅无法产生，而且也就失去了存在的价值，符号本身就意味着人际沟通。

从符号的起源来看，符号产生于人与人之间的沟通需要，人际沟通的需要是人类最基本的也是最重要的需要。人本质上是群居者，是社会性的动物，任何人都不能与世隔绝而独自生存，人与人之间需要交换信息，需要交流思想感情，人们要结成一定的群体、共同生活，而要完成这些活动，则必须借助于一定的手段，于是符号便应运而生。人类创造符号可以追溯到人类社会产生的初期，可以说，自从有了人类，组成了社会，也就产生了符号，因为只有通过某种传递信息的媒体，人们之间才能进行沟通和交往，从而组成群体、社会，这种传递信息的媒体不是别的什么东西，而正是符号。人类创造符号经历了一个从简单到复杂，从低级到高级的发展过程。现代人类学家和语言学家的研究成果表明，人类最早创造的符号是手势符号或身势符号，通常被称为手势语或身势语，它们属于本书所说的非言语沟通符号的范畴；以后又在手势符号或身势符号的基础之上进一步创造出言语沟通符号（包括口头言语沟通符号和书面言语沟通符号），即是指我们通常所说的"语言"。人类是在人际沟通活动中创造符号，而创造符号的目的又是为了更好地进行人际沟通。英国学者巴格特认为，人类最初是用手势符号进行交际的，由于口腔模仿了手的姿势，"口势"就成为事物的符号了。这里所谓的"口势"，

指的是口头言语沟通符号，当然也包括说话时的口形即口的姿势在内。拉马克认为，由于人际沟通活动的发展，沟通主体的叫声和手势已经不够用了，于是出现了语言。我国著名语言学家王力教授在其《中国现代语法》一书也提出于类似的观点，他说："最低级的语言是用姿势表示的；现在咱们摇头表示否定，招手表示使来，都是姿势语言的残留。"①其实，恩格斯早在研究语言学问题时就曾以言语沟通符号——语言为例对符号的产生问题提出了十分精辟的见解，在恩格斯看来，人类在劳动过程中，促使社会成员更紧密地互相结合起来。当每个成员都认识到共同协作的好处，都感到彼此要传递的内容很多，都觉得有什么非说不可的时候，语言就应运而生了。所以，他认为，语言的产生离不开人们之间沟通和交往，"孤立的一个人在社会之外进行生产——这是罕见的，偶然落在荒野中已经内在地具有社会力的文明人或许能做到……就像许多人不在一起生活和交谈而竟有语言发展一样，是不可思议的"②。可见，人类创造符号是人际沟通的需要，是社会发展的必然产物。

从动态的视角来看，符号的发展变化取决于人际沟通的发展变化。符号的兴衰变化依赖于人际沟通范围的宽窄和人际沟通能力的强弱，人们之间的沟通范围不断扩展和人们之间的沟通能力不断增强，是符号丰富发展的基本前提；反之，人际沟通范围的逐渐缩小和人际沟通能力的日益减弱，则是符号衰亡的前奏。因为符号是一种社会现象，它的新陈代谢的决定因素是人们之间的人际沟通能力。例如，汉语、英语、俄语等言语沟通符号之所以比较发达，与使用这些符号的人们的人际沟通范围的不断拓宽和他们的人际沟通能力的日益提高是密切相关的。其实，从人类社会的历史发展来看，符号的发展与人际沟通的发展也是紧密相连的。尽管早在远古时代，人类就已经广泛地应用于符号作为其沟通工具，但是当时的符号还仅仅是以实物为代表的初级符号。比如，古代民族常常用贝壳、结绳来做沟通工具，这是由人们当时狭窄的人际沟通范围和低下的人际沟通能力所决定的。随着人类社会的向前发展，人类的人际沟通活动也得到了发展，随着人际沟通活动的增多，其沟通的范围也有所扩展，正是在这日益发展的人际沟通活动中，人发展了手和脑，人类用来进行人际沟通的符号也从结绳记事、打手势、吐出一些简单的音节，发展到形成语言、文字等高级符号。有些语言学家把言语沟通符号——语言的发展分为四个阶段：第一阶段（旧石器时期）是有声语言阶段；第二阶段（青铜铁器时期）是文字语言阶段；第三阶段（工业革命时期）是电信语言阶段；第四阶段（电子技术时期）是机器语言阶段。言语沟通符号的这些阶段是与一定历史时期人们之间的人际沟通有联系的。随着生产力的发展，人们之间的人际沟通日益增加，尤其是工业革命的掀起，使市场经济迅速发展，人们之间的人际沟通打破了国界，可进行远距离的、快速而广泛的信息交流。为此，人际沟通的发展客观地要求有更为先进的符号作为传递信息的工具，于是电信语言也就应运而生。迄今为止，从交通管理中所使用的红绿灯到现代通讯技术中所利用的各种符号代码，无一不是为了适应人际沟通活动的发展而

① 王力：《中国现代语法》，商务印书馆 1985 年版，第 1 页。
② 《马克思恩格斯全集》第 13 卷，人民出版社 1960 年版，第 734 页。

产生和发展的，符号的发展是人际沟通活动发展的客观要求和必然结果。

从符号的运用来看，不同的人际沟通形式和沟通对象决定了对符号的不同运用。人类的人际沟通活动常常可以采用不同的方式进行，我们既可以进行面对面的直接沟通，也可以采用通过第三者传递转达信息的方式进行间接沟通，更可以采用借助于书、信等媒介物来传递和交流信息的沟通形式；此外，我们还可以通过声音、影像等信息载体来进行沟通。以上这四种沟通方式就是人际沟通的四种基本形式。这四种人际沟通形式因各自都有其自身的特点，因而决定了沟通主体在符号的运用上会显现出不同的侧重点或差异。就直接沟通形式而言，由于沟通双方是面对面的，人际沟通过程中彼此的言语、神色、举止姿态等均能给对方留下鲜明的印象，因而在这种人际沟通形式中，言语沟通符号（主要是口头言语沟通符号）和非言语沟通符号均可以发挥作用。在间接的人际沟通形式中，由于沟通双方的信息传递是通过第三者转达的，因而作为发信方的沟通主体既可以采用口头言语沟通符号让第三者给作为收信方的沟通主体带口信，也可以利用书面言语沟通符号让第三者向作为收信方的沟通主体转交信函。书信沟通形式实际上可以被视为间接人际沟通形式的一个子类，由于人际沟通双方是借助于书、信来传递和交流信息的，所以这种人际沟通形式往往只能采用书面言语沟通符号。至于声像沟通形式，它是一种较为先进的人际沟通形式，它能够跨越广阔的空间距离。作为信源和信宿的人际沟通主体借助于图文、声像进行广泛的信息交流，由于这种人际沟通形式具有声形并茂的特点，所以，言语沟通符号与非言语沟通符号都可以得到应用。不仅人际沟通的形式对于符号的运用具有制约作用，而且不同的沟通对象也限制着对符号的选用。由于同一条信息常常可以由不同的符号来负载，而且同一个符号常常还可以表达不同的意义，还由于不同的沟通对象往往具有不同的思想水平、文化水平、生活经历、思想性格、处境心情等，而这一切都会影响到其对符号的识别能力和理解水平，这就决定了我们只有针对具体的沟通对象来运用恰当的符号，才能有效地传递信息，收到最佳的人际沟通效果。反之，则必定会妨碍人际沟通活动的顺利进行。比如说，如果你对一个没有任何社会心理学知识的人说："你对某某的首因效应如何？"对方显然会不知所云，因为他并不知道"首因效应"这个专业的社会心理学术语的意思是指"第一印象"。因此，符号运用的不恰当便是导致人际沟通失败的根本原因所在。由此可见，符号运用的正确与否在很大程度上取决于特定的沟通对象。

二、符号是人际沟通的前提条件

我们在前面已经表明，人总要以这样或那样的方式与外界进行沟通和交往活动，人际沟通本质上是沟通双方信息的传递与交流，而信息常常是抽象的，其传递与交流都必须借助于一定的媒体方可进行，而符号就是这种媒体。对于符号在人际沟通活动中的作用，有许多学者都曾经作过深入的探讨并且提出了一些颇有启发性的见解。例如，美国社会学家 A. G. 伦德堡就明确指出："沟通可以定义为通过符号的中介而传达意义。"①

---

① A. G. *Lundberg. Sociology.* New York：Harper & Row，1954，p. 360.

波兰著名语义学家沙夫也认为："人的沟通过程，虽然在它的过程和作用方面是复杂的，却是一个显而易见的事实：人们是在行动中，即在合作中（因为所有的行动都是社会的行动），经过符号的中介传递明确的意义而进行沟通的。"① 通常，一个人有哪些想法、意见、愿望、知识等，本来是一种主观体验，别人是无法知晓的，但是，如果他要想把这些想法、意见、愿望、知识等作为信息传递给别人，那么他必须将这种主观体验转换成文字，声音、表情、姿势等可以被别人的各种感官所感知的符号。我们从别人那里获取信息，首先接触到的也便是载荷有信息的符号。只有当我们通过对这些符号的读解从中得出其含义并且消除或减少了对某事物的不确定性之后，我们才能说我们得到了信息。作为人们之间信息传递和交流活动的人际沟通，其实只不过是沟通主体对负载信息的符号不断地进行编码和解码的过程而已，从本质上来说，人类的人际沟通活动也就是符号活动。

符号的使用是人际沟通区别于动物交往的本质特征。人类的人际沟通是借助于符号的中介作用进行的，符号是人际沟通概念中固有的内容，离开了符号也就谈不上人际沟通。人类的人际沟通之所以不同于动物间的交往，其根源就在于所使用的沟通手段不同。人类使用符号作为沟通手段，而动物使用的则是信号。据动物心理学家研究，动物之间也进行着复杂的交往活动，有的甚至达到了令人吃惊的程度。动物使用的交往手段有声音、动作姿势和气味等，动物可以发出各种不同的声音或做出多种不同的动作姿势向同伴传递不同的信息。有人研究发现，母鸡可以发出多种表示不同含义的声音，例如，找到了食物、找到了什么样的食物以及食物的多寡均可以用不同的叫声告诉同伴。动物界的交往手段的高明有时简直叫人惊叹造物主的神奇。但是，动物毕竟是动物，它们的交往无论怎样复杂，也只是在本能支配下的无意识行为而已。例如，蚂蚁是利用气味进行交往的，蚂蚁王国俨然是一个组织得井井有条的"社会"，各个成员循规蹈矩，各行其是，各司其责。蚂蚁王国也有公墓，死亡者的尸体一定要安放到那个建造在离蚂蚁洞穴较远的"蚂蚁公墓"里。有人做过这样一个有趣的试验，在"蚂蚁公墓"里收集了大量的蚂蚁尸体，将其碾成粉末撒到蚂蚁洞穴门口站岗的"卫兵"身上，顿时，从洞穴里涌出不少蚂蚁，争着把这些沾满了尸体粉末的"卫兵"往"公墓"里搬，卫兵挣扎反抗也无济于事②。可见，蚂蚁对生死亲疏的认识完全凭气味来判别，完全是一种本能性的行为。信号只是一种单纯的刺激物，动物正是通过接受这种信号刺激，导致本能性的反应，从而完成交往活动。而符号则不同于信号，它能够使人产生理解和想象，不仅符号的产生是思维抽象的结果，而且对符号的理解也必须具备思维抽象的能力，学会沟通正是以理解和使用符号为其前提条件的，而理解符号所必备的思维抽象能力只有人类才具备。例如，人们常用食指和中指组成"V"来表示胜利的含义，因为 V

① ［波］沙夫：《语义学引论》，罗兰、周易译，商务印书馆 1979 年版，第 164 页。"指号"现改为"符号"。

② 萧斌：《制度论》，中国政法大学出版社 1989 年版，第 60 页。

是英文"Victory"(胜利)的第一个字母。我们也可以运用一定的方法训练动物做这种手势，并把这个 V 形手势与某种令人愉快的事情联系起来。动物可以在遇到同样的事情出现时便做出 V 形手势，但无论如何，动物只是在进行一种机械的模仿，它并不能理解其中的含义，更不能包含"胜利"的意思。所以，这种 V 形手势对动物来说仍然只是一种信号而非符号。而人则不然，因为人懂得 V 形符号所代表的抽象内涵，由 V 联想到 Victory，再联想到胜利、成功、幸福等。可见，"人是突出的应用符号的动物。人以外的动物诚然能对作为别的事物的符号的某些事物作出反应，但是这样的符号却并没有达到人类的言语、写作、艺术、检验方法，医学诊断和信号工具所具有的那种复杂性与精致性"①。因此，正如德国哲学家卡西尔所说的那样，人是进行符号活动的动物，是能够使用并且是唯一能够使用符号的动物，人类的人际沟通活动本质上就是符号活动。

从人际沟通目的的实现程度来看，人际沟通效果的好坏取决于人际沟通主体的沟通能力，"沟通能力"这一术语是美国语言学家、宾夕法尼亚大学教育研究生院院长戴尔·海姆斯（Dell Hymes）在其《论沟通能力》(*On Communicative Competence*) 中首次提出的。既然人类的人际沟通活动本质上就是符号活动，那么，人类的人际沟通能力在本质上自然也就是人际沟通主体使用符号的能力。因此，人际沟通效果的好坏实际上则是取决于人际沟通主体使用符号的能力的高低。从整个人际沟通过程来看，使用符号的能力具体说来主要包括对符号的选择能力、对符号的组合能力、对符号的发送能力、对符号的表演能力以及对符号的理解能力。在此，我们仅以对符号的选择能力为例，对使用符号的能力对于人际沟通效果的作用作一简要的说明。众所周知，人际沟通所能够使用的符号系统是极其庞大的，它包含有各种各样的符号，即使是在言语沟通符号这个子系统中，作为其构成要素的单元符号也是难以计数的，任何一次人际沟通活动都不可能将整个符号系统中的各个单元符号都加以使用，这里必然涉及对符号的正确选择问题。一个人对符号选择能力的强弱常常体现在他对符号选择的恰当与否上。在日常的人际沟通活动中，因符号选择得不甚恰当而影响人际沟通效果的情况是很常见的。例如，丈夫下班，看见妻子正忙着洗一大盆衣服，累得满头大汗。于是他好意地说道："我来帮你晒。"可没想到，这句话却换来了妻子的一顿抢白："你帮我，我帮谁？难道这些就规定好了，是我的事？"这里，丈夫本是好意，但是却由于对符号的选择不当，不仅欲传达的好意没有被沟通对象所接受，反而造成了误解，导致人际沟通活动的失败。试想，这位做丈夫的如果这样来选择符号，说："你洗了这么一大盆衣服，可把你累坏了，你歇着，衣服我来晒。"其结果必定会是另一种情形。可见，符号选用得恰当与否对于人际沟通效果的好坏乃至人际沟通活动的成败具有决定性的影响。

---

① ［美］莫里斯：《符号理论基础》，载《资产阶级哲学资料选辑》第 18 辑，上海人民出版社 1966 年版，第 129 页。

第五节 符号的基本类型

一、符号分类概述

尽管符号学作为一门科学存在只是本世纪初的事，但是在此之前人们就曾对符号进行过分类研究。在符号学发展的历史过程中，许多学者曾经从不同的视角，根据不同的标准，对符号作过不同的分类。

德国古典哲学大师康德早在 18 世纪就对符号的分类问题进行过研究，康德在人类学意义上，将符号分成三类：任意的（艺术的）符号、自然的符号和奇迹的符号①。在康德看来，艺术符号包括以下这样一些符号：表情的符号、文字的符号、音符（乐谱）、仅仅为了视觉而在单位之间所约定的符号（数目字）、以世袭特权为荣耀的自由人的等级符号（纹章）、在法定装束（制服和号衣）上的职务符号、表示功勋的荣誉符号（勋带）、耻辱符号（烙印等）、在文章里的标点符号。康德认为，自然的符号包括推论的符号、纪念的符号（例如，坟丘和陵园是对死者的纪念符号，废墟是古代国家艺术状况生动的纪念符号）和预测的符号（例如，天文学中的符号）。至于奇迹的符号，主要是指天上的征象和奇观（例如，彗星、掠过高空的光球、北极光以及日蚀和月蚀等）。

近代权威的符号分类来源于瑞士语言学家、欧洲符号学派的创始人索绪尔，从他的著作中我们可以看出，他实际上把符号分成两大类：语言符号和非语言符号，它们包括文字，聋哑人的字母，象征仪式，礼节形式，军事信号，习惯等。他认为，语言（语音）符号是人类符号系统中最重要的符号②。

与索绪尔的符号分类相比，也许美国符号学的创始人、实用主义哲学家皮尔士对符号的分类更加严密完备。皮尔士在其《逻辑作为符号学：符号理论》一文中根据三种符号关系来对符号加以分类。首先，他根据符号自身或是一种性质，或是一种实际存在，或是一种普遍规则，而将符号划分为"性质符号"、"实在符号"和"规则符号"。其次，他又根据符号与对象间的关系、如肖似关系、指素联系以及解释关系，而将符号划分为"肖像符号"、"指索符号"和"象征符号"。再次，他根据符号在阐释中或是表示可能性，或是表现为事实，或是相关于理由，而将符号划分为"意素符号"、"实存符号"和"论证符号"。最后，皮尔士根据以上这三组九种符号的不同组合，而将所有的符号划分为 10 大类、66 种③。

在现代，许多符号学家也对符号的分类问题做了研究。德国著名哲学家恩斯特·卡西尔的美国女弟子、文艺符号学的奠基人苏珊·朗格在卡西尔符号学思想的启发下，从

---

① ［德］康德：《实用人类学》，邓晓芒译，重庆出版社 1987 年版，第 79 页。

② ［瑞士］索绪尔：《普通语言学教程》，高名凯译，商务印书馆 1980 年版，第 81 页。

③ ［美］Peirce S. C. Logics of Semiotics：The Theory of Sign In Inmis, Robert E. , *Semiotics*：*An Introductory Anthology*. Bloomington：Indiana University Press, 1985, p. 5.

研究艺术问题出发，对符号进行了这样的分类①：

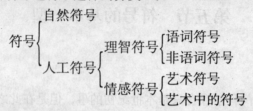

苏珊·朗格着重对人工符号中的两类符号——理智符号与情感符号作了区分。她认为，虽然艺术和语言都是符号，但是一件艺术作品显然不同于一个语言符号，语言是一种推理性结构，或者说它是一种理智结构的符号形式，而艺术则是表现人类情感的符号形式。

与苏珊·朗格略有不同，当代法国著名的语言学家、尼斯大学的皮埃尔·吉罗教授从逻辑和情感方面对符号进行了分类研究。吉罗认为，生活在社会中的人都具有社会经验，人的社会经验具有双重性：逻辑的和情感的。那些在社会等级和政治、经济政体组织内标志个人和集团地位的符号，属于逻辑性符号。而那些表现个人或集团在与其他个人或集团相处中所得到的激情和感受符号，则属于情感符号：在吉罗看来，只是从形式上可以将符号分成以上两大类，事实上，这两种意指作用的方式是水乳交融的关系，很难截然分开，这与人文科学的不发达，仍存在"野性思维"的痕迹有关②。

而另一位当代著名的法国符号学家罗兰·巴特则认为："符号这个术语是在一些很不相同的词汇中被发现的（从神学的词汇到医学的词汇），而且，其历史也是相当丰富的（从《圣经·福音书》一直发展到控制论），也正是因为这些原因，符号这个术语才变得非常不精确了……根据不同作家的任意选择，符号被放置在和它具有类似关系和不同关系的一个术语系列之中：预兆（signal）、标志（index）、图像（icon）、语符（symbol）、象征（allegory），它们是符号（sign）的主要竞争对手。"③ 罗兰·巴特将符号分成了五类：预兆、标志、图像、语符和象征。

以上各位大家对符号所进行的分类，虽然在形式上有些差别，但是在理论上都不无道理。不过，笔者认为，如果我们从人际沟通活动的特点出发，以符号在人际沟通活动中的作用方式为依据，那么我们便可以将符号划分为言语沟通符号和非言语沟通符号两大基本类型。

二、两大沟通符号系统及其相互关系

人际沟通活动中所使用的符号是由言语沟通符号和非言语沟通符号构成的一个符号系统，而言语沟通符号和非言语沟通符号本身又是由各种不同的符号构成的两个符号子系统。作为人类沟通符号的两个子系统，言语沟通符号与非言语沟通符号既相互区别，

---

① ［美］苏珊·朗格：《艺术问题》，滕守尧译，中国社会科学出版社1983年版，第126页。

② ［美］皮埃尔·吉罗：《符号学概论》，怀宇译，四川人民出版社1988年版，第3页。

③ ［法］罗兰·巴特：《符号学美学》，董学文、王葵译，辽宁人民出版社1987年版，第30～31页。

又互相联系，它们在人际沟通过程中各自都发挥着其自身的重要作用。

就言语沟通符号与非言语沟通符号这两大沟通符号系统的区别而言，它们存在着各自不同的特征：第一，二者受制于的因素不同。言语沟通符号是为一套严格的、涉及诸如句法和语法的人为的习惯和原则所制约的，而许多非言语沟通符号往往却是由生物性的需要所制约的。因此，尽管我们能够有意识地决定什么时候、什么场合讲什么话，但是我们却常常控制不了眨眼转睛和脸红害臊。第二，二者开始习得的时间不同。非言语沟通符号在人的生命初期就开始学习了，一个婴儿刚出世不久便能够理解他身体经历的接触的质和量，小孩儿很早就能够对人报以笑靥和挥动小手；而言语沟通符号则是人们在生活中稍晚的时候才学得的，我们必须发展某种程度的社交活动，然后才能使用言语符号作为人际沟通的一种工具。第三，二者发挥作用的方式不同。言语沟通符号在人际沟通活动中是"分离性"的，其使用过程由各个可以分离的部分组成（如句子、短语、单词），话说完了，文章写完了，其使用过程也就结束了。而非言语沟通符号则不然，它在人际沟通活动中是"连续"发挥作用的，只要两个人在一起，他们就无法不借助于非言语沟通符号传递信息，整个过程不可分切。你正襟危坐，是在传递一种信息；你手舞足蹈，也是在传递信息；你既不正襟危坐，也不手舞足蹈，还是要传递一种信息。第四，二者的作用范围不同。一般来说，非言语沟通符号常常能够用做国际间的、文化间的和种族间的人际沟通工具。例如，不论是在美国，还是在中国，抑或在欧洲，人们对于微笑似乎都有着同样的一般意义；而对于言语沟通符号来说，这一点则是很难做到的，因为特定的言语沟通符号系统是为某种文化所使用而具有特定的群内的意义的。第五，二者传递信息的通道不同。当我们使用言语沟通符号传递信息时往往只经过一个通道。例如，读一篇文章，只能逐字逐句地来读，纵然一目十行，也得有个前后的顺序；在口语沟通中，话要一句一句地说，听一席谈话，也只能逐字逐句地听。但是，当我们借助于非言语沟通符号传递信息时，情况则不一样，非言语沟通符号可以负载着信息在同一个时间内"轰击"一个人的视觉、听觉、触觉和味觉。比如，当你说"我真喜欢这孩子"的时候，你脸上露出了笑容，用手轻轻地抚摸着孩子的脸，随即又俯下身来，亲了亲孩子。这几个动作符号也许在一刹那就完成了，你本人甚至完全没有意识到自己在做些什么，但是你已借助于几种不同的非言语沟通符号将信息从几个通道同时传递给了孩子。第六，二者传递信息的可靠性程度不同。由于人对言语沟通符号的使用和操作一般总是自觉的，因而这就给言语沟通符号所载荷和传递的信息带来了虚假的可能。比如，你到朋友家做客，尽管菜肴不合你的口味，而你仍会说"挺好的"，有时甚至会赞不绝口。但是，当我们借助于非言语沟通符号传递信息时，我们对非言语沟通符号的运作常常是无意识的，很少自觉地控制传递信息的非言语沟通符号，非言语沟通符号所传递的信息往往是沟通主体内心真实思想和感情的自然表露，其可靠性程度当然要比言语沟通符号所传递的信息的可靠性程度更高。

尽管言语沟通符号与非言语沟通符号在许多方面都存在着差异，但是我们不能因此而排除它们之间有着内在的联系。在人际沟通过程中，言语沟通符号与非言语沟通符号之间的相互联系和相互作用也是多方面的。首先，二者具有相互强调的作用。通过言语沟通符号，我们可以向亲爱的人倾吐自己的衷肠，我们也可以轻轻地握住同伴的手，露出笑脸，作为着重强调通过言语沟通符号所传递的信息；同样，我们还可以通过言语沟通符号来强调我们用非言语沟通符号所传递的信息。比如，有人向我们问路："去图书馆往哪儿走？"我们可以用手势向他指明方向，我们也可以通过说"径直往前走"来进一步强调我们用手势所传递的信息。其次，二者具有相互补充的作用。有时，我们单独用言语沟通符号或非言语沟通符号都难以完整地表达清楚自己所欲传递的信息，此时，言语沟通符号与非言语沟通符号的结合使用便可以在传递信息过程中起到相互补充的作用。例如，当一个朋友找你借钱并且你身上的确又没有带钱时，你可以对他说："很抱歉，我身上忘了带钱。"你也可以通过表示遗憾的面部表情或将空口袋翻个底来补充你用言语沟通符号所传递的信息。言语沟通符号同样也可以对非言语沟通符号所传递的信息作出补充，比如我们前面所举的那个问路的例子，我们既可以通过手势指明方向来回答"去图书馆往哪儿走"这个询问，我们还可以通过说"径直往前走，不要拐弯，约十分钟便可走到"，来对指明方向的手势符号作出更为明确的补充。此外，言语沟通符号与非言语沟通符号之间还具有相互替代的作用。例如，当我们受到了他人的不公正对待时，我们既可以用言辞表示抗议，也可以用沉默和愤怒的表情来传递同样的信息。在日常生活中，我们不难发现这样的情形：当孩子们在听父母训斥时，他们或是嘴里嘟囔着："够了，够了，真烦人！"或是扭过头，把身子转了过去，在此，无论孩子们使用的是言语沟通符号还是非言语沟通符号，他们都是试图表示一种不耐烦的心情。这里的言语沟通符号和非言语沟通符号是可以相互替代的。

总之，言语沟通符号和非言语沟通符号是人际沟通符号系统中的两个重要的组成部分，二者在人际沟通过程中常常是相互伴随、相互说明、相互补充的，二者只有恰当地结合起来使用，才能在人际沟通活动中发挥其最佳功能，才能为人际沟通信息的有效传递与交流提供正确的手段，才能为实现人际沟通的最优化提供必要的保证。

第四章　符号：人际沟通信息的载体（中）
——言语沟通符号

第一节　言语沟通符号概述

言语是发生在至少两个人之间的行为，它实质上是一种传递信息与交流信息的人际沟通活动。言语的活动是多方面的复杂过程，作为信息发出方的沟通主体可以通过说、写等行为发出信息，而作为信息接收方的沟通主体则可以通过听、看等行为接收到信息。然而，信息总是抽象的，它必须负载于一定的符号上才有可能被传递和交流，它也只有负载于一定的符号上才有可能被沟通主体所感知和接收。而在言语活动这种人际沟通活动中，载荷信息的符号便是言语沟通符号，亦即我们通常所说的语言或语言符号。

语言是一种以语音为物质外壳，以词汇为建筑材料，以语法为结构条件而构成的符号系统。作为一种音义结合且分层组装的符号系统，语言是人类所特有的一种机能，是一种直接现实的感性的符号系统。

语言是人类社会的产物，没有人类社会，就没有语言。人是群居的动物，从人类开始存在的第一天起，人类为了求生存，为了防御并征服野兽、躲避自然灾害，就采取集体劳动的方式，共同创造生产工具，共同改造自然，共同生产生活资料。而在生产物质财富的共同劳动中，为了协调人与人之间的生产行为，"这些正在形成中的人，已经到了彼此间有些什么非说不可的地步了"①，于是便创造了语言。但是，人类最初出现的还只是感性的分音节的有声语言（即口头言语沟通符号）。随着社会的发展，分音节的有声语言因其受到空间和时间的限制而不能完全满足人类社会人际沟通活动的需要，因此后来又产生了另一种符号系统——感性的有形书写语言（亦即书面言语沟通符号）。书写语言可以把声音符号系统转换为文字符号系统，即把有声语言用有形文字记录下来，这样也就可以打破时空的限制，从而在相当大的程度上扩大了语言作为人际沟通工具的能力。从另一方面来看，书面言语沟通符号系统也可以转换为口头言语沟通符号系统，即可以把书面语言所载荷的信息用有声语言传播出去。有了书面言语沟通符号系统与口头言语沟通符号系统的相互配合，语言对于促进人们之间的信息传递与交流和推动人类社会的进步与发展便可以发挥其更大的作用。

作为人类两大沟通符号系统之一，语言是人类最重要的沟通工具。人际沟通是语言

---

① 《马克思恩格斯选集》第 3 卷，人民出版社 1972 年版，第 511 页。

的本质，不仅语言产生于人们之间彼此沟通的需要，而且语言是以交流思想和感情为目的的人的活动①。一方面，语言这一符号系统是作为人类的沟通工具而存在的，离开了人类的人际沟通，语言就失去了它产生和存在的必要；另一方面，人类的人际沟通也离不开语言，《圣经》旧约《创世纪》中记载着这样一件事：诺亚领着他的后代乘着方舟来到示拿，居住在这块平原上，他的子孙打算造一座上通天庭的通天塔以扬名显威。上帝知道后深为不悦，他并非直接阻止他们造塔，而是搅乱他们的语言，使他们彼此语言不通，结果，由于缺乏共同语言，无法协作配合，通天塔始终未能建成。这一记载虽属神话，但却道出了语言在人际沟通中的重要功能。

其实，如果从信息学的角度来看这个人际沟通的问题，语言符号在人际沟通过程中的重要地位是显而易见的。我们在前面曾反复指出，人际沟通本质上就是信息的传递与交流。而信息是抽象的，它总要借助于一定的符号代码来负载才能成为可以"捉摸"的东西，才能进行传递和接受。在人际沟通活动中，载荷信息的最主要的符号代码就是语言符号。不仅传递信息需要语言符号，而且信息的接受也离不开语言符号。就信息的传递而言，一旦作为信息发出方的沟通主体获得了某些思想、知识、经验等信息并且有了传递出去的意向，他就要使用语言（或是有声语言或是书面语言）将它所要传递的思想、知识、经验等信息编成对方能够理解的消息代码，然后才能传送给接收者，为接收者所感知、理解。对于信息的传受来说，作为信息接收方的沟通主体对信源发来的消息代码的理解和接收也是以其自身所掌握的语言符号知识为基础的。有效地接收信息，不仅需要掌握大量的词汇，还要能够准确地理解词义、遵守语法规则。可见，对言语沟通符号的解码效果也取决于信宿的语言水平。当然，语言不是人与人之间唯一的沟通工具。人们进行信息交流的工具不仅限于语言，除了语言以外，还有其他的非言语沟通符号常常也可以用作人际沟通的工具。然而，人际沟通是一种十分复杂的社会性活动，尽管各种非言语沟通符号可以在人际沟通过程中传递一些简单的信息内容，但是，它毕竟不能同音义结合的语言符号相比，对于大量的较为丰富和复杂的思想和感情等信息，则只有依靠语言符号来交流，只有语言这种音义结合而且又分层组装起来的符号系统，才能听从人们自由组装拆卸、组合成表达思想，传递信息的话语，灵活自如地运用于各种社会交往和人际沟通活动中。因此，正如列宁所说的那样，"语言是人类最重要的交际工具"②。

第二节 言语沟通符号的基本特征

语言是人际沟通中最常用、最基本并且最重要的工具。语言这一言语沟通符号系统之所以在人际沟通活动中具有如此重要的地位，这是由语言这种沟通符号自身所具有的

---

① 转引自〔苏〕兹维金采夫：《普通语言学纲要》，伍铁平译，商务印书馆 1981 年版，第 22～24 页。

② 《列宁选集》第 2 卷，人民出版社 1960 年版，第 508 页。

基本特点所决定的。作为人类的两大沟通符号系统之一，语言具有以下基本特征：

一、社会性

这是语言的最重要的特征。作为言语沟通符号，语言不仅是人类社会的产物，而且它还随着人类社会的发展而不断地发展。作为社会成员传递信息和交流信息的工具，语言的社会性是不言而喻的。一般来说，任何一种语言常常是某一特定社会内的成员都能够运用和理解的符号系统。例如，汉语就是一种能够为中国人所运用和理解的符号系统，而英语则是英语国家和地区的人们都能够运用和理解的符号系统。但是，在不同的社会背景下，同一个言语沟通符号系统也常常会产生不能理解或难以理解的情况。例如，以前一句很普通的日常用语——"这是洋灰地"，现在的年轻人也许就难以理解。什么是"洋灰"？其实，它就是今天人们常说的"水泥"。由于水泥以前是从外国进口，干水泥形状如灰，故称"洋灰"，这是半封建、半殖民地的社会形态在语言上的反映。诸如此类的语词符号还有许多，例如"洋火"、"洋油"、"洋布"等。如果一个年轻人没有这类社会知识，那么他肯定就难以对这类语词符号作出准确理解。

二、随意性

这一特征主要是就语言符号的音义结合或形义结合而言的。我们在前面已经指出，符号与其指称对象之间本来没有必然的联系，语言符号也是如此。当语言符号被创造的时候，其音与义或形与义的结合有着随意性。如果我们同时来比较几种语言符号，语言的这一特征就可以变得显而易见了。例如，汉语里的"人民"这个语词符号，到了日语中便成了"じんみん"，英语则用"people"来表示，而俄国人则说"Народ"，尽管这些语词符号形态不同，发音也迥然相异，但是它们的指称对象则是相同的，同一概念往往可以用不同的语词符号来表达。可见，语言符号的音义结合或形义结合是具有随意性的。

三、线条性

语言符号是由发音器官发出的一个一个的声音。这一连串的语音在同一说话时间里，始终是而且只能是以一根线的形式伸展开来，即一个声音接着一个声音相继出现，如像一条锁链一环扣一环，而不可能同时发出两个声音。这就是所谓语言符号的线条性。

四、开放性

语言是一个开放的符号系统，任何一种语言都具有把离散的单位（语词符号）构造成新的组合体的能力，每一种语言都可以用有限的语词符号、声音符号结合成数量无限的新短语和新句子。所有说某种本族语的人都能够产生和理解无限多的他们从未听过而且实际上可能从未有人说过的句子。例如，在一些句子或词组后附加一些词，词组或分句就可以产生新的句子："我在唱歌"、"我在唱一首流行歌"、"我在唱昨晚电台中教唱的流行歌"……可见，"人类语言在本质上是创造性的，或者说是能产性的。操各种人类语言的人，在他任何需要的时候，都能说出他想要说的新颖话语。甚至在极不相应的环境里，他也能造出他从来没有听过或说过的句子，而且别人还能听得懂"①。语言的开放性不仅表现为语句生成的无限性，而且还表现在任何一个语言符号系统中的词汇也能够随着时代的发展而出新。在当今的社会生活中，新的词汇俯拾即是，各种不同的语言符号系统正是在不断地接受和容纳新词语的过程中而得到丰富和完善的。

五、规则性

虽然有限数量的语言元素（音素，音词）可以构成无限数量的新句子，但这种构成不是任意的，只有极少数的词的组合被承认是句子，语言本身受一定的规则的制约，无论是单词结合为词组，还是词组结合为句子，都有一定的规则。在一般情况下，一个人创造性地运用语言并不意识到自己在遵循任何语法规则，不管他在构造新的句子或者构造他们以前遇到过的句子，他一般都意识不到他在遵循任何语法规则，就如像遵循如何走路的规则一样。然而，即使是儿童，即使他们对语法一无所知，即使他们所讲的话按标准语法看有许多错误，他们的这些错误也往往是表面的，不至于错到使人听不懂的地步。例如，说英语的孩子从来不会把一个句子说颠倒，把"I want some more milk"说成"Milk more some want I"。每一种特定的语言都内在地有其语音学规则、词态学规则、句法规则和语义学规则。

六、概括性

这一特征主要是针对语言符号中能够独立运用的最小单位语词符号而言的。语词符号是语言符号中能够用来进行人际沟通的实际符号单位，语词符号所表示的意义并不是个别具体的，而是人们对各类现实现象的概括反映，比如说，"猫"这个语词符号，就概括了家猫、野猫、雄猫、雌猫、大猫、小猫、白猫、花猫等各种各样的猫的共性；同一个语词符号"笑"字，可以概括许许多多人的笑、不同类型的笑，等等。如果语词符号不具备这种概括性，那么其数量就会多得不可胜数，将使人们的记忆不胜负担，进而它也就会失去其作为符号的意义。正是在这个意义上，我们说语言符号是"概括"的。语言符号的概括性特征是它的最大长处。因为这一特征使得语言符号可以在许多不同的抽象层次上活动，也正因为如此，同一个话题，我们针对对象的特点，可以说得深一些，也可以说得浅一些，我们可以用抽象层次不同的概念来表达自己的意思。

七、组装性

如前所述，语言符号是抽象概括的，抽象概括的语言符号只有经过组合，才具有进行人际沟通的现实价值。在人际沟通活动中，由语词符号按一定的语法规则灵活组合而成的各种表达思想的符号序列叫做话语。一切用来进行沟通的话语，都是经过组装的结

---

① ［美］J. 艾奇逊：《现代语言学导论》，方文惠、郭谷兮译注，福建人民出版社1986年版，第17页。

果，不经过组合，抽象的语言符号是不能表达具体的思想内容，传递具体的信息的。当话语中的某个或某些语词符号不够确切——不足以达意时，我们还可以卸下来改用确切的语词符号来替换，或因整个符号组装不当而重新排列组合，直到完全达意为止。语言符号之所以能够充当言语沟通中独立运用的符号，正是因为它具有灵活组装拆卸的特点；否则，语言也就无法充当人类最重要的沟通工具了。

八、复杂性

人类的语言符号是由语音、语义、语法等几个层面组成的复杂系统。音和义恰好构成了语言符号的两个方面：音是外在的东西，是语言符号的物质外壳，是可以借听觉听到或借仪器测量得出的物理现象；义则是内在的东西，是语言的本质。音以传义，义以音传，二者缺一不可。而当义和音结合起来后，便形成了语词符号，即语词符号是音和义的共同体。音的结构是线性的；而义的结构则非线性的。人们相互之间进行沟通的时候，必须通过某种方式或规则将非线性的义赋予线性的音之中，而这种方式或规则就是语法。可见，语言符号至少包括语义层、语法层和语音层这三个彼此联系、相辅相成的层面，而且各个层面本身也都是非常复杂的。就拿语义这一层面来说，各种语言的词汇量都在几十万以上，而且各种词汇的意义及用法也是十分复杂的。对于语言符号结构的复杂性，我国著名语言学家高名凯先生在其《语言论》一书中谈了五点：（1）两极性（能指与所指）；（2）多面性（指多方面联系和功能的多样化）；（3）类聚性；（4）层级性；（5）结构段①。可以这么说，在现有的符号系统中，没有哪一种符号系统能够赶上人类语言符号那么复杂。

九、超时空性

语言符号的这一特征是与动物传递信息的"信号"比较而言的。绝大多数动物在传递信息时所发出的信号，都只不过是对它所接触的具体情景作出直接的感性反应而已，这种信号只能由此情此景的刺激引起，它不能用来回顾过去已发生的事情，也不能用来设想未来。比如，长臂猿只有遇到了敌人的威胁才会发出尖叫；蜜蜂发现蜜源回巢之后，立即做出必要的舞蹈动作，而它从不为昨天的发现而飞，也不为猜测明天的发现而舞。但是，人类的语言则大不相同，它能够传递许多不在当时当地发生的信息，人类借助于语言符号可以说古道今、猜测未来，讲述与任何事物有关的题目，以语言符号为载体的信息传递活动是不受当时当地环境的限制，语言符号的这种不受时空限制的特征即可以称为语言符号的超时空性。

十、解释性

语言符号的解释性是语言符号区别于其他符号系统的重要特征之一。语言符号不仅能够解释一切非语言符号，而且还能够对语言符号本身进行自我解释。就语言符号对非

---

① 高名凯：《语言论》，科学出版社 1963 年版，第 144~148 页。

语言符号的解释而言，为什么阅卷打"✓"表示对，"✓"的线条本身是不能解释自己的，只有借助于语言符号才能解释得清楚；而就语言符号对其自身的解释来说，词典上的每一个语词符号都可以用语词符号本身来予以解释。

十一、习得性

语言符号的这一特征是人类区别于动物的重要标志。动物用来传递信息的信号是与生俱来的本能。例如，蜜蜂传递蜜源信息的舞蹈动作，在世界各地的蜂群之间基本上都是相同的，即使其中偶尔有一点后天的因素，也是微不足道的。而人类的语言符号则完全是另一回事，它需要有一个长时期的学习过程。一个隔绝在语言环境之外长大的人是不会讲话的。人类学家和语言学家对那些在兽群中长大起来的，一向与人类社会隔绝的孩子们（例如"狼孩"）所进行的研究成果充分地证明了这一点。尽管人的语言能力是先天具备的，但这仅仅是一种能够使用语言的潜在可能性，至于会不会使用语言以及能够使用什么样的语言（例如英语、法语等），都是后天在现实的语言环境中习得的。没有现实的语言环境，这种潜在的可能性是无从诱发出来的。换言之，语言只有在社会中一步一步地学习才能获得。

第三节　言语沟通符号的种类

一、言语沟通符号的两大基本类型

言语沟通符号包括口头言语沟通符号和书面言语沟通符号两大基本类型。所谓口头言语沟通符号，简单地说，就是指人们的有声言语，它是人类最早使用的言语沟通符号形式，也是使用历史最久、使用范围最广、运用频率最高的言语沟通符号形式。在人类社会的早期，由于人们生产和生活的交往范围比较有限，因而，口耳之间的信息传递往往便能够满足人们之间的交往需要。而书面言语沟通符号形式就是人们常说的文字符号，由于文字符号是记录有声语言符号的符号，所以人们常常把文字符号叫做"符号的符号"。书面言语沟通符号是继口头言语沟通符号之后较晚才产生的一种言语沟通符号形式。随着生产规模的不断发展，人们的交往范围也日益扩大。尤其是私有制、国家和宗教的产生，使人们愈来愈感觉到仅靠口头言语沟通符号来传递信息已经难以满足人类交往尤其是人际沟通活动的需要，于是就要求有一种既能够准确地记录，又具有比口头言语沟通符号更为优越的言语沟通符号。随着人类社会实践活动的日益深入和不断丰富，人们在实践中终于创造了这种新的言语沟通工具——书面言语沟通符号。

二、两种言语沟通符号各自的优点和缺陷

口头言语沟通符号和书面言语沟通符号是两种性质不同的言语沟通符号形式，前者常常诉诸听觉，而后者则往往诉诸视觉。但是，这两种言语沟通符号形式又是相辅相

成、互相渗透、相互影响的。口头言语沟通符号是书面言语沟通符号产生的基础，书面言语沟通符号是通过对口头言语沟通符号的记录、加工、提炼而成的，它使言语沟通符号更加精确化、条理化，并且促进了言语沟通符号的规范化。然而，由于这两种言语沟通符号的性质不同，所以，作为人际沟通的工具，它们二者各自都具有其自身的优点和缺点，而且它们在人际沟通活动中也具有其各自适用的场合。

1. 口头言语沟通符号在人际沟通活动中的优点

（1）信息传递面较大。借助于口头言语沟通符号来传递和交流信息的人际沟通活动可以在少至两个人、多至数百人乃至上千人之间进行。

（2）信息传递速度较快。借助于口头言语沟通符号进行的人际沟通活动往往是面对面地进行的或通过电话进行的直接的信息传递与交流活动，这种人际沟通活动较之借助于书面言语沟通符号传递和交流信息的书面言语沟通，可以省去书写或打字印刷再加上递交的几道程序，可以直接把欲传递的信息传递给对方。可见，在人际沟通活动中，利用口头言语沟通符号传递信息的速度要比利用书面言语沟通符号传递信息的速度快得多。

（3）信息反馈较快。由于借助于口头言语沟通符号进行的人际沟通活动是直接的交谈，沟通对方可以向作为信息发出方的沟通主体直接提出问题，也可以对其所发出和传递的信息表示赞同或不赞同。也就是说，作为信息发出方的沟通主体能够即刻获得作为信息接受方的沟通主体的信息反馈。

（4）信息传递效果较好。借助于口头言语沟通符号进行的信息传递与交流活动大都是面对面进行的。这样，沟通主体在利用口头言语沟通符号进行人际沟通的同时，还可以借助于诸如手势、表情、姿态等生动形象的非言语沟通符号来强化欲传递的信息内容，增强信息传递和交流的效果。

2. 口头言语沟通符号在人际沟通活动中的缺陷

正是由于口头言语沟通符号在人际沟通活动中具有上述优点，所以，人们在演讲、对话、访谈、会议、日常接触、电话联系等人际沟通场合会广泛地运用口头言语沟通符号来传递和交流信息。当然，口头言语沟通符号在人际沟通活动中也有其自身的缺陷，概括起来，其缺陷主要表现在以下几个方面：

（1）使用口头言语沟通符号传递的信息容易被曲解。由于口头言语沟通符号所载荷的信息是作为信息发出方的沟通主体靠声音符号作线性输出的，一般为一次性的，作为信息接收方的沟通主体有时会因漏听、误听而使信息接收不完整、不准确。如果人际沟通过程中要经过中间环节，由于作为"中介"的传递者要对接收的信息进行"过滤"后再传出去，就更可能造成信息的失真。有时信息在从人到人的连锁单向传递过程中因通过"再生过滤器"受到变容而发生的变化大得惊人。例如，有一种"传话"游戏就生动地说明了这种情况，在日常生活中的许多流言飞语往往也就是这样产生的。

（2）使用口头言语沟通符号传递的信息保留的时间较短。口头交谈如果不录音，那么其传递和交流的信息内容事后难以再现，只能依靠记忆来保存。一旦有争议，口说无凭，不能核查。

（3）使用口头言语沟通符号传递信息往往受到外界干扰和空间条件等的制约。由于语音传递的距离有限，如果周围环境嘈杂，或者容纳空间过大，人数过多，或身处两地，并且缺乏电话、扩音机等现代通信设备，那么传递和交流信息的人际沟通活动就很难甚至无法有效地进行。

（4）使用口头言语沟通符号进行的人际沟通活动常常无法做详尽的准备。在使用口头言语沟通符号的人际沟通过程中，沟通主体的现场意识感较强，无法事先做一字不差的准备，而要根据对方的信息反馈，随时变换表达方式，调整发问与应答的信息内容，因此很容易在所使用的口头言语沟通符号上出现疏漏，进而影响到沟通双方信息的有效传递与交流。

相比之下，书面言语沟通符号在人际沟通过程中可以在很大程度上弥补口头言语沟通符号的上述缺陷。

首先，使用书面言语沟通符号可以扩大信息交流的领域和范围，使人际沟通活动摆脱了时空的限制，远隔万水千山的人们可以以文会友、雁鸽传音，可以借助于书面言语沟通符号，互通信息、切磋技艺。

其次，使用书面言语沟通符号进行人际沟通可以保证所传递信息的正确性。通常，当我们使用书面言语沟通符号进行人际沟通时，我们可以深思熟虑，有充分的时间推敲、组织欲传递的信息内容。所以，一般来说，使用书面言语沟通符号进行的人际沟通活动要比使用口头言语沟通符号进行的人际沟通活动更仔细、更严谨。在这种言语沟通活动中所传递和交流的信息也较为准确，更具有权威性。

此外，与使用口头言语沟通符号传递的信息不同，使用书面言语沟通符号传递的信息能够作为资料和档案长期保存。

当然，如同口头言语沟通符号一样，书面言语沟通符号在人际沟通过程中也有其自身的局限性，例如，使用书面言语沟通符号传递和交流信息，对沟通主体的语言文字水平提出了必要的要求，人际沟通效果的好坏往往受制于沟通主体的文字修养水平；再比如，使用书面言语沟通符号进行人际沟通不如使用口头言语沟通符号进行人际沟通简便易行，传递信息也不如使用后者传递信息及时，而且在使用书面言语沟通符号传递和交流信息，作为信息接收方的沟通主体对信源信息的接受与反馈也比较慢。

总而言之，有声的口头言语沟通符号和无声的书面言语沟通符号是人类在人际沟通活动中使用最广泛、最普遍，同时也是最重要的符号形式。人类在人际沟通过程中绝大部分的信息都是借助于这两种沟通手段传递的，尽管这两种符号形式在人际沟通过程中各自都具有自己的优缺点和适用场合，但是有时它们二者又可以结合起来综合运用，在人类传递信息和交流信息的人际沟通活动中，我们应该充分发扬这两种言语沟通符号各自的长处，克服二者的缺陷，扬长避短，使它们最大限度地为人们之间信息的有效传递与交流发挥各自应有的作用。

第四节 模糊性言语沟通符号及其科学分析

一、模糊性言语沟通符号的存在依据

模糊性言语沟通符号是人们在日常的人际沟通活动中广泛使用的一种言语沟通符号。按照常理，人们对于模糊性言语沟通符号是不应该感到陌生的，因为模糊性言语沟通符号的例子在我们日常生活中俯拾即是。例如，高矮、轻重、好坏、强弱、优劣、胖瘦等语词都是一些很常见的模糊性言语沟通符号。

在自然界和社会生活中存在着大量的模糊现象，在这些现象之间并没有一条明确的分界线，反映这类现象的概念叫做模糊概念，而表达模糊概念的言语沟通符号便称为模糊性言语沟通符号。模糊性言语沟通符号是一种普遍存在的社会现象，其存在的客观性是由现实世界客观存在的模糊性特征所决定的。什么是模糊性？这本来似乎是不言自明的东西，一加追问，反而变得有点难以讲清了。这里，我们或许可以用得上老子的一句名言："道可道，非常道，名可名，非常名。""模糊"一词的英语原文是"Fuzzy"，除含有"模糊的"意思之外，还有"不分明的"、"边界不清的"等含义，有人把"Fuzzy"译为"弗晰"，意为"不清晰"，这是兼顾音和义两个方面的译法。实际上，"模糊"是与"清晰"相对而言的，没有"清晰"便谈不上"模糊"，没有"模糊"也无所谓"清晰"，因此，要了解什么是模糊性，则必须先澄清"清晰性"的概念。在现实世界中，有许多事物可以根据精确的标准把它们分为彼此界限分明的类别，每一个事物要么属于某一类，要么不属于该类，非此即彼，明确肯定。我们把事物有明确类属这种特征称为清晰性。但是，对于另外一些事物，我们无法找到精确的分类标准，关于某一事物是否属于某一类，我们很难作出明确肯定的断言，由于这种事物从属于某一类到不属于该类是逐步过渡而非突然改变的。不同类别之间不存在截然分明的界限，因而不同的人对同一事物可能作出不同的归类，我们把事物的这种类属的不清晰性称为模糊性。然而，人们对事物进行分类，总是以事物的某种性态（性质、特征、状态）为标准的，清晰的事物是否具有某种性态是明确的。而模糊的事物则不然，它们往往在一定程度上具有某种性态，又不完全具有那种性态。清晰性是事物性态的确定性，而模糊性则是事物性态的不确定性。按照某种清晰性态对事物进行分类，得到的是界限分明的类别；按照某种模糊性态进行分类，得到的则是没有明确界限的类别；故类属的不清晰性来源于性态的不确定性。由此可见，所谓模糊性，即是指事物性态和类属的不确定性和不清晰性。

模糊性是现实世界广泛存在的一种特征，在人类实践和认识的各个领域，都可以信口列举出大量的模糊事例。人文社会科学考察的对象差不多都是模糊的，如感性认识和理性认识，长篇小说和中篇小说，盛唐和衰唐，宏观经济和微观经济，都没有清晰的界限。有关生命现象诸学科的大多数对象也是这样，海盘车对于动物类，鸭嘴兽对于兽类，生理学中的死亡过程，医学中的高烧、休克，这些类别、过程、现象都是模糊的。即使是所谓精密科学的研究对象中也不乏模糊事物：物理学承认物体可以处于一种既非

液态、又非固态的状态，化学中的大分子，天文学中黄光的星和白光的星的分类，数学中的邻域，充分大的自然数等概念。总之，在现实世界中，模糊性是基本特征而非细枝末节，是常规现象而非例外情形。从某种意义上说，人类生存的环境基本上就是一个模糊环境；人们在生存活动中，经常接触各种模糊事物，传递和接受各种模糊信息，随时要对模糊事物进行识别，作出判断。从辩证唯物主义的观点来看，模糊性根植于事物的普遍联系和发展变化这一根本属性，根植于差异的中介过渡性这种客观存在。正如恩格斯所说的："一切差异都在中间阶段融合，一切对立都经过中间环节而互相过渡……辩证法不知道什么绝对分明的和固定不变的界限，不知道什么无条件的普遍有效的'非此即彼'！它使固定的形而上学的差异互相过渡，除了'非此即彼'！又在适当的地方承认'亦此亦彼'！……"① 可见，模糊性是客观存在的。

既然模糊性是现实世界客观存在的一种基本特征，那么作为客观世界的特性在意识中的映射，模糊性思维也是客观存在的。由于"语言是思想的有声表达，是表现在声音中的思维过程"②，所以，作为模糊性思维的物质外壳，模糊性言语沟通符号当然也是客观存在的。

二、模糊性言语沟通符号的类型分析

1. 模糊性名词

在言语沟通符号系统中，有许多名词都在不同程度上具有模糊性。这些模糊性名词所指称的对象范围往往都具有不确定性。例如，历史分期形成的名词，如初唐、中唐、晚唐，一般都没有明确的界限；英雄模范等按事物的模糊性态分类而形成的名词在意义上都含有模糊性；表示时间的名词，如黎明、早晨、上午、中午、傍晚、深夜、春、夏、秋、冬等也都没有明确的上下限；此外，由于语言的演变，不同领域之间借用名词术语，从使用本义到使用转义，有可能使本来语义确切的名词术语变为语义模糊的名词术语，使模糊性较少的名词术语变为模糊性较多的名词术语。比如说，汉语中的"叔叔"这个名词原指有血缘关系，与父亲同辈而较年轻的男子，而现在称呼"张叔叔"、"李叔叔"、"解放军叔叔"等，取消了血缘关系和年龄的限制，其含义相当模糊，以至于青年人有时难以确定对某人是应当称呼叔叔，还是应该称呼哥哥。

2. 模糊性动词

动词是表示人或事物的动作、行为、发展变化的一类语词符号。在这类语词符号中也不乏模糊性语词，其中既有像"拥护、提高、打"这类表示动作、行为的模糊性动词，也有诸如"扩大、缩小、增加、减少、好转、恶化"一类表示发展变化的模糊性

---

① 《马克思恩格斯选集》第 3 卷，中央编译局编译，人民出版社 1972 年版，第 535 页。
② ［德］施莱歇尔：《德意志语言》，载［苏］兹维采夫：《19 世纪和 20 世纪语言学史》（俄文版），莫斯科，1960 年，第 98 页。

动词，请看"你去搞点草料来"这句话，其中的动词"搞"就是一个十分典型的模糊性语词符号，怎样才是搞呢？可以是去"拾"，可以是去"取"，可以是去"买"，还可以是去"借"……此外，同样是这个动词"搞"字，在不同的语境中，还可能有多种解释，比如，父亲对即将走上工作岗位的儿子说，"你要与同事搞好关系"，其中的"搞"是"处理"的意思。指导老师问自己的学生："你的论文搞得怎么样啦？"这里的"搞"作"写作"、"准备"解。一位战友向另一位刚刚转业到地方的战友询问："你的工作搞好了吗？"在此"搞"的意义则是"安排"、"安置"……

3. 模糊性形容词

形容词是一类其模糊性相对更强的语词符号，一切颜色形容词：红、黄、浅蓝、黑、绿等都是模糊性语词符号；性质形容词，如优、劣、美、丑、善、恶、大、小等，显然是模糊性语词符号；比较级形容词的模糊性较之其他形容词一般要更强烈一些，即使是最高级形容词，也可能有模糊性，"最佳"就是一例，人们常常会听到"最佳运动员"、"最佳电影演员"之类的言辞，到底何为"最佳"？其实我们很难找到可供识别的精确标准。模糊性形容词在人们日常的人际沟通活动中极为常见，即使是特别要求语言精确的法律公文也都不可避免地要使用这样的语词符号。《中华人民共和国刑法》、《中华人民共和国刑事诉讼法》有这样的措辞："其他对于人身健康有重大伤害的"，"犯前款罪，致人重伤的"。怎样才算"重大"伤害或"重"伤？把人打得头破血流算不算？可同是打破头，也有程度之差别，有的缝两针过两天即痊愈，而有的则可能酿成终身残废。总之，这里的"重大伤害"、"重伤"所反映的对象范围不是确定无疑的，而是存在模糊性，也正是因为如此，法律条文往往需要辅之以大量的案例供人们判别。

4. 模糊性数量词

数词和量词本是两种较少单用的实词，由于它们常常结合起来使用，所以人们往往习惯于将二者合起来统称为数量词，如"一个"、"两只"、"三张"、"四本"等。在言语沟通符号系统中，有许多表示概数的数量词都是模糊性语词符号，例如，表示年龄的"20多岁"，表示长度的"三米左右"，表示重量的"七八十斤"，表示人数的"上千人"，等等。在日常生活中，当我们去商店买东西时，常常会听到这样的对话：顾客问："'苹果'牌手机什么时候有货？"营业员答："您过10来天再来看看吧。"这里，数量词"10来天"就是一个模糊性语词符号，按照我们通常的理解，10天以上直至20天均可谓之为"10来天"，它所反映的对象范围缺乏明晰的确定性。

5. 模糊性副词

副词是模糊性最强的一类限定性语词符号，表示程度的副词大多是典型的模糊性语词符号，例如"稍微"、"比较"、"有点"、"非常"、"挺"、"太"、"很"、"极了"等。我们在日常生活中不难碰到这样的沟通场面：一女顾客试穿一套服装，不知给人总的感觉如何，而请营业员评判，女顾客说："你看我穿这套衣服漂亮吗？"营业员说：

"太漂亮了。"我们暂且不论"漂亮"本身就是一个模糊性语词符号，因为到底什么样才算"漂亮"，并没有一个以数量化形式给出的标准，而仅就"太漂亮了"这个语词符号本身而言，它与"还算漂亮"、"挺漂亮"、"很漂亮"、"漂亮极了"等语词符号之间虽略有区别，但都没有一个十分清晰的界限，其语义是相当模糊的。

6. 模糊性词组

词组是由单词与单词组合而成的符号串，亦称短语，在言语沟通符号系统中，许多表示处所和时限的词组都是模糊性词组，请看下面这两段对话：

（1）一位初次到北京出差的外地人向另一位路过的北京当地人询问处所。外地人问："同志，请问××出版社在什么地方？"北京人答道："在天安门斜对面。"

（2）两位很久未见面的同事偶然相遇，甲问："嘿！老王，好久没见您了，干嘛去了？"乙答："最近一段时间以来，我身体一直不太好，很少出门。"

在以上这两个例子中的答语均是模糊性词组，例句（1）中的答语"在天安门斜对面"这个处所词组，既没有表明群众出版社是位于天安门对面向东多少米处，也没有表明该出版社是位于天安门对面向西多少米处，而只是告诉了该出版社相对于天安门的大致方位，其所传递的信息相当模糊。例句（2）中的答语"最近一段时间以来"这个时限词组所传递的信息同样也很模糊，它既没有说明"最近一段时间以来"的起始点，也没有表明"最近一段时间"的准确时间长度。除此之外，诸如"大门外边"、"大楼前面"、"人民广场附近"、"离南湖不远"这样的一些表示模糊处所信息的词组以及像"前不久"、"好几天前"、"一会儿"、"三五天以后"、"不久的将来"等表示模糊时限信息的词组都是典型的模糊性词组。

三、模糊性言语沟通符号在人际沟通活动中的作用

模糊性言语沟通符号是人类社会中的一种客观存在且十分普遍的符号现象，作为沟通信息的载体，它在人际沟通活动中既具有明显的消极作用，也具有不可忽视的积极作用。首先，我们应该承认，模糊性言语沟通符号常常有碍于沟通双方信息的有效传递与交流，它往往给人际沟通活动中作为信息接收方的沟通主体的正确解码带来困难。例如，有位初次到北京的外地游人在北京供电局门口向一位当地的行人询问："请问，到王府井怎么走？"只听对方回答："往东往北再往东。"我们知道，东南西北都是模糊性语词符号，它们没有明确的界限，东，东到哪儿？北，北到哪儿？问话人听了莫明其妙，简直跟没有听到回答一样，因为回答者所使用的模糊性言语沟通符号并没有向问路者提供所需要的信息，即他的回答没有消除问路者对"去王府井怎么走"所存在的不定性。此时，模糊性言语沟通符号无疑有碍于正常的人际沟通活动，对人际沟通当然也就具有消极的作用。然而，我们不能因为模糊性言语沟通符号对于人际沟通活动具有消极作用便就否定其在人际沟通活动中能够发挥积极的功能。美国加利福尼亚大学的格·哥根教授曾说过这样一段话："描述的不确切性并不是坏事，相反，倒是件好事。它能用较少的代价传递足够的信息，并能对复杂事物作出高效率的判断和处理。也就是说，

不确切性有助于提高效率。"① 也许，这话说得未免有些过头，但是它也并非没有一定的道理，因为在人际沟通活动中，沟通主体所追求的主要目的常常并不是人际沟通的精确性或模糊性，而是人际沟通的有效性。实际上，人际交往日趋频繁、复杂，要求人们在任何场合、任何情景、任何语境都使用绝对精确的沟通符号，既是办不到的，也是不需要的，甚至是不利的。在许多交往场合，我们不但不能或者不该排除模糊性言语沟通符号，而且还要利用模糊性言语沟通符号来实现有效的人际沟通。例如，甲告诉乙："正在下大雨。"日常生活中所说的"大雨"实际上是一个模糊性言语沟通符号，一般来说，谁也不知道怎样给甲所说的"大雨"下一个精确的定义，"大雨"不过是"小雨"的对称——不是很小，而是很大，"大"和"小"其实只不过是一对模糊性语词符号而已，一般也很难下定义。但是，在日常的社会生活中，人们之间的沟通活动碰到这种模糊概念，也就满足了——言语沟通符号完成了它的社会职能，它传达了信息，说话者给听话者传达了"外面没有出太阳，也不是阴天，也不是密云不雨，而是下大雨"的信息。在此，"大雨"虽然是个模糊性言语沟通符号，但是沟通双方都了解这个模糊性言语沟通符号的实际意义，作为信息接收方的听话者作出了反应——他知道，如果他要出去，那么他就必须穿雨衣，或打雨伞，而且即使有雨具，也可能会淋得湿湿的，因为不是小雨，而是大雨。这样就实现了有效的人际沟通，达到了预期的人际沟通目的。通常，应当运用模糊性言语沟通符号的情境有三种：（1）没有必要使用精确的言语沟通符号，而只需使用模糊性言语沟通符号；（2）不便于或不允许使用精确的言语沟通符号，而只能使用模糊性言语沟通符号；（3）不可能使用精确的言语沟通符号，而只能使用模糊性言语沟通符号。有时这三种情境只存在其中的一种，有时兼有其中的两种，有时却三种并存。例如，在照相馆里，摄影师对要求拍半身照的人说："把头向左偏一点儿，哎——好。"这里的"向左偏一点儿"显然是模糊性言语沟通符号，在这类情况下，既"没必要"又"不便于"也"不可能"使用诸如"把头向左偏3厘米2毫米"这样的精确性言语沟通符号。此时，即使摄影师"有可能"发出后一种精确的指示信息，"没必要"也"不便于"发出，因为那样的指示信息会叫被拍摄者不知所措，反而妨碍了言语沟通的效果。波兰语义学家沙夫说得好："交际需要语词的模糊性，这听起来是很奇怪的。但是假如我们通过约定的方法完全消除了语词的模糊性，那么，正如前面已经说过的，我们就会使我们的语言变得如此贫乏，就会使它的交际和表达作用受到如此大的限制，而其结果就摧毁了语言的目的，人的交际就很难进行，因为我们用以交际的那种工具遭到了损害。"② 因此，我们在人际沟通活动中应当努力地消除模糊性言语沟通符号的消极作用并且充分发挥模糊性言语沟通符号的积极功能，根据具体语境，该模糊时模糊，不该模糊时则不能模糊，做到恰当而灵活，以最大限度地有助于实现有效的人际沟通为最终目的。

---

① 转引自［罗］V. 尼古塔、［罗］D. 久拉莱斯库：《模糊集在系统分析中的应用》，汪浩、沙钰译，湖南科学技术出版社1980年版，第12页。

② ［波］沙夫：《语义学引论》，罗兰、周易译，商务印书馆1979年版，第355页。

第五章　符号：人际沟通信息的载体（下）
——非言语沟通符号

第一节　非言语沟通符号的基本概念

所谓非言语沟通符号，泛指言语沟通符号以外的在人际沟通活动中能够发挥作用的其他符号形式。人际沟通活动最重要的工具当然是言语沟通符号。但是，绝非仅限于此。实际上，人际沟通常常是混合了言语沟通符号和非言语沟通符号这两种工具。如同言语沟通符号一样，非言语沟通符号也是人类传递信息与交流信息的人际沟通活动中不可忽视的一种沟通工具。以至于有人认为：人际沟通双方的相互理解=7％言语+38％声音+55％表情，这其中的声音和表情是作为非言语沟通符号参与人际沟通的。

非言语沟通符号是伴随着人类社会产生和发展的一种传递信息和交流信息的手段。在原始社会，人类的大脑及言语沟通功能尚远不如现代这样发达。在长期谋求生存与人们之间自然的交往中，人类为了弥补当时言语沟通尚很不发达之不足，于是在探索、寻求中不断接受大自然及现实生活的启示，逐渐形成了一些能够传递和交流信息的非言语沟通符号。例如，远在我国的周代，为了克服地广人稀，交通及通信手段十分落后而带来的困难，以应付频繁的战乱，人们即开始采用烽火来传递战事信息。在当时，烽火便是一种用来传递信息的非言语沟通符号。据传，高卢人与恺撒作战时亦曾用烟火作为发起进攻的号令；火地岛的原始居民也曾以漩涡状烟作为传递信息的标识：一个表示无意外情况，两个表示有意外情况，三个表示发生了死亡，四个则是说在路上拾到了鲸鱼并邀请邻居前来共同享用。其实，在言语沟通符号产生以前，非言语沟通符号曾经是人类最早且最重要的沟通工具。自从有了人类，就开始了人与自然界及人与人之间的交往活动。在人类的原始阶段，生存需要是人的最基本的需要，作为个体生命的人，除了吃、穿、住之外；还需要抵御自然灾害和猛兽的侵袭，这就要求人们有生存和保护自身的能力。当人们势单力薄无法战胜这些侵害时，人们就通过以手示意、以面表情、以眼传神等手段传递信息，寻求相互间的合作和交流，进而加入各种群体，共同战胜自然的侵害。这样，非言语沟通符号就成为维系人们之间相互关系的主要媒介。就拿"笑"来说，原始人在人际交往中曾以"笑"来取得别人的喜悦和帮助并以此来表达自己的理解、信任、友好和求爱等情感。尽管随着生产实践活动的不断发展，产生了言语沟通符号，但是非言语沟通符号却并没有因此而废置、而湮灭，反倒还由于社会生活的要求而屡经传承、变异，沿袭至今仍在流行，并且伴随着言语沟通符号的发展而愈加发达起来，以其独特的效应和魅力成为人们相互之间传递信息和交流信息的一种十分重要的沟通工具。

第二节 非言语沟通符号的特点

一、总成性

在实际的人际沟通过程中，非言语沟通符号一般出现于精细繁杂的表意丛之中。这些表意丛包括言语、语调、姿势、身势、客体和环境等。它们相互结合、相互交叉、相互制约、非言语沟通符号往往以其辅助、伴随功能与言语沟通符号一起构成实际交流信息的综合方式。就非言语沟通符号本身而论，亦很少有某种符号孤立地去表情达意，尤其是身势情态语，往往以一两种符号手段为主、辅之以多种形态的协调配合，综合构成"势态"信息束，使接受信息的一方综合性译解其信息束密码，总其成为明确的语义及感情色彩。这一整套的系列过程，即为非言语沟通符号的总成性。我们汉语中的许多成语都生动形象地说明了非言语沟通符号的这一特点。例如，"笑逐颜开"、"愁眉苦脸"所概括的面部情态，都是以"眼语"为主体，并辅之以口、唇、齿、鼻、眼、腮、眉、额（额上的皱纹）等器官、部位的相应动作、情态综合结构而成的非语言沟通符号。"手舞足蹈"，则不仅是指身势动作符号，而且还包括了面部各器官的动作。所谓"指手画脚"所表明的则更显然是以手势符号为主体，而面部器官、肢体、头、躯均围绕手势进行相应动作，协调一致而综合构成的一种身势符号。

二、传承性

非言语沟通符号作为一种信息载体，其本身就是作为社会历史文化的积淀而不断地传递、继承下来的。例如，愤怒时咬牙切齿，是人类祖先在搏斗时为适应动作而遗留至今。大西洋戈麦拉岛的口哨语至今已有数百年的历史，这个事实就是一个非言语沟通符号传承的历史。尽管现代人所使用的许多非言语沟通符号在一定程度上与古代人所使用的非言语沟通符号有所变异，但是，从其渊源来看，现代的各种非言语沟通符号大多是人类在长期的交往过程中为了更加适应现代人际沟通的需要而经过不断的传承而逐渐发展和完善起来的。比如说，我们今天常用的"握手语"就是如此。在那"刀耕火种"的年代，人们拿着棍棒或石块去捕获野兽，与部落进行争斗。发展到了后来，当他们在路上碰到陌生人时，扔掉武器，伸开手掌，让对方抚摸掌心表示友好，逐渐演变成了现在的"握手语"。诚然，现在的"握手语"经过不断的传承、变异较之古人的抚摸掌心意义更为丰富。但是，作为一种社会文化现象，它却带有十分明显的历史痕迹。正如文化人类学家埃伯-埃贝斯费尔特所言："我们的许多手势都是祖先遗传而来的。黑猩猩打招呼彼此拥抱，彼此触摸以鼓励，它们要求再确定时，就伸出双手，掌心向上，等其他的黑猩猩来拍。……它们也用接吻来打招呼，也许这是提供食物的仪式。"① 当然，人

---

① 转引自曲彦斌：《副语言习俗》，辽宁大学出版社 1988 年版，第 192 页。

类的人际沟通行为与动物的交往行为是有本质区别的。但是，从生物进化的角度来看，人类非言语沟通符号的传承也显然存在着这种过渡阶段的痕迹。实际上，作为一种传承现象，非言语沟通符号也是由于不同社会文化影响的结果。例如，同样的摇头，有的地方表示不同意，而有的地方却表示同意。这又从另一个侧面说明了非言语沟通符号的传承性特点。

三、习惯性

"习惯"一词在汉语中较早见于《大戴礼·保傅》："少成若性，习贯（惯）之为常。"又见《汉书·贾谊传》"孔子曰：'少成若天性，习贯（惯）如自然。'"习惯性是非言语沟通符号的另一特点，因为非言语沟通符号通常是人际沟通活动中由于反复进行而习以为常，往往无意识或下意识而自然表现出来的动作情态符号，或惯于接收的某种标志语符号。就前者而言，之所以诸如哭、笑、怒这样的面部情态符号几乎能够为人类所共同认识，其原因之一就在于它们具有习惯性特征，无论谁都要那么表示；身势符号之所以能够传递各种微妙的信息，并且能够为人们所译解，其原因也在于它们常常是一些习惯性动作和姿势。对于后一种情况来说，标志语形态的非言语沟通符号之所以能够有效地传递信息并且能够为人们所迅速译解，其原因还在于它们具有习惯性。例如，中国古代以擂鼓为进军令，以鸣金为收兵号，即是这样的情形。将士一律必须服从鼓、金军令，以此反复演习操练，军士完全习惯其声，闻之则动，这便是一种习惯性，是由非言语沟通符号刺激所造成的习惯性理解。当今擂鼓呐喊为体育运动员竞技加油鼓劲、助威，而以鸣锣表示一种比赛的结束，恐怕也是这种非言语沟通符号传承的习惯性现象。

四、心理性

我们之所以能够从人的各种身势情态符号、服饰仪表符号所传递的信息中分析出人的气质、个性，其原因就在于非言语沟通符号具有显著的心理性。在具体语境中，非言语沟通符号往往可以直接体现人的心态，并且可以直接给予受信方以心理上相应的理解性刺激并作用于意识。这是非言语沟通符号心理性的基本特征。在近体人际沟通过程中，许多含有人体热量的动作常常会作为一种非言语沟通符号刺激受信者心理而发生人际沟通作用。当一个人双手、双足冻得麻木时，伙伴或友人将其手或足捧到自己的怀中，以自身的体温去暖化其冻麻的肢体，同时也温暖了对方的心，融合了彼此的感情。这虽然是无声的动作，却是强烈的心理刺激，两个人彼此相距近得可体察到对方体温的程度，此刻，双方往往最容易沟通思想、感情。非言语沟通符号所传递的信息往往无需使用言语沟通符号就可以得到深刻明确的理解。此外，作为非言语沟通符号，诸如抚摸、拥抱、接吻这类无声的动作行为均含有人体热量在心理上刺激作用的因素。

五、转换性

在人际沟通过程中，人们常常将可供选用的某些非言语沟通符号转化成与之相应的言语沟通符号，这是一种转换；在某些特定的情况下，非言语沟通符号代行言语沟通符号的言语功能进行人际沟通，这也是一种转换，即由"非言语"转换为"言语"。在实际的人际沟通活动中，沟通主体有时忽而运用某种非言语沟通符号表示一种意义；忽而又使用另一种符号表示与之同样的意义。无论其是有意还是无意，这也可以说是一种转换，一种随机性与任意性的转换。可见，不仅非言语沟通符号可以转换成言语沟通符号，而且某些非言语沟通符号也可以转换成另一些非言语沟通符号。转换性是非言语沟通符号的基本特点之一。

六、功利性

非言语沟通符号之所以得以产生、传承与发展、完善，最根本的原因就在于它的功利性。非言语沟通符号的功利性集中表现在人类需要这么一种符号形式来辅助、伴随或在特定条件下直接代替言语沟通符号传递信息。哺乳时，婴儿若不想继续吮吸了，即会摇头示意，急了，还会以哭来表示。再比如，旧时当铺、商行中商人们往往流行一种"袖里吞金"式的手势暗语，隐蔽而又巧妙、简概、准确地做出一些表示简单数目、意义的动作，以免"隔墙有耳"或外界人了解内情。其实，在当今的许多管理场景中，我们也不难发现各种传递着微妙信息的非言语沟通符号。凡此，人们在不同条件和语境中有选择地采用一些必要的非言语沟通符号，不断创制和完善各种非言语沟通符号，以及多方利用其可转换性特征变着法使用它，全在于把它作为一种特别形态的、不可缺少的人际沟通工具，亦即它在人类社会生活中具有明显的功利性。

七、民族性

不同的民族有不同的文化背景和生活习惯，这就决定着不同的民族必定具有不同的非言语沟通符号。单就手势符号来说，各民族之间就存在着许多明显的差别。英国心理学家麦克·阿尔奇在做环球旅行时有过调查：在 1 小时的谈话中，芬兰人做手势 1 次，意大利人 80 次，法国人 120 次，墨西哥人 180 次。俄罗斯人表露自己感情的方式比较矜持，认为说话时指手画脚是缺乏修养的表现，按照俄罗斯民族的习惯，不能用手指东西，尤其是指人。然而，在西班牙和拉美的民族中，人们在说话时不时地加上手、头的动作及面部表情，用以加强说话时的语气，他们尤其喜欢以手指点自己身旁的物体。不仅不同的民族在表示同一概念时使用着不同的非言语沟通符号，而且同一种非言语沟通符号对于不同民族的人则往往具有不同的含义。例如，俄罗斯人把手指放在喉咙上，表示"吃饱了"；而日本做出这样的手势，则表示被人家"炒了鱿鱼"（解雇、辞退）。当要提醒别人"当心"或"请注意"时，意大利、西班牙及拉丁美洲的一些民族的人是用左手食指放在眼睑上往外一抽；而在澳大利亚，与此同样的动作则是用以表示"轻蔑不恭"。同样是把手朝下一挥，在阿根廷、乌拉圭和委内瑞拉等地都意在"赞扬"，在秘鲁则是表示"啊呀，我弄错了"，而在智利则又变成了意指——"瞧，出什么事啦"。所有这些都反映着不同民族背景条件下非言语沟通符号的差别。

八、共通性

虽然非言语沟通符号有着极强的民族性，但是它亦具有一定程度的人类共通性。非言语沟通符号的共通性常常体现在某些基本的非言语沟通符号可以为大多数不同民族、不同地位、不同肤色、操不同语言或有着不同文化背景的人们所接收并译解出一致或接近的含义。而且在必要时，非言语沟通符号还可以用来在言语沟通符号不同等的情况下进行意思比较简单的信息交流。比如说，当某人迷路或偶然落入不同语言的人群环境时，竟然也能获得必要的理解和许多帮助，我们在某种意义上不能不承认这是非言语沟通符号共通性特征的一种具体体现。人类的非言语沟通符号之所以具有共通性，这是由于人类共同生活于同一星球，谋生的基本方式及言语思维的基本方式之类似性所决定的。举凡人类都有衣、食、住、行、娱乐、交际等基本要求，原始的非言语沟通符号又不是很发达，思维能力与谋生条件、方式的相似，也决定了原始非言语沟通符号（主要是身势、情态符号）创造的近似或雷同。这些基于生理上和心理上本能的相似性通过生理遗传、社会传承与扩散的方式，使某些具有共通性的非言语沟通符号流传至今，并且在一定程度上使这种共通性有所扩大。也正是由于非言语沟通符号具有共通性的特点，所以人类的跨文化沟通才能够成为现实。

九、模糊性

这一特点是就非言语沟通符号的意义而言的。作为一种客观存在的特征，模糊性在非言语沟通符号中有着极为广泛的表现。同样是"点头示意"这个非言语沟通符号，它既可以表示"首肯"、"应允"、"我同意了"、"好吧，就这么办"，也可以解释为"我明白了"，"知道了"；甚至还可以理解成"你来一下"、"请你过来"、"叫你呢"，等等，其语义缺乏明晰性。再比如，"双臂交叉，一动也不动地站着"这一无声的静姿，其语义也带有一定的模糊性，这个非言语沟通符号是一种紧张害怕的姿势，还是一种不愿苟同的信号；是表示不安全和自我保护的意思，还是具有其他的什么含义，其意义并不明确、清晰。

十、语境依赖性

语境即是指人际沟通过程中符号出现于其中的环境，它包括多种复杂的因素。非言语沟通符号就如同言语沟通符号一样，在特定的语境中表意极为明确，而脱离开特定的语境，则只能是一片模糊的形象。非言语沟通符号的语境依赖性与它的模糊性特点密切相关。语境对于消除非言语沟通符号的模糊性是十分重要的，通常，非言语沟通符号所表示的意义和传递的信息只有在特定的语境中才能显示出来，才能为人们准确地理解。例如，我们在日常生活中常用的"握手"这一非言语沟通符号，既可以表示热切的问候和信赖，也可以表示良好的祝愿与依恋之情；既可以表示礼貌与相识的欣喜，又可以表示相互间的和解与修好……其语义本来是很模糊的，但是，如果我们将这一非言语沟通符号置于特定的语境中，它所蕴涵的意义和欲传递的信息则显然是不难把握的。反之，如果我们置具体的语境而不顾，孤立地译解某一非言语沟通符号，则往往会出现曲解、误会乃至完全理解错误，进而严重地妨碍人际沟通信息的有效传递与交流。

第三节　非言语沟通符号的分类

对非言语沟通符号进行科学的分类是我们充分认识和考察这一重要信息载体的有效途径。迄今为止，曾有不少的学者从不同的角度对非言语沟通符号作过分类。例如，美国学者克特·W. 巴克在其《社会心理学》一书中认为，所有的非言语沟通符号都可以归成三类：动态无声的、静态无声的和有声的。而另一位英国学者朱迪·C. 皮尔逊在其《人际沟通·明晰·自信·关注》一书中则认为，非言语沟通符号可分为面部和身体动作、空间和触摸、声音暗示、服饰和其他装饰品四大类。此外，还有若干分类法；不过，至今还尚无一个公认的分类法。在此，笔者拟从信息学出发，主要根据非言语沟通符号的各种形态兼及内容并参照已有的各种分类方法，将非言语沟通符号划分为动姿沟通符号、静姿沟通符号、情态语沟通符号、触摸语沟通符号、近体学沟通符号、标志语沟通符号、辅助语沟通符号以及类语言沟通符号八种主要类型。

一、动姿沟通符号

动姿沟通符号，亦称"身势语"，它是指在人际沟通活动中具有信息传递功能的人的体躯、四肢动作态势，它是人们常用的一类非言语沟通符号。通常，在人际沟通过程中，人们的一举手、一投足、一昂头、一弯腰，都能够表达特定的意义，传递特定的信息。

手势是动姿沟通符号中最常见的一种。它是通过手和手指的动作变化来表达思想、传递信息的，它是人类在漫长进化历程中最早使用且最具有表现力的一种人际沟通工具。有史以来，手势就是表情达意的有效方式："摩拳擦掌"表示"兴奋"；"摊开手掌"表示"真诚"；"摸摸胡子"表示"高兴"；"拍拍大腿"表示"赞叹"；"捶胸脯"表示"悲痛"；"拍脑门"表示"悔恨"；"招手"为"来"；"摆手"为"去"；"拱手"表示"欢迎"；"挥手"表示"再见"；"伸手"是"想要东西"；"背手"表示"不想交出"；"竖起大拇指"表示"夸奖"；"竖起小拇指"表示"轻蔑"；"空中劈掌"表示"坚决果断"；"手指微摇"表示"蔑视"或"无所谓"；"双手摊开"表示"无可奈何"；"右手紧握拳头从上劈下"表示"愤慨"或"决心"……总之，各种手势均可以示意，以至于美国著名语言学家布龙菲尔德认为，在各种非言语沟通符号中，"最重要的是手势"。

头部动作也是一种常用的动姿沟通符号。"点头"、"摇头"和"偏头"均可以传递一定的信息。在绝大多数情况下，人们都以"点头"表示"赞成"、"肯定"；而以"摇头"表示"拒绝"、"否定"。当然也有个别民族例外，比如，印度人则以"摇头"表示"是"，而以"点头"表示"不"，保加利亚人也是这样。就"偏头"这一动姿而言，把头向左或向右偏，一般表示"怀疑"，"深思"或"欣赏"，女人和儿童也常常以此动作撒娇。头部动作所能表达的含义是十分细腻的。例如，同样是点头和摇头，其点、摇的速度、频率不同，所传递的信息也有很大的差异。

除了手势和头部动作以外，由肩、腰、足等其他身体部位构成的动姿符号在人际沟通活动中也同样发挥着其信息载体的作用。中国至今尚流行"相互扳抚着肩膀"或"拍拍肩膀"以示"亲热"的礼俗。"耸肩膀"在生理上本是一种惊跳反映的痕迹，但在很多民族习惯中却变成了"随你便"、"没办法"、"无可奈何"、"我放弃"、或"不明白"的表示，尤其西方民族最有"耸肩膀"示意的习惯。腰是人体胸腹之间的一个部位，各种有关腰的动作在特定语境中都会给人一定的联想信息。如在客人面前或庄重的正式社交场合"伸懒腰"，则是一种粗俗无知、不拘小节或不恭乃至戏谑的表示，往往可以直接传递着一个人在文化修养方面的信息。足，俗谓脚。相对于手来说，脚的动作单纯得多，但是，脚的动作同样是人类传递信息的一种非言语沟通符号。兴奋时，人们常有"跺脚"或"跳起来"的欲望，如脚对音乐的旋律特别敏感，当乐声响起的时候，总是脚开始打拍子。可见，脚的动作也是情感的标志、信息的载体。

的确，人的一举一动都能传递信息、表示意向，各种动姿沟通符号在人类传递信息和交流信息的人际沟通活动中的作用是不可低估的。我们平时所观赏的各种舞蹈和哑剧中生动而丰富的剧情信息，不正是借助于演员的各种动姿符号才得以传递的吗？

二、静姿沟通符号

静姿沟通符号指的是人们某个身体部位相对静止的一种姿态。人的身体部位在运动中可以传递非言语信息，在静止状态中亦可如此。如同美国学者克特·W. 巴克所指出的："即使人体处于静止和无声状态，身体本身也可以用不同的方式'说话'。"①我们汉语俗话中所谓"站有站相，坐有坐相"，即是静姿非言语信息的集约式符号形态。人的姿势有坐、站、卧等许多种，但是，在日常生活中最常见且最具有人际沟通功能的静姿符号主要包括站姿和坐姿两类。在具体的语境中，各种静态的站姿和坐姿都能够传递一定的信息。

就静态的站姿而言，如果一个人双臂交叉在胸前一动不动地站着，那么他或是处于一种紧张害怕的状态，或者表示不愿苟同，或是感到不安全而在进行自我保护。如果一个人站得过于挺直，紧绷绷地，使用了过多的力量来支持他的姿势，那么这种人比他想象中的自己更加渺小无用。他的心中有着强烈的自卑感，为了要解除这种自卑感，他在心理上就会产生需要凌驾别人之上的感觉，于是形成可以起到补偿作用的优越情绪，使用这种姿势，使自己表现得更为气度非凡。如果一个人站着的时候，总是喜欢倚在一张桌子或椅子之类的物体上，那么他往往信心不强，不相信自己的能力而希望被支持，而且这种人常常言语不多，经常保持沉默，行为处事比较保守。如果一个人把双手搁在背后，昂起下巴，趾高气扬地站着，那么这种站姿表明此人拥有领袖权、支配或统御地位，这种姿势常常是男性权威的一种象征……

对于静态的坐姿来说，也同样是如此，不同的坐姿可以表露出不同的心境和态度。男性足踝交叉的坐姿往往表示在心理上压抑自己的表面情绪，是一种警惕、防范性的心

---

① ［美］克特·W. 巴克：《社会心理学》，南开大学社会学系译，南开大学出版社 1984 年版，第 317 页。

理暗示。在社交场合，女性膝盖并拢的坐姿，表示庄重而使对方产生严肃感；张开腿部的坐姿是一种开放性的姿势，表明此人有自信心，有接受对方的倾向；坐时身体前倾，双腿分开并且双手放在膝盖上，表示此人急切地盼望尽快地结束这次谈话。男性跷脚而坐，大多防御心很强，而且具有"不妥协"的对抗意识。而女性跷脚而坐，则表示对自己的容貌相当自信且有"夸耀"和"引人注目"的意思；如果女性不仅跷脚而坐，而且坐时还双臂抱在胸前，那便可能是"生气"的表示。此外，一般来说，随意而坐的人生性乐观少拘束，而且颇为自信；而正襟危坐的人则心情比较紧张，但为人谦恭。

三、情态语沟通符号

情态语沟通符号在此特指由面部各器官的动作势态构成的信息符号。面部器官包括眼、嘴、舌、齿、鼻、脸等，这里我们将由这些面部器官构成的情态语沟通符号与前述的由手、肩、腰、足等人体躯肢构成的动姿沟通符号区别开来。

在情态语沟通符号系统中，最富于表现力的莫过于眼语了。眼为一身之日月，五内之精华，是内心世界——修养、道德、情操的自然流露，是外部世界与个人内心世界的交汇点。在人的各面部器官中，眼睛能够传达的信息最为丰富、细腻。或爱慕、或嫉妒、或喜悦、或痛苦、或羞赧、或尴尬、或得意、或抑郁、或希望幻想、或绝望麻木、或怨恨懊悔、或愤怒矛盾……这些微妙的情感、只可意会的心境，通过眼睛都能够准确地表现出来。中国人说："眼睛是心灵的窗口。"西方人也说："眼睛是灵魂的窗口。"认识如此一致，是因为"二目传神"。眼睛何以能够"传神"？是因为它有其自己的丰富语言——"眼语"——会说话。人在欢乐时"眉开眼笑"；在忧愁时则"紧锁双眉"；愤怒时"横眉立目"、"怒眼圆睁"；惊恐时则"瞠目结舌"、"惶惶不安"；聚精会神时"目不转睛"；精力分散时"眼光涣散"；沉思时"凝视出神"；心生邪念时"眼珠滴溜溜转"。一双眼睛能诉尽天下万种风情，难怪苏联作家费定在其小说《早年的欢乐》中这样写道："人的眼睛，会表示很多的意义…… 眼睛会放光，会发火花，会变得像雾一样黯淡，会变成模糊的乳状，会展开无底的深渊，会像火花跟枪弹一样向人投射，会把冰水向人浇灌，会把人举到从来没有人到的高处，会质问，会拒绝，会取，会予，会表示恋恋之意，会允诺，会充满祈求和难忍的表情，会毫不怜惜地折磨别人，会准备履行一切和无所不加拒绝。哇，眼睛的表情，远比人类琐碎不足道的语言，来得丰富。"[①] 的确，"眼语"往往可以表达言语沟通符号所难以言表的意思和情感。望你一眼，常常蕴涵着丰富而复杂的语义，并非一句话或几句话就能表达清楚。我们可以毫不夸张地说，眼语是人类传递信息的一种最重要的非言语沟通符号。

在人际沟通过程中，沟通双方最易被观察的"区域"莫过于面部。面，俗称"脸"，由于脸上的神色是心灵的反映，面部表情是人的心理状态的外在表现。因此，人的基本情感及各种复杂的内心世界都能够从面部真实地体现出来。实际上，面部表情是由面部各器官的动作综合构成的一种情态语沟通符号，其构成要素当然也少不了

---

① ［苏］费定：《早年的欢乐》，左海译，人民出版社 2008 年版，第 481 页。

"眼语"。鉴于"眼语"在人际沟通活动中具有特殊的位置，所以我们前面已经专门对"眼语"作了分析，在此，我们只打算从一般意义上来讨论面部表情这一综合性的情态语沟通符号。面部表情可以表现出各种不同的心态，如兴趣、快乐、惊奇、害怕、生气、沮丧、讨厌、不满、羞赧等。通常，人在不如意时便会嘴角下垂，脸子拉长，害羞时就会立即脸红，而在高兴时则往往翘起嘴角微笑。仅就面部表情中最简便的一种情态符号——微笑而言，其含义也是十分丰富的。年长者的微笑，可以显出慈祥、爱抚和宽厚；年幼者的微笑，则表现出纯真、尊重和顺从；男人的微笑，显示的是自信、老练和深沉；女子的微笑，表露的是娇柔、温存和可人；招手的微笑表达的是友好、招呼和应答；点头的微笑，可以表达理解、允诺和赞赏；摇头的微笑，可以传达婉辞、婉拒和婉驳；盯视的微笑，是表示希望、支持和鼓励。可见，"微笑"这种面部表情是很富有情感魅力的。当然，作为情态语沟通符号的面部表情是多种多样的，汉语中许多描述面部表情的成语就充分地说明了这种情态语沟通符号的多样性。例如，愁眉苦脸、面如土色、人面兽心、面红耳赤、面黄肌瘦、死皮赖脸、嬉皮笑脸、涎皮赖脸、面容清癯、满面羞愧、面带稚气、脸色惨白、笑容可掬、满面春风、两颊绯红、笑靥动人、面目可憎等。美国学者克特·W.巴克也曾说过，"光是人的脸，就能够做出大约二十五万种不同的表情"[1]。其实，我们在日常生活中时时都在使用着面部表情这一情态沟通符号，求人办事，请求帮忙，无一不需注意对方的"晴雨表"——脸色。可见，面部表情之于人际沟通的重要作用。

四、触摸语沟通符号

触摸语沟通符号是指通过沟通双方身体器官的相互接触或抚摸某一物体而传递信息的一类非言语沟通符号。这类沟通符号常常能够提供较之言语沟通符号更有影响力和感染效果的信息。它既可以用来表示最强烈的爱、友谊或兴趣；也能成为愤怒、反对和统治的标志，这类沟通符号在人际沟通活动中具有重要的意义。

"握手"是一种典型的触摸语沟通符号。这种沟通符号在日常生活中司空见惯，欢迎、告别、道贺、给予信心、接受挑战、表达谢意、祝福、达成协议、握手言欢、结束不愉快、或试探对手的诚意等，"握手"都是一种有效的途径。美国著名盲聋女作家海伦·凯勒曾写道："我接触过的手，虽然无音，却极有表现性。有的人握手能拒人千里……我握着他们冷冰冰的指尖，就像和凛冽的北风握手一样；也有些人的手充满阳光，他们握住你的手，使你感到温暖。"[2] 海伦·凯勒对握手带给人的感觉表述得很精彩，事实的确如此。握手的力量、姿势和时间长短均能够表达不同的含义，传递不同的信息。例如，如果对方手掌心向下地把手伸给你，那么这种握手的方式会无声地告诉你，他在此处于高人一等的地位，并且表示在未来的接触里，他希望掌握控制权，支配

---

① ［美］克特·W.巴克：《社会心理学》，南开大学社会学系译，南开大学出版社 1984 年版，第 317 页。

② 转引自刘懿：《身体语言密码》，云南人民出版社 2011 年版，第 39 页。

你；如果对方手心朝上伸出手并且大多力量弱，那么由此便可以看出他是一个懦弱且缺乏个性的人，通过握手，传达出对你的谦恭、顺从的态度；如果对方用双手将你的右手紧紧地握住，那么一般来说他是想给你一个诚恳、热情、真挚的印象；如果对方不是用手握住你的手掌而是伸手握住你的指尖，那么他是为了和你保持一段空间距离，纵使他表现出热诚的态度，主动伸出手，但仍然会给你一种十分冷淡的感觉，事实上他是一个缺乏自信的人……

当然，通过沟通双方身体器官相互接触而传递信息的触摸语沟通符号还有许多，领导、长辈可以拍拍下属、晚辈的肩膀以示关心、鼓励；年长的女性可以用手抚摸小孩子的头发以示亲热、关怀。此外，拥抱和接吻也是年轻恋人、夫妻之间交流感情的常见方式。不过，应该注意的是，对这种触摸语沟通符号的译解必须紧密地结合语境，即使是同样的沟通符号，语境不同，其传递的信息也有所差异。比如，同是"捅人一拳"，在通常情况下意味着愤怒，但是老熟人见面，也会高兴地来这么一下。

不仅沟通双方身体器官的相互接触可以传递信息，而且人们对某一物体的抚摸动作也往往能够传递一定的信息。美国著名的行为学家朱利·法思特在其《人体语言》一书中曾举例说明了这种情形。朱利·法思特认为，抚摸一件无生命的东西表示一种迫切或请求理解的心理。她以格雷斯大妈为例对此作了说明。格雷斯大妈是个老好人，在一次家庭会议上她成了大家讨论的中心。有的家庭成员认为，她到附近的一个养老院去会受到更好的照料，在那里，她不仅会受到别人的关怀，而且会有许多伴儿。另一些家庭成员则认为，这样做等于把格雷斯大妈"推出去"。她有相当不错的收入，而且还有一幢漂亮的住宅，何况她还能自理生活，她为什么不能留在她现在所住的地方享受她的独立和自由呢？在讨论过程中，格雷斯大妈没有说话，她坐在人们中间，用手抚摸着她的项链，有时点点头，一会儿拿起一块雪花石膏做的小镇纸，手指轻轻地在上面来回摸着；一会儿用一只手抚摸沙发的丝绒，另一只手轻按着雕花木边。"不管家里作出什么样的决定"，她柔声地说，"我不愿成为任何人的负担"。大家一时决定不下，于是继续讨论下去。而格雷斯大妈也继续地抚摸她伸手可及的东西。全家人最后终于明白了她发出的信息。请注意，这是一个十分明确的信息，奇怪的是，以前竟没有人注意到。自从格雷斯大妈独立生活以来，她就喜欢抚摸东西，她总是在抚摸她够得着的一切东西，这一点家里人是知道的，但是，直到此时此刻，他们才领会到她的抚摸动作是什么意思。以触摸语沟通符号来解释，格雷斯大妈的抚摸动作传递着这样的信息："我感到寂寞、我多么渴望有人来做伴，帮帮我吧！"后来，格雷斯大妈搬到一个外甥女那儿去住了，从此变成了另外一种类型的人①。

其实，和格雷斯大妈一样，我们每一个人都时常在使用着触摸语沟通符号向外界传递信息，只不过我们自己没有意识到罢了。

五、近体学沟通符号

位置、距离和朝向本是指物体之间空间关系的物理概念，但是它们若进入人类的人

---

①　［美］朱利·法思特：《人体语言》，陈钰鹏译，上海文化出版社1988年版，第5～6页。

际沟通领域，便获得了传递信息的符号功能。如同其他非言语沟通符号一样，作为近体学沟通符号的位置、距离和朝向也能够传递关于沟通主体间关系的信息。

位置即沟通主体所在或所占的地方，人们在人际沟通活动中所处的不同位置往往传递着不同的信息。我国古代车骑以左为尊位，"虚左"（空出左边的位置让对方坐）表示尊敬。如《史记·魏公子列传》："公子于是乃置酒大会宾客。坐定，公子从车骑，虚左，自迎夷门侯生。"在现代人际沟通过程中，位置的寓意更为丰富：在开会时，座位的安排就很有讲究，不同的座次往往会传递出迥然不同的信息，同一个人出席不同会议时座次的变化常常反映出其地位的变化；在家中，父亲常坐在椭圆形或长方形桌子两头的位置上，因为那是第一个位置，象征着权威；在学校，喜欢坐在教室前排的学生，乍看起来似乎是认真好学的好学生，在他的下意识里也有向人炫耀自己用功的成分，这类学生比较外向、进取心强；在办公室里，坐在写字台后面是表示"离我远点，我是受人尊敬的"；在法庭上，法官的位置最高，它在显示："我高高在上，因此我所作的判决是最公正的。"可见，处于不同的位置所传达的意义是大不相同的。

"距离"在物理学上是标志两点之间在空间上或时间上相隔的长度。而在人际沟通活动中，"距离"这个词则有两层含义；一是指沟通主体之间所保持的心理距离；一是指沟通主体之间所保持的空间距离。心理距离和空间距离有着相应的关系。人们常说："亲则近，疏则远。"一般来说，心理距离越近（即双方关系越好），人际沟通时的空间距离也就越近；反之，心理距离越远（即双方关系越差），人际沟通时的空间距离也就越远。距离和人际沟通有着十分密切的关系。最早对距离与人际沟通的关系问题进行深入研究的是美国西北大学的人类学教授 A. T. 霍尔博士，他经过多年的实践研究，发现人们在相互沟通活动中有四种空间距离。沟通双方所处的空间距离不同，往往反映了他们之间具有不同程度的亲疏关系。在霍尔看来，距离在 0~18 英寸间的所谓"亲密区"是关系最密切的人们之间的沟通区域；距离在 18 英寸至 4 英尺之间的所谓"个人区"是一般熟人之间的沟通区域；而距离在 4~12 英尺间的所谓"社交区"则是相识但不熟悉的人们从事人际沟通活动的范围；至于距离 12 英尺以上的所谓"公众区"，它包括所有类型的公众沟通活动，如演讲、法庭辩论、讲课等。实际上，人际沟通距离的确是一个特殊的符号系统，它承担着表示意义和传递信息的任务。在现实生活中，我们只要稍加留意，就不难发现，社会地位悬殊的人们之间的沟通距离一般都较远；而社会地位相近的人，其人际沟通距离则往往也较近；两个陌生人的沟通距离比两个熟人之间的沟通距离大；一般关系的人之间比朋友之间的沟通距离大；如果两人谈话融洽，往往会站在一起；相反，如果双方兴趣不同，则会相对而视，封闭自己，远离他人。

朝向即人际沟通主体调整自己相关于对方的角度。方向，这也是一种传达沟通双方关系，特别是沟通双方态度的近体学沟通符号。在人际沟通活动中，朝向的类型大致可以分为四类：（1）"面对面的朝向"，即沟通双方的面部、肩膀相对，这种朝向通常表示着一种不愿让正在进行的人际沟通活动被打断的愿望，同时它也显示了沟通双方要么亲密，要么严肃甚至敌对的关系。人们在讨论问题、协商、会谈、谈生意或争吵时往往都自觉不自觉地选择这种朝向。（2）"背对背的朝向"，它与"面对面的朝向"完全相反，所表示的否定性含义是不言而喻的。当然也有例外，电影中常有这样的镜头，一对情人先是"背对背地说话"，然后随沟通活动的发展，忽然转过身来，改为"面对面的朝向"，这里，先前的"背对背的朝向"就不包含"否定性的意义"。（3）"肩并肩的朝向"，即两个人的肩部成一直线、朝向一致。（4）"V 形朝向"，即两人以一定的角度相对。这后两种朝向，一方面既可以表示双方维持交际的兴趣，另一方面又显示出这种兴趣较之于第一种朝向（面对面）是略为减弱了。

六、标志语沟通符号

人不仅可以运用自身器官的动作情态、姿势构成各种非言语沟通符号，而且还能够创造出许多运用身体器官之外的事物来传递信息，满足实际人际沟通的需要，这种具有信息传递功能的实物、象形物或某些约定俗成的标志物品即是我们在此所说的标志语沟通符号。大千世界，事物无穷，可用以传递信息的实物实在是太多了，因此，古今中外的标志语沟通符号的形式和内容要比其他任何非言语沟通符号的形式和内容都复杂得多，而且其蕴涵量也大得多。在此，我们只能有选择性地作简要分析。

"服饰"是人际沟通活动中具有重要作用的一种标志语沟通符号，它与人的言行举止一样，有着丰富的信息传递功能。美国著名的传播学家施拉姆说得好："衣服也能说话，不管我们穿的是工作服、便服、礼服、军服，可以说都是穿着某种制服，可以无形中透露我们的性格和意向。"① 的确，服饰作为一种沟通符号，它可以向人们传递很多信息，我们往往可以从一个人的衣着、装束中获得其个性特征、职业爱好、社会地位、信仰观念、文化修养、生活习惯等方面的信息，即所谓"视其装而知其人"。例如，穿嬉皮士装的男人与西装革履的男人必定有不同的个性特征和不同的生活形态。在人际沟通过程中，服饰往往是一个人向对方打的第一声招呼，其传递信息的速度远远快于其他任何沟通符号，它常常给人以第一印象。当我们看到一位衬衫扣子开得低低的、故意露出金项链、胸毛和肌肉的男人与穿紧身上衣、迷你裙的少女时，我们必然会对他们的生活形态有一番下意识的印象。一般来说，喜欢穿西服、打领带的人总是显得规规矩矩、一本正经；喜欢穿牛仔裤的人总是显得随随便便；穿着整齐、衣服熨得平平整整的人总是显得细心；而穿着脏乱、歪戴帽子、敞着怀、挽着裤脚的人总是显得大大咧咧；喜欢穿鲜艳色彩衣服的人大多显得活泼；而喜欢穿黑色衣服的人总是显得冷静、肃穆。总之，服饰作为一种特殊意义的"沟通语言"可以告诉别人其他符号所难以表达的信息，它更加惹人注意，更具有吸引力，它之于人际沟通效果的作用是不言而喻的。

"花卉"本是供人观赏的植物花草。但作为一种标志语沟通符号，它可以传递许多种不同的信息。其实，花卉作为标志语沟通符号，有着久远的历史。在中世纪，花卉作为标志语沟通符号在西欧曾流行一时，在西欧诸国，至今仍保留着若干花卉所标志的特定象征意义。例如，"百合花"象征着"贞洁"和"纯朴"；"紫罗兰"象征着"谦虚"；"勿忘我"象征着"怀念"；"玫瑰"象征着"爱情"；"石竹"象征着"激情"；"翠菊"象征着"忧伤"，等等。其实，何止在欧洲是这样，在当今中国，我们不是也

---

① 转引自邵伏先：《人际交往心理学》，重庆出版社 1983 年版，第 78 页。

常常可以看到人际沟通活动中的人们借助于花卉这种标志语沟通符号表情达意的情境吗?

当然,实物形态的标志语沟通符号远不止"服饰"和"花卉"这两种。如前所述,大千世界,能够用作标志语沟通符号的实物多得难以计数,可以这么说,任何实物只要为某一社会集团的成员或人际沟通主体事先所约定并被赋予一定的语义,那么它们就均可以作为标志语沟通符号发挥其信息载体的作用,有鉴于此,再加之本书的篇幅有限,在此恕不赘述。

七、辅助言语沟通符号

辅助言语沟通符号指的是言语的非语词方面,它主要包括音调、音速、音量、音重、音质、音色等声音要素。辅助言语沟通符号是言语表述的一部分,但却不是言语沟通符号本身。由若干发声要素综合构成的各种语调,可以使言语沟通符号所表达的内容呈现出千姿百态。一般来说,人在高兴、激动时语调往往清朗、欢畅,如滔滔海浪;而悲伤、抑郁时则黯淡、低沉,如幽咽泉流;平静时畅缓、柔和,如清清小溪;愤怒时则重浊、快速,如出膛的炮弹。同样一句话,用不同的语调来说,常常可以传递完全不同的信息。例如:"这是你的?"这简单的一句话,用高兴的语调,它意指"不错嘛!";用激动的语调,它意指"太好了!";用惊讶的语调,它意指"真没想到!";用新奇的语调,它意指"太有趣了!";用怀疑的语调,它意指"可能吗?";用惋惜的语调,它意指"真可惜!";用悔恨的语调,它意指"糟透了!";用遗憾的语调,它意指"怎么不是我的!";用恐惧的语调,它意指"太可怕了!";用愤怒的语调,它意指"真不像话!";用悲哀的语调,它意指"多可怜啊!";用冷漠的语调,它意指"关我什么事!";用轻蔑的语调,它意指"算个啥!";用平静的语调,它意指"没什么"。可见,说话的语调可以表示不同的意义。俗话说,"听话听声,锣鼓听音",说的就是我们在人际沟通过程中要努力从对方的语调中引出信息来。

根据语言学家的概括,语调变化可以分为四大类:高升调、降抑调、平直调和曲折调。高升调,前低后高,语势呈上升状,可以表示号召、鼓动、反问、设问、申斥等感情;降抑调,前高后低、语势呈渐降,可以表示坚决、自信、赞扬、祝愿、心情沉重等感情;平直调,整句语势平直舒缓,可以表示庄严、悲痛、冷淡;曲折调,高低曲折,富于变化,可以表示惊讶、怀疑、讽刺等感情。人的喜、怒、哀、乐等一切感情均可以由不同的语调来表现。

音速即说话的速度,不同的音速也可以传递不同的信息。在领导者的办公室里,很容易见到这样一种场面:一个下属职员正喋喋不休、快速地向领导申诉着所受的委屈,而领导者呢,则靠在大转椅中,不紧不慢地指示几句。在现实生活中,缓慢的说话几乎成了地位的象征。缓慢地说话有一种居高临下的自信。而说话速度很快的人,大多能言善道,说话像机关枪扫射,一句接一句连续不断,有时,讲完话后,自己也想不起来说过什么了。这类人比较少心机,容易受人控制。说话速度变换不定的男人,大多数外向并且精力旺盛;而表现出同样节奏变化的女人就可以被看做是性格外向,也可以看做是高度紧张,无修养和不合作。

音量是指说话人声音的高低、响度的大小，音量在人际沟通过程中常常微妙地传递着信息。通常，喜欢高声喧哗的人，初见之下似觉爽快，然而其内心却往往缺乏细腻，思想亦较为单纯。而当人们向对方传递信息时，如果对所表达的内容缺乏自信，其声音则会在不知不觉中越变越小，有时甚至变成了喃喃自语。不过，有时，提高音量非但不是信心的象征，反倒成了丧失信心的流露。例如，有的学生交上试卷，一出考场便大声说笑，看似沉着而自信，其实际情况却恰恰相反。这样大声喊叫可以说是丧失信心而自卑的人在无意中想求得解脱的心理作用。正因为该考生对考试结果无信心，所以他才提高嗓门大声嚷嚷，以恢复心理平衡。还有人认为，说话者的音量与其个性特征具有密切的关系。例如，美国心理学家奥尔波特和卡特尔通过对声音的研究发现：在一般情况下，性格外向的人讲话，声音大而且粗犷；性格内向的人说话，声音柔和而且谨慎。

音重即说话的重音，音重具有强调功能。在人际沟通过程中，同样是一句话，其音重的位置不同，所表达的意义就有着很大的差别。试看下面这四个句子，音重符号的落点不同，其意义显然是不同的。

①我们同意他的意见。
②我们同意他的意见。
③我们同意他的意见。
④我们同意他的意见。

第①句强调的是"我们"而不是"别人"同意他的意见；第②句强调的是我们"同意"而不是"反对"他的意见；第③句强调的是我们同意"他的"而不是"别人的"意见；而第④句则强调的是我们同意他的"意见"而不是"建议或其他的什么"。可见，音重的落点不同，所强调的重点也不同，所传递的信息当然也不一样。

音质是声带通过共鸣器发生变化和变调的产物。有的音质也指音色。正是由于音质的不同，我们在人际沟通过程中才能够区分出声音以外大量细微的本质的东西，才能够译解出各种弦外之音的潜在信息。例如，在现实的人际沟通活动中，我们可以辨认出人们在得到礼物时深受感动的声音，也能够辨认出人们在克制愤怒时的声音。音质在人际沟通过程中敏感地传递着各种信息。

八、类语言沟通符号

类语言沟通符号是指有声而无固定意义的语言外符号系统，它是功能性发声，不分音节，却能发出声音的语言，诸如哭声、笑声、哼声、叹息、咳嗽、掌声以及各种叫声，都属于类语言沟通符号。在人际沟通过程中，类语言沟通符号具有胜似言语沟通符号的功能，它在沟通思想、传递信息、交流感情等方面的作用和效果在一定意义上丝毫不比言语沟通符号逊色。就笑声而言，便可以分出许多种：哈哈大笑、爽朗地笑、略有声音地笑、傻笑、苦笑、冷笑、奸笑、狞笑、含羞地笑、抿嘴地笑、皮笑肉不笑、谄媚地笑、假笑等。在不同的场合，不同的笑声可以表示不同的意思，如喜悦、赞赏、委婉拒绝、讥讽蔑视等。掌声与诸如笑声、咳嗽声等依靠发音器官发出的类语言沟通符号不同，它是一种通过双手相拍而发出的类语言沟通符号，它也可以用来表示某种不固定的意义。一般来说，掌声具有褒义，表示高兴、欢迎、赞同、拥护、感谢、鼓动等意思，它常常是人们心情喜悦的表现。但是，在特定的场合下，它也可能具有贬义，例如，在会场上和演出中的鼓倒掌就表达的是"否定"或"驱赶下台"的意思。

第四节　非言语沟通符号的基本功能

作为人类两大沟通符号系统之一，非言语沟通符号在人际沟通活动中可以发挥多种功能。具体说来，非言语沟通符号在人际沟通活动中主要有以下六种基本功能。

一、替代功能

非言语沟通符号经过人类长期实践，它们已自成体系，具有一定的替代言语沟通符号的功能。我们且不说聋哑人以手势代替言语沟通符号来传递信息，其效果与言语沟通没有两样。即便是正常人，在许多人际沟通的场合，也都在自觉或不自觉地使用着各种非言语沟通符号来替代言语沟通符号，进行信息的传递与交流。例如，哑剧演员、舞蹈演员在表演时，一句话也不说，完全凭借手、脚、体形、姿势、眼神、面部表情等非言语沟通符号，就能够准确地传递特定的剧情信息。在体育竞赛场上，在建筑工地上，在交通管理中，人们常常都在用诸如手势等非言语沟通符号代替言语沟通符号传递着各种不同的信息。在日常生活中，我们也许不难发现这样的场面：小华在门口叫小刚去玩，小刚指指正在埋头洗衣服的妈妈，又指指手上拿的书，再对小华摆摆手，这就是说："妈妈要我看书，不能去。"但没说一句话，全由手势取代了。其实，我们通常用"点头"表示"同意"，用"摇头"表示"反对"，用"挥手"表示"再见"，用"竖起的大拇指"来表示"赞赏"，用"耸肩摊手"来表示"无可奈何"，等等，这无一不是非言语沟通符号替代功能的发挥。

二、强化功能

非言语沟通符号不仅可以在特定的情况下替代言语沟通符号，发挥其信息载体的作用，而且在许多场合，它还能够对言语沟通符号所传递的信息起到强化作用。2000 多年前，马其顿国王亚历山大远征途中，因为断水，全军面临崩溃的危急形势，国王在战马上作鼓动演说："勇敢的将士们，我们只要前进，就一定会找到水的。"只见他右臂向正上方高高举起，张开五指，而后迅速有力地挥下，使人有无可置疑之感。讲到"壮士们，勇敢前进吧"时，他右手平肩向后收回，然后迅速有力地将五指分开的手掌猛地推向前方，给人一种锐不可当、所向无敌的坚定气势。这里，马其顿国王正是通过其做出的各种手势，使其用言语沟通符号所传递的信息容量得到了强化。今天，人们不是也经常用"紧捏拳头"等非言语沟通符号来加强其话语的语势吗？例如，当你高举两只手，捏成紧紧的拳头，说："我一定要征服它！"时，你那"紧捏拳头"的动作无疑大大地加强了你所说话语的语势。再比如说，当你在说"我一定要把这个缺点改掉"时，右手掌从左上方向右下方劈下，这一有力而果断的手势必然可以大大加强你所说话语的语势。

三、表达功能

在人际沟通活动中，尽管非言语沟通符号不可能与言语沟通符号等量齐观，但是其独特的表现力却使非言语沟通符号具有特殊的表现功能。作为一种特殊的形象符号，它可以产生言语沟通符号所不能达到的人际沟通效果。许多用言语沟通符号所不能传递的信息，而非言语沟通符号却可以有效地予以传递。例如，恋人相遇而不能直接交往，此时彼此之间的一个眼神往往会表达出内心极其复杂的丰富情感，这是言语沟通符号所难以表达的。其实，在日常的人际沟通过程中，有许多信息都具有"只可意会、不可言传"的微妙效应。正如匈牙利著名电影理论家贝拉·巴拉兹所说的那样："不说话并不表示无话可说。默不作声的人可能在内心极不平静，只是这种种情绪要用……手势和表情才能表达罢了。具有高度'视觉文化'的人并不像又聋又哑的人那样用这些来代替对话，他并不用言语来思想，在想象里把字母化成莫尔斯电码的点点划划。他打手势并不是为了表达那些可以用言语来表达的概念，而是为了表达那种即使千言万语也难以说清的内心体验和莫名的感情。这种感情潜藏在心灵最深处，决非仅能反映思想的言语所能表达的。"[1]

四、印证功能

非言语沟通符号大多是人们的非自觉行为，它们所载荷的信息往往是在沟通主体不知不觉中显现出来的。它们一般是沟通主体内心情感的自然流露。与可以经过人们的思维进行精心构织的言语沟通符号相比，非言语沟通符号作为一种显现性符号，其在人际沟通过程中的可控性则要小得多；它所传递的信息更具有真实性，因而非言语沟通符号所传递的信息常常可以印证言语沟通符号所传递信息的真实与否。在现实生活中，因"言行不一"而导致"泄露天机"的情形是很常见的。这里的"言"与"行"就分别指的是言语沟通符号和非言语沟通符号。例如，有一位朋友因患病而住进了医院，当我们去探望他时，已知道他病情很严重，但是为了安慰他，我们在口头上往往会说："你就要好起来的，安心治疗吧！"然而，由于非言语沟通符号具有自然流露的性质，所以我们很可能会因心情沉重而流露出悲痛不安的神态。此时，作为信息接收者的病人在接收我们发出的信息时，既会"察言"，又会"观色"。这样，我们所发出的言语沟通信息就会被我们同时所发出的非言语沟通信息所证伪。再比如，当人们说谎时往往会脸红，眼神不安，躲避对方目光，等等，这些非言语沟通符号都可以暴露其所说的不是真话。有时，非言语沟通符号所传递的信息也可以进一步证实言语沟通符号所传递的信息。例如，当你被某人的高尚行为所打动时，你往往会紧紧地握住他的手，深情地说："太感谢您啦，同志！"此时，你所说的话就可以被你的握手和表情等非言语沟通符号所进一步证实。其实，在日常生活中，这样的情况是不乏其例的。

---

① ［匈］拉·巴拉兹：《电影美学》，何力译，中国电影出版社1986年版，第26页。

五、补充功能

非言语沟通符号是一种显现性的符号，它较之抽象概括的言语沟通符号更生动、更形象。它所传递的信息可以使言语沟通符号传递的信息更清楚、更明确。它对于言语沟通符号具有补充作用。比如，当你在对别人说"我今天买了个大西瓜"的同时，你常常会用手在空中比划一个圈；当你钓鱼回来向人们讲述那条"溜掉的大鱼"时，你往往会用动作表示那条鱼的大小。在这种情况下，你所使用的非言语沟通符号就可以使你说的话语更加生动、更加形象。再比如说，当你在商店柜台前挑选意欲购买的衣服时，你大概总会一边指点，一边对售货员说："同志，请给我拿下那件衣服。"当你给一位外地人指路时，你往往会一边指点，一边比划。当你对一位久别重逢的老朋友说"我的儿子都这么高啦"时，你常常会用手比划一个高度。而在这类情况下，你所使用的非言语沟通符号则能够使你用言语沟通符号表达的意思更加清楚、更加明确。

六、调控功能

作为一种极富表现力的人际沟通符号，非言语沟通符号对于人际沟通活动的顺利进行具有十分重要的调控作用。首先，非言语沟通符号可以调节人际沟通场所的氛围以及沟通主体彼此的相互关系。在课堂上，教师走进教室，站到讲台前，一言不发，而是用眼睛扫视每一位学生使学生感到要肃静，认真听课；在来宾众多的招待会上，主人常用眼神向那些很远的客人示意，消除他们的冷落感；在空间较大的社交场合中，沟通主体常以眼睛相互对视来传递一种"友好"的信息；在审讯室内，预审人员举止庄重、气势逼人的眼神紧盯被告，以强大的威慑力钳制被告的心理，使其不敢轻视或妄动。其次，非言语沟通符号能够调整人际沟通活动的结构和控制人际沟通活动的过程。就座谈会这一人际沟通情景而言，其结构就可以由不同的非言语沟通符号来予以调节，当发言人快讲完时，总是抬起眼，示意另一个人"该你讲了"。这时，被示意者便会接受这一符号，将目光移向别处，表示"我已经准备接话了"。如果只见发言人喋喋不休或超过了规定的时间，那么听者就会东张西望以表明"够了，别再讲了"或者是用"看看手表"来暗示他赶快结束讲话；或者是其中的某个听者会在听到某处时忽然眼睛一亮，随即调整听话姿势，这是在说"我有话要说"，或"该轮到我讲了"。这种种目光的交换和动作姿势的呈现伴随着整个座谈过程的进行，调节着座谈会的结构。其实，人际沟通过程的每一环节、步骤都可以由非言语沟通符号来进行调控。以演讲为例，演讲者一开始便可以用"故意咳嗽"、"与听众交换目光"等非言语沟通符号作准备性暗示。在演讲过程中，演讲者可以根据听众的反馈信息，利用各种语调、语速、停顿等非言语沟通符号增强人际沟通效果，控制人际沟通过程。最后，在即将结束演讲时，演讲者可以通过增加对听众的目光接触、改变自己的语速（或变快或变慢，不过都与以前的语速不一样），以引起听众的注意。

应当指出的是，尽管非言语沟通符号在人际沟通活动中具有上述各种功能，但是，它毕竟只是人际沟通的一种辅助工具。人际沟通作为人们之间传递和交流信息的一种极其复杂的社会活动，仅靠非言语沟通符号来传递信息是远远满足不了人们的人际沟通需要的，非言语沟通符号只有同言语沟通符号恰当地配合使用，才能在人际沟通活动中有效地发挥其信息载体的作用。

第五节　非言语沟通符号的文化差异

我们在前面已经指出，非言语沟通符号本质上是一种社会文化现象，其产生和使用都是建立在一定的文化基础之上的；因此，作为一定文化的产物，非言语沟通符号在不同的文化背景下必然会呈现出一定的差异。鉴于非言语沟通符号的文化差异对于人际沟通活动有着极为重要的影响，所以笔者在此专辟一小节来对非言语沟通符号的文化差异及其表现作简要的剖析。

从人类学的观点来看，所谓文化，是指一个民族的生活方式所依据的共同观念体系，亦即该民族的概念设计或共同的意义体系。生活在一定社会文化中的人，往往具有民族本位的偏见，往往会以他们自己的文化眼光去看待其他民族的生活方式，去理解其非言语沟通符号，因而不同文化背景中的非言语沟通符号在使用和意义上必然有所不同。文化可以塑造不同的行为表现以使其社会成员对某些符号反应敏感，对另一些符号则又反应迟钝。正因为如此，生活在不同文化背景中的人，其仪态举止和身势动作也各不相同。由于在一种文化中所觉察到的行为表现或者身势动作与在另一种文化中所觉察到的身势动作或行为表现可能不同，一种文化中高雅的举止在另一种文化中可能会被视为粗俗，因此，不同的文化群体之间的沟通误解就会频繁发生。我们有必要对非言语沟通符号的文化差异有一个基本的认识。

非言语沟通符号的文化差异在各种类型的非言语沟通符号中都有一定程度的表现。我们先来看看"手势"这一常见的动姿沟通符号。西方一些民族把"拇指朝下"表示"坏"或"差"，表示"非常满意"时则以食指和拇指搭成圆圈。美国人表示"好"或"同意"时，往往以食指、大拇指搭成圈，余下三指向上伸开，做出英文字母"OK"的造型。在法国，此手势则是"毫无价值"的意思，而英国人则以此动作表示"再见"。如手心向上伸出招手，在英国表示招呼人过来，而在日本这是叫狗的动作。竖大拇指对于我们中国人来说应该是一个司空见惯的手势，它通常意指高度的赞扬；但是在希腊，如果急剧地竖起大拇指，则意思是要对方"滚蛋"。不仅手势所表示的意义具有文化差异，而且在不同的文化背景中，人们使用手势的频率和作用也不相同。在罗马语族国家里，手势在人际沟通活动中的作用往往大于其他国家，人们表达任何一种意思都要伴随大量的手势；而在北欧国家，那些缄默的民族讲话时却很少打手势。

静姿沟通符号在人际沟通过程中常常具有"此处无声胜有声"之功效，然而，它也具有明显的文化差异。在美国，随便洒脱的态度是为人们看重的，人们经常大大咧咧地坐在椅子上；站立时则显出一副松松散散的样子；而在诸如德国等许多欧洲国家，生活方式是比较正规的，懒散的姿态则是一种唐突无礼和粗俗难耐的举止标记。再比如，女子跷起二郎腿坐着这一静态姿势，在不太正式的场合中，美国人认为女子的这种坐姿也无不可；但是，在中国人看来，女子跷起二郎腿是举止轻浮或者教养不良的表现；而在俄国的大部分地区，女子坐时跷着二郎腿常被人们视为妓女。

情态语沟通符号主要包括眼语和面部表情。眼语是最富表现力的非言语沟通符号之一，在不同的文化背景中，眼语的使用及其表达的含义都存在着差异。例如，阿拉伯人在谈话时，一定要看着对方，他们自幼就教育孩子，与人谈话不看对方是不礼貌的表现；瑞典人在交谈时，习惯于频送秋波；而日本人在谈话时，直瞪瞪地瞧着对方的脸就是失礼了，他们规定只能看着对方下巴底下一点的脖子，使对方的脸和眼睛处于自己视界的边缘；在中国，当人们相互交谈时，眼睛紧盯着对方，一般来说也是不礼貌的行为；英国人谈话虽然也有目光对视，但要少得多；在美国，一个男人看一个男子时，时间长了，对方就会感到不安，怀疑对方是否有其他意思。当然，也有不用眼语进行沟通的，南美印第安人部族图托和保罗罗人就是如此。他们与人交谈时，眼睛要朝四面八方看，若在公众场合下讲故事，讲话者要背向听众，眼睛要盯着屋角；肯尼亚的洛人部落则更奇特了，他们规定女婿与丈母娘讲话时背对着背。就"面部表情"这一典型的情态语沟通符号而言，其文化差异也是存在的。例如："笑"这一面部表情，在世界上的许多地方往往都是内心喜悦情感的表现。然而，沙特阿拉伯有个少数民族却认为"笑"根本就是一种不友好、不尊重人的表情，甚至恋人之间也是不许笑的，否则将会被视为情感破裂；而非洲南部的巴苏陀族在举行婚礼时也是不准笑的。

触摸语沟通符号是一种文化差异十分明显的非言语沟通符号，它对于不同文化中的不同人，往往表现出不同的情形，特别是在意义上发生变化。一般来说，比较保守、内向的英国人使用触摸语沟通符号的频率要少于外向、活泼的美国人。此外，同一形式的触摸语，在不同的文化背景中，常常具有不同的内涵和外延。例如，在中国封建社会中，青年男女携手同行，会被视为有伤风化。即使是在当今的中国，异性间在公开场合中过多的身体接触，也会为大多数人"看不惯"，而同性之间较多的身体接触却并没有什么不正常的。但是，在美国，情况则恰恰相反，异性之间的身体接触在公开场合并不使人反感，倒是同性之间过多的身体接触常被人视为"同性恋"。

近体学沟通符号包括位置、距离和朝向，它们三者都存在着文化差异。在许多地方，位置的安排是很有讲究的。在中国人看来，尊贵的座位是最显要的位置，而在英语国家，人们则认为尊贵的座位是离主人最近的座位。中国夫妇常常坐在一起，而英语国家的人则往往尽量将夫妇的座位远远分开。英语国家避免两名女子或两名男子挨坐在一起；而中国却尽量使同性坐在一起，在传统上有时男女甚至分桌而坐。中国儿童在宴席上的地位要比英语国家的儿童高；英语国家的儿童往往不出席或单坐一桌，在餐桌上也像成人一样，男女间隔而坐，而中国儿童却往往和大人坐在一起；在英语国家的家庭餐桌上，父亲一般坐在桌子一端，母亲往往坐在靠近厨房的另一端，子女分坐餐桌两边，各人都有自己固定的座位；而在中国的家庭餐桌上，父母坐在一起，母亲一般习惯于坐在父亲的右侧，最小的孩子习惯于坐在母亲的身边。文化不同，体距也各异。在一般情况下，西班牙人或阿拉伯人的谈话，沟通双方之间的距离属于亲密区；而这在英国人、美国人看来却是不能理解的，往往会被认为是一种侵犯和干扰行为。在人际沟通过程中，中国人通常要比美国人靠得近；而中东地区的阿拉伯人又比中国和东亚地区的人靠得更近一些。在中国，人们之间的沟通距离比英美人要开放得多，英美人在一起时，如果有局外人走进18吋的距离范围，即使是在大庭广众之下，也一定会被看成是一种侵扰；而中国人却不一定有此感觉，在他们看来，公开场合就是绝对公开的。至于"朝向"这一近体学沟通符号，其文化差异也是不难发现的。例如，中国人讲话时，面对讲话人的时间要较之英美人更长一些，而英美人在听人讲话时常常是双目俯视，将耳朵朝向讲话人，他们把这一朝向看成是洗耳恭听，但是，中国人则可能以为这是一种爱理不理的态度。

　　我们再来看看标志语沟通符号。"花卉"可谓是一种人们常用来在人际沟通过程中传递信息的标志语沟通符号。然而，古今中外的花卉往往会因文化习俗而有所差异。在欧洲，母亲送给子女的花卉，往往是把冬青、樱草、金钱花、凌霄花，僧艳菊配为一束，以示"爱抚"之意；在青年男女之间，则以"蔷薇"求爱。在中国，"玫瑰花"是用来"求爱"的，而"并蒂莲"则在传统上一直都是"夫妻恩爱"的象征。发饰也是一种颇能反映文化差异的标志物。在不同的历史时期，不同的社会文化中，人们的发饰常常呈现出不同的"程式"及含义。中国古代的"男子束发"表示成年，而清末民初则以"割去辫子"表示反叛，20 世纪 60 年代的美国"嬉皮士运动"、"同性恋者"们则煞费心机地将头发染成各种各样的颜色，甚至"黏合"为各种各样奇怪的"立体造型"。

　　即使是辅助言语沟通符号以及无固定意义的类语言沟通符号也都是特定社会文化的产物，其文化差异性也是显而易见的。例如，中国人习惯于把女性"尖"、"细"、"清脆"或"婉转"的声调视为"动听"或"女性美"的特征之一；而美国人则更欣赏女性的"低沉"甚至"略带沙哑"的声音。再比如，在中国，若在一句或数句之间加上"拖尾音"，或"嗯……"、"嘛……"、"啊……"、"呃……"之类的功能性发声，那么这种类语言沟通符号常常是一种所谓"官腔"的流露；而在许多其他的国家，人们听到这种声音则未必会有同感。从本质上看，这也是非言语沟通符号之文化差异的一种表现形式。

第六章　编码：人际沟通信息的构织

第一节　编码概述

在信息论中，所谓"编码"就是把原始信息变成符号化信息的措施。何谓"码"？简单地说，它就是一个符号序列和将这些符号序列排列起来时必须遵守的一些规则，换言之，码就是按照一定规则排列起来的符号序列。一般来说，编码总是以一定的符号序列表示一定的信息内容的，因此，编码首先要有一套基本符号，然后利用这些基本符号按照一定的规则组成一定的符号序列，最后再用一定的符号序列表示一定的信息。例如：为了表示现实世界中数量方面的信息，采用了不同的记数方法，这些不同的记数方法就是不同的编码方法。我们以常用的十进位的位置记数法为例来说明编码的一定含义。首先，常用记数的一套基本符号是：+、-、0、1、2、3、4、5、6、7、8、9 及小数点，共 13 个符号。"+"号可以省略。小数点可以在符号序列的任何位置，但不能在最后。数字字符的位置与位置值有关，各位的位置值如下：在小数点右端以紧靠小数点的位置值为 10^{-1}"，再往右一位则为 10^{-2}，以此类推；在小数点左端以紧靠小数点的位置为 10^{0}，再向左一位为 10^{1}，再向左一位为 10^{2} …… 以此类推。有了这套规则即可组成各种码，使每一个码表示客观世界中一定的实数。如 12 表示十二，125.6 表示一百二十五点六，等等。从经典信息论的观点来看，编码中所使用的一套基本符号称为字母（或码元）表，符号序列的组合规则称为编码规则，所形成的符号序列称为码。

"编码"是信息论中的一个重要概念，在以通信系统为研究对象的信息论看来，使用编码的目的是要使信息能够在保证一定质量的条件下尽可能迅速地传输至信宿。在通信中一般要解决两个问题：一是在不失真或允许一定程度失真的条件下，如何用尽可能少的符号来传递信源信息，这是信源编码问题；二是在信道存在干扰的情况下，如何增加符号的抗干扰能力，同时又使信息传输率最大，这是信道编码问题。从实质上来看，信源编码就是把信源输出的符号序列，用某个给定的字母（或码元）表中的字母（或码元）编排成最佳的字母（或码元）序列，例如：讲话时的口头言语沟通符号，书写时的书面言语沟通符号都经过人脑，把各种言语沟通符号按照一定的语法结构和规则进行编排，形成优美的语言文字，表达一定的信息；而信道编码则是把经过信源编码的码元序列变换成适合于在信道中传输的最佳符号序列。在通信系统中，消息常常不是经过一次编码就被送入信道进行传输的，要使消息变成适合于信道传输的符号常常要经过若干次编码方可完成。

当然，经典信息论中的编码概念是针对一般的通信系统而言，但是它对于我们正确地把握人际沟通活动中的编码问题不无指导作用。作为传递信息和交流信息的人际沟通活动如同其他类型的通信活动一样，也有一个正确编码问题，如果我们以经典信息论中的编码概念为基础，再结合人际沟通活动的具体特点，那么我们便可以对人际沟通活动中的编码概念作如下界定：在人际沟通活动中，编码是指作为信源的沟通主体根据符号编排的规则（言语沟通符号的语法或非言语沟通符号的一般惯例）把自己欲表达和传递的信息内容转换为沟通对方能够理解的符号的操作过程。

编码是通信活动的必要环节之一，没有正确的编码，通信系统便不能进行信息的有效传输。通常，在实际的通信系统中，信息传输过程中总是存在着干扰；因此，提高系统的可靠性乃是信息论的基本问题之一。而要有效与可靠地传递信息，就必须以无差错或最小的差错并尽可能快地进行传输。但是，在载荷信息的符号由信源发出，通过信道直到信宿接收的过程中，由于随机噪音的干扰，在信息的接收端往往会造成差错而失真。为此，必须排除干扰，提高信息接收端的识别率。这就涉及正确编码的问题。信源欲传递的信息，只有经过正确的编码，才能成为适合在信道上传送的具体形式——消息，才能使消息这一信息的表现形式不易因信道中的噪音干扰而遭到破坏，才能避免在信息接收端再现消息时引起失真，才能使信源熵的传输速度接近于信道容量。所以，如何编码，使信源发出的信息能充分表达，信道的容量能充分被利用，并能在信息接收端无失真地再现消息，以提高通信系统的有效性与可靠性，便成为决定任何一个通信系统能否高效率运作的关键性问题，这对于实质上就是传递与交流信息的人际沟通亦不例外。

第二节　编码的基本原则

如同在其他任何类型的通信活动中一样，在人际沟通这种特殊的通信活动中，对沟通信息的编码也必须遵循一定的原则；否则，传递信息和交流信息的人际沟通活动就难以正确、有效地进行。具体说来，人际沟通活动中所必须遵循的编码原则主要有以下三条：

一、完整准确性原则

即所编之码应该能够完全、准确地反映沟通主体欲表达和传递的信息内容，这是编码工作所应遵循的一条最为基本的原则，具体地说，它包括编码的完全性和准确性两层含义。所谓编码的完全性，是指所编之码所反映的沟通信息不应有遗漏，而编码的准确性则指的是所编之码所反映的沟通信息不应有多余。例如：人的年龄通常用"岁"来表示，而"岁"又是按日历年度来计算的，这是一种信息的编码。按这一编码来反映人的年龄，对某些信息需要而言就会产生不够完全、不够准确的问题。如在做入学儿童人数的计划时，通常是以每年9月份为界，必须是到9月份满6周岁才能入学。只按"岁"进行编码就产生了遗漏和多余问题，如图6-1所示：

图中显示7岁（按日历年度计）的人数中包括两部分：一部分是9月份及以前出生的，如图中的a，另一部分为9月份以后出生的，如图中的b。但是，从需求的信息

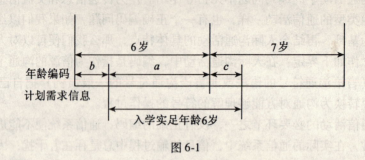

图 6-1

·内容来看，则应包括当年 6 岁中九月份以前出生的儿童和当年 7 岁中 9 月份以后出生的儿童，即图中的 $a+c$。按编码所提供的信息 $a+b$ 与计划需求的信息 $a+c$ 进行比较即可看出：编码所提供的信息比要求的信息多了 b，这就是多余的部分；而又缺少 c，这就是遗漏部分。通过此例，我们可以看到，不恰当地编码会造成信息的多余或遗漏。

在人际沟通这种特殊的通信活动中，坚持完整准确性原则的关键在于正确地选择和配合。就选择而言，任何一次人际沟通活动都不可能将整个沟通符号系统中的每一个要素都无一遗漏地使用一遍，这就决定了作为信源的沟通主体必须在沟通符号系统中选择那些恰当的要素来对欲表达和传递的信息进行正确的编码，这种选择活动是多层次的，沟通主体在编码过程中不仅要在言语沟通符号与非言语沟通符号这两大沟通符号系统之间进行选择，而且在言语沟通符号和非言语沟通符号这两个沟通符号系统之内也有个选择的问题。以言语沟通符号系统为例，在编码过程中，作为信源的沟通主体不仅面临着语言体系的选择问题，即选择何种已知的语言体系作为沟通工具，而且还要正确地选择语体风格和句式，是把话说得庄重些还是诙谐些，是明快些还是曲折点儿，是使用主动句还是使用被动句，是长句表达好还是短句表达好，这些对于所编之码能否完整准确地反映信息的内容是十分重要的。此外，在编码中更为重要的是能否恰当地选择和使用语词符号。我们知道，每一种言语沟通符号系统中都广泛地存在着大量的同义词，如何选择恰当的语词符号来准确贴切地表达欲传递的信息，这是人际沟通过程中的一项最经常、最频繁，也是最能检验沟通主体编码水平乃至人际沟通水平的工作。一般来说，语词符号的选择主要应该注意从意义的轻重、范围的大小、褒贬色彩、语体色彩等方面入手。其实，选择问题不只是言语沟通符号有，即便是非言语沟通符号也有一个正确选择的问题。在一次特定的人际沟通活动中，是应该选择动姿沟通符号对欲表达的信息内容进行编码，还是应该选择触摸语沟通符号对欲表达的信息内容进行编码，或者是应该选择其他某种非言语沟通符号进行信息编码，这是作为信源的沟通主体所无法回避的。

所谓配合，即符号的搭配与组合。如同选择一样，配合也是多方面的、多层次的，既有言语沟通符号与非言语沟通符号的搭配，也有言语沟通符号或非言语沟通符号子系统内的组合。就言语沟通符号而言，在编码时，要完整准确地反映欲表达的信息内容，沟通主体不仅要注意语段和语句的组合，而且还要注意一个语句内部不同语词符号之间的搭配，因为语段、语句以及语词的顺序不同常常会影响到它们所表达的意义和所传递的信息。当然，非言语沟通符号与言语沟通符号之间的配合，以及非言语沟通符号系统内不同非言语沟通符号之间的配合，对于能否完整准确地反映欲传递的信息内容也是至关重要的。比如，对来宾冷淡地说"热烈欢迎各位光临寒舍"并与之握手，这种非言语沟通符号与言语沟通符号（即情态语沟通符号与口头语沟通符号）之间以及不同非言语沟通符号（情态语沟通符号与触摸语沟通符号）之间的配合显然是不恰当的。而这种不恰当的编码当然也不可能完整准确地反映作为信源的沟通主体欲表达和传递的信息内容，相反倒可能会使作为信宿的沟通主体对信源的言行茫然不解。因此，在编码时只有正确地把握好选择与配合这两个重要环节，编码的完整准确性原则才能真正落到实处，欲表达和传递的信息内容才有可能得到完整准确的反映。

二、码解唯一性原则

码解唯一性原则即保证编码有唯一的理解。前述完整准确性原则是从编码能否正确反映信息的角度来讨论的，它并未涉及信息传递的问题，而码解唯一性原则则是进一步结合信息传递来考虑编码问题的。我们知道，信息传递至少要涉及两方——信源与信宿。因此，在信息传递中，编码必须保证信源与信宿对信息的理解是一致的；换言之，信源利用编码发出的信息符号被信宿接收，对此编码进行解码后能得到与信源得到同样的信息。为此，要求所设计的编码必定是能够译解的，不能解码则信宿就不能由收到的码中取出信息。不仅如此，编码与解码还必须是一一对应的，尽管人际沟通这种特殊的通信活动较之一般的通信活动要复杂得多，而且作为信宿的沟通主体可能会因自身各种因素影响而对信源发来的符号代码产生不同的理解。但是从编码的角度来看，必须规定一个码只能对应一个解法。否则，如果在编码阶段就容许一个码可能有多个解或多个码有同一个解，那么在人际沟通这种极其复杂的信息传递过程中出现信源与信宿对同一符号代码产生不同理解的可能性就会更大，信息传递中信息丢失或信息混乱出现的概率也就会更高。因此，作为一条基本的编码原则，保证编码有唯一的理解是必要的。

从信息传输的过程来看，保证编码有唯一理解的前提在于增强编码的抗干扰能力。一般来说，信息传递过程中难免会受到各种干扰，例如：外来噪音对电话通信的干扰；各种外来电磁波对无线电通讯的干扰；人们讲话的声波受到口腔或鼻腔疾病的干扰而产生发音不清；人们书写受到外界干扰而发生笔误，等等。而高质量的编码则应该具有一定的抗干扰能力，以便在有干扰的情况下保证信息不失真，或者至少保证能发现由干扰而引起的失真，以便信息系统得以采取必要的措施纠正干扰的影响，进而最大限度地实现信源与信宿对编码的一致理解。在日常生活中，人们总结出许多增加编码抗干扰能力的方法，如在人与人的口头通信中，将零改为"洞"，将七改为"拐"，将二改为"两"等；在书面通信中将数字 0 改为 θ，以便与字母 O 相区别，将数码 7 写成 7̄，以防止与数码 1 混淆，将数字改为大写，等等。在现代通信技术中，人们采用了诸如纠错编码之类的防干扰办法。所谓纠错编码，即是指在通常的编码组合中加上辅助的码元。例如，在信息传输过程中，由于干扰产生了错误，就可以通过辅助的码元与信息码元的关系发现或纠正错误。纠错编码可以提高通信过程中的抗干扰能力，从而增强系统的可靠性。在现实的人际沟通活动中，人们为了保证信息的传输不受干扰，使信息接收方能够准确地理解符号的意义进而获取符号所载荷的信息，也概括出了一些十分有效的抗干扰措施。例如：一次或多次重复已发出的符号代码；设法强调可能受干扰的关键性信息符号；通过增加辅助性符号代码使载荷信息的主要符号代码更易于为受信方所准确理解，等等。总之，人们在实践活动中总结出的许多抗干扰方法或措施对于保证编码的唯一理解都是十分重要的。

三、码位简洁性原则

码位即编码所用符号序列的长度。所谓码位简洁性原则，从经典信息论的角度来看，即要保证在编码时所使用的符号序列中的码元（即所用的编码符号单元）尽可能地少。码元少，则信道一定时，信道的容量就大，从而在这种信道容量下，可以提高信息传输的有效性。以英文字母为例，有些字母是较常出现的，若对常用的字母用较短的编码组合表示，而对不常用的字母用较长的编码组合表示，则通信的传输有效性便可以得到提高。这就出现了最佳化编码问题，例如，设英文字母表中的字母 C 的概率为 P_c，而对应这一字母的编码组合长度即组合中码元的个数为 Lc，则组合的平均长度为：

$$L = \sum_{c=1}^{m} p_c L_c$$

解决最佳化编码的有效途径就是坚持码位简洁性原则，即设法使 Lc 取适当的数值而使 L 达到最小值。

码位简洁性原则不仅是一般通信活动所应坚持的编码原则，在人际沟通这种特殊的通信活动中，信息的编码同样也应该坚持这一基本原则。正如人们常说的"意则期多、字则唯少"、"言不在多、达意则灵"等就是对这一原则的生动表述。在人际沟通活动中，坚持码位简洁性原则就是要以最经济的符号手段输出最大的信息量，使作为信宿的沟通主体能够在较短的时间里获取较多的有用的信息。在历史上，不少惜语如金、要言不烦、驾轻就熟、言简意赅的大师堪称坚持码位简洁性原则的典范。例如，恩格斯在马克思墓前的讲话只有 1260 个字；列宁在马克思恩格斯纪念碑揭幕典礼上的讲话也只有552 个字；罗斯福的就职演说仅有 985 个字；而最短的总统就职演说则是 1793 年华盛顿的演说，仅 135 个字。其实，在日常人际沟通中，简洁精练的话语常常比繁复冗长的话语更吸引人。林肯那只有十个句子构成的葛底斯堡演说就是一个佳例。林肯的演讲重点突出、一气呵成，而当时的主持者艾弗莱特则语绪唠叨、内容庞杂，与之形成鲜明的对照，就连艾弗莱特本人也自叹弗如，次日他写信给林肯说："如果我在两小时内所讲的东西能稍微触及您在两分钟内所讲的中心思想的话，我就感到十分欣慰了。"① 林肯的演讲词仅 600 余字，从上台到下台还不到 3 分钟，却赢得了 15000 名听众的经久不息的掌声，并轰动了全国，以至于当时的报纸评论说："这篇短小精悍的演说是无价之宝，感情深厚，思想集中，措词简练，字字句句都很朴实、优雅，行文完美无疵，完全出乎人们的意料。"要言不烦，字字珠玑，简练有力，能使人不减兴味；反之，冗词赘语，不得要领，则必令人生厌。

---

① 转引自商燕虹：《思想政治教育工作者与说"理"》，载《教育艺术》1997 年第 1 期。

在人际沟通过程中，实现码位简洁性的决定性环节在于作为信源的沟通主体在对欲表达和传递的信息进行编码时要充分利用沟通双方共知对象的中介作用。短信可谓是当今日常人际沟通中最需要节省文字符号、最讲究经济效益的表达手段之一，为了尽可能地用最简短的符号代码传递更大的信息量，就得充分利用发信人和收信人共知的条件，将欲表达和传递的信息编码成简洁的短信。例如："15 日乘 38 次抵汉，接华。"这是一位在北京出差的人——张华给家在武汉的妻子发的一封短信，如果是局外人则未必能够完整准确地破译出短信所传递的信息，而张华的妻子则可以充分利用沟通双方共知对象的"中介"作用来完整准确地解译出短信所载荷的全部信息内容："张华于 15 日乘 38 次列车抵达武汉，请接车。"可见，充分利用沟通双方共知对象的中介作用是正确实现码位简洁性的重要前提条件。

第三节　编码的基本要求

编码不仅应该遵循一定的原则，而且还应该符合一定的要求，只有这样，所编排的符号序列才能够完整地表达欲表达的意义，才能够有效地传递欲传递的信息，才能够使信宿有可能准确地译解载荷信息的符号意义，才能够使传递和交流信息的人际沟通活动顺利地进展下去。具体说来，作为信源的沟通主体在对欲传递的信息进行编码时应该符合以下几条基本要求：

一、对象要求

人际沟通作为人们之间传递信息与交流信息的一种社会活动，它总要涉及作为信源与信宿这两个方面的沟通主体。作为信源的沟通主体，其发出信息的目的无非是希望将自己欲表达和传递的信息内容完整地传递给作为沟通对象的信宿，并希望其所传递的信息能够准确地为对方所理解和接收。可见，人际沟通总是不同的沟通对象之间进行的信息传递与交流活动，任何形式的人际沟通活动都无一例外地有其特定的对象。一般来说，直接沟通的对象较之间接沟通的对象更为明确。因为在面对面的直接人际沟通中，沟通对象就在眼前，是直观可见的。而借助于技术媒介或第三者进行的间接人际沟通活动，其信源的对象尽管不在眼前，但是，作为发信方的沟通主体，其心中也是有着明确的沟通对象的。像通过"书信"、"通知"、"报告"等沟通方式进行的信息传递活动自不待言；即使是某些似乎无法确定其固定读者范围的作品，在其作者下笔写作之前，对其作品主要是写给什么人看的，也往往是有一定倾向的。也就是说，作者事先在心中对其作品的大致读者对象还是有数的。从人际沟通过程中信息传递的效果来看，通常，一次人际沟通活动成功与否的关键，在于沟通对象能否准确地理解和乐于接受信源发来的符号化信息。而不同沟通对象在职业特点、文化教养等方面的种种差别，又决定了他们的理解能力、接受程度上的差异。因此，对于作为信息发出方的沟通主体来说，从沟通对象的具体特点出发对欲传递的信息进行编码就具有十分重要的意义。如果我们在对沟通信息进行编码时注意满足这一要求，那么我们就可以做到事半功倍，省时节力，易于信息转换。否则，如果我们在编码时不注意特定沟通对象的具体特点，不考虑对象理解和接受的可能性，那么我们便是"无的放矢"，达不到预期的沟通效果。例如：民间曾流传着这样一则叫做"秀才买柴"的故事：某天，秀才上街，见到一个卖柴人，便喊："荷柴者过来！"卖柴人因听懂了"过来"两个字眼，就走了过去。秀才问："其价几何？"卖柴人只听懂了一个"价"字，便说了价钱。秀才嫌贵，就摇头晃脑地说："外实而内虚，烟多而焰少，请损之。"这酸溜溜的话令卖柴人听了莫名其妙，只得挑起担子就走。这里正是由于秀才犯了编码不看对象的错误才导致了人际沟通活动的失败。在现实生活中，因编码违反对象要求而导致人际沟通活动出现障碍乃至失败的情形也并不少见。例如，有个人口普查员填写人口登记表时问一位不识字的老太太："您有配偶吗？"老太太愣了半天也回答不上来，直到旁边有人解释说"他是问您有老伴没有"，老太太才恍然大悟。在此，人口普查员与老太太之间的信息传递之所以出现了障碍，其原因正是在于人口普查员没有根据沟通对象——老太太的文化教育水平进行信息编码。这一点对于同广大公众打交道的公共管理者尤其重要。其实，毛泽东早在《反对党八股》一文中就曾用"射箭要看靶子，弹琴要看听众"的生动比喻来说明"写文章做演说"不能"不看读者不看听众"的道理，这实际上也正是对人际沟通过程中的信息编码提出的对象要求。

二、策略要求

在人际沟通这样一种极其复杂的信息传递与交流活动中，不仅所涉及的信息内容多种多样，而且沟通双方的关系往往也是十分微妙的，有时需要正话反说，才能达到沟通的目的；有时又得言此意彼，才能适应特定场合的表达需要；有时因特定场合的制约，还需要含糊其辞。所有这些都表明，为了更加有效地传递沟通信息，作为信源的沟通主体应该从实际情况出发，根据特定的沟通情境，采用正确的策略对欲表达和传递的信息恰当地进行编码。在人际沟通过程中常用的编码策略主要有"平直"、"委婉"、"隐含"、"模糊"、"幽默"五种。

"平直"也就是明快，即信源有什么欲传递的信息就直接明显地用符号编排和表示出来，毫不隐晦、明明白白、痛痛快快，让信宿接收起来感到直截了当、一览无余。在人际沟通过程中，对于"平直"这一编码策略的使用常常受制于所涉及的信息内容，沟通双方的关系以及沟通的场合。一般来说，在下列三种情况下可以采用"平直"的编码策略：（1）当传递令人愉快的信息内容时，例如，传递表扬和赞许沟通对象的信息内容就可以采用"平直"编码策略。（2）当沟通双方的关系极为密切时，例如，如果沟通对象是同甘苦、共患难的挚友，那么有话就不妨直说，即使是一些不太好启齿的事情，也不必含含糊糊、吞吞吐吐，这样只会让对方觉得你见外。（3）当对方需要得到明确的信息时，例如，当我们在路上回答行人问路时，我们就不能含糊其辞，而应该使用明确的语词符号进行编码，平直地将对方所需的信息传输过去。作为人际沟通过程中的一种常用的编码策略，"平直"尤其适用于各级公共管理者向广大公众传递各项方针政策信息。

"委婉"即是指作为信源的沟通主体在不便于对欲传递的信息内容直接明显地用符号编排和表达出来时，而使用的一种曲折含蓄的编码策略。"委婉"最常见的表现形式就是"讳饰"。所谓"讳饰"，即是指对某些欲传递的信息内容不宜直接用犯忌或不雅的符号进行编码和表达，而是以能够美化或掩盖的其他符号代替之进行编码和表达，以便更为有效地传递沟通信息的一种策略。"讳饰"可以分为"美饰"或"掩饰"两种。"美饰"即是用美好的语词符号来代替犯忌的语词符号对欲传递的信息进行编码；而"掩饰"则是用一种非露却露的语词符号来代替犯忌、不雅的语词符号以达到回避、掩饰的目的，进而更为有效地传递欲传递的信息的编码策略。在日常生活中，使用这两种编码策略的情形是很常见的，例如，就"美饰"策略而言，人们常用"百年之后"代替"死"，用"还山"代替"下葬"，用"挂彩"代替"负伤"，用"有喜了"代替"怀孕"，用"发展中国家"代替"经济落后国家"，用"不受欢迎的人"代替"被驱逐出境的人"，用"无可奉告"代替"拒绝回答"，用"遗憾"代替"不满"，等等；而对于"掩饰"策略来说，人们则往往以"先走了"代替"早死"，以"来例假"、"来事了"代替"来月经"，以"解手"、"方便方便"、"去洗手间"、"去1号"代替"上厕所"，以"同居"代替"婚前或非夫妻前的性关系"，等等。在人际沟通活动中，一般的要求固然是要把欲表达的信息内容表达得尽可能清楚明白一些，直截了当一些。然而，有些人际沟通场合却不允许这样，或者不宜于这样，而是必须或者最好采取"委婉"的策略将欲传递的信息内容表现得含蓄、曲折一点。在特定的人际沟通场合采用"委婉"的策略对欲传递的信息内容进行编码，不仅不会影响信息的传递，而且还会增强信息传递的效果。因此，作为一种编码策略，"委婉"的作用正是为了使欲传递的信息更易于为沟通对方所理解和接受，使人际沟通效果达到最优化。

"隐含"与"委婉"有相似之处，二者都与前述"平直"策略相对，"隐含"这一编码策略与"委婉"又有所不同，"隐含"不是讳饰遮掩，而是以其特有的含而不露、讽喻暗示、弦外之音、语中有话的方式对不宜明确表达的信息内容进行编码，将欲传递的信息内容潜藏在符号表层的下面进行传递。采用"隐含"策略编码而成的信息符号序列，其语义不是由沟通符号的表面意义直接体现的，而是借助于语境，作为一种潜在的、连带的或伴随的语义现象而存在的。在日常的人际沟通中，采用"隐含"策略所编排的符号代码，其最典型的表现形式就是"意在言外"。例如，某君去拜访一位工作繁忙的朋友，临去时告诫自己稍坐片刻就走，以免影响人家工作。可是不想谈兴越来越浓，竟然坐了很长时间，主人有心辞客，又不便直说，于是趁某君说话的间隙，客气地说："茶凉了，再换点儿吧?"某君透过"茶凉了……"的语表，听出了隐含的"坐得太久了"的意思，急忙告辞。这里，作为信源的沟通主体（主人）采用"隐含"策略对欲传递的信息内容进行的编码，较之采用"平直"策略进行的编码要更易于使所传递的信息内容为沟通对方所理解和接受。可见，在特定的人际沟通情境中，采用"隐含"的编码策略无疑会更加有利于沟通信息的有效传递。但是，我们应当注意，采用"隐含"的编码策略必须依据沟通对象的特点，要结合特定的语境，否则就很可能给沟通对方的解码带来困难，进而妨碍沟通信息的有效传递。

"模糊"不等于含混不清，我们这里所说的"模糊"特指作为信源的沟通主体，为了使沟通对方更易于接受其所传递的信息内容，利用符号意义的模糊性和人们理解的灵活性而采用的一种信息编码策略。当今时代，人际沟通活动日趋频繁、复杂，要求人们在任何场合、任何语境都使用绝对精确的沟通符号来传递信息，这显然是不可能的。在有些人际沟通场合，采用"模糊"的策略对欲传递的信息内容进行编码，可以使负载信息的符号序列在人际沟通过程中具有更大的适应性和灵活性。使用这样编码的符号序列来传递信息，往往可以收到更佳的人际沟通效果。例如，约人见面，为了对人表示尊重，作为信源的沟通主体就应该采用"模糊"策略对其欲传递的信息内容进行编码。比方说："在您方便的时候（在您有空的时候），我去拜访您。"至于约你的上级领导或你的长辈到家里来，则更应该采用"模糊"策略进行信息编码。如果你采用过于精确的编码方式来表达和传递信息内容，比如说，"请您在明天上午 9 点 20 分准时到我家里来"，那似乎就有点不客气了，沟通对方很可能会被这最后通牒式的"勒令"所激怒。所以，最好还是采用"模糊"策略进行编码，比如可以用这样编排组合的符号序列来表达和传递信息内容："请您明天上午来，我在家等候您。"这样的编码方式显然就更便于沟通对方对信息的接受。

"幽默"一词是由英文单词"humor"音译而来的，在英文中，它有"会心的微笑"、"谑而不虐"、"非低级趣味的，只可意会的诙谐"等意义。作为一种编码策略，"幽默"是指将欲表达和传递的信息内容编码成既饶有风趣又含义深刻的符号序列，以收到良好人际沟通效果的一种技巧。采用"幽默"策略编码而成的符号代码，既引人发笑，又耐人寻味。在人际沟通过程中，这种符号代码往往可以巧妙地将信源欲表达和传递的信息内容传递给沟通对方，使所传递的信息易于自然而然地为沟通对方所接受。据说，德国大文豪歌德一天在公园的小径上散步，碰到了曾恶毒攻击过他的一位批评家，那位批评家傲慢地说："你知道吗？我这个人从来不给傻瓜让路。"机敏的歌德立即回答："而我却恰恰相反"说罢，他闪身转到一边给那位批评家让了路。这里，歌德正是通过其采用"幽默"策略编排而成的符号代码"而我却恰恰相反"巧妙地将其欲传递的信息内容——"我这个人则从来都给傻瓜让路，我给你让路，你当然也就是傻瓜"——传递给了沟通对方。可见，"幽默"是我们在对沟通信息进行编码时应该予以高度重视和正确运用的一种编码策略。无怪乎美国著名大众心理学家特鲁·赫伯将幽默视为一种最有趣、最有感染力、最有普遍意义的传递艺术！

三、角色要求

"角色"（role）是美国心理学家 G. H. 米德较早用于社会心理学的一个名词。实际上，这个名词在日常生活中已经流传甚广，成为习惯用语。"角色"一词本是一个舞台用语，指在戏剧或电影中，演员所扮演的剧中人物；而在社会心理学中，G. H. 米德则赋予"角色"概念以特定的含义：角色是一种行为模式，一种符合一个人的社会地位及其权利义务要求的行为模式。"角色"代表着一种社会期望，社会（以及他人）总是期望一个人按照自己的社会地位行事。行为者自己亦总是这样要求自己，经常会做出迎合这种期待的行为来。作为一种社会期望，"角色"往往对其承担者的言行举止具有一定的规范作用。我国古代就有"君君、臣臣、父父、子子"的行为规范，这实际上是对承担君臣、父子角色的人们提出的"角色期待"，若违反这些行为规范，则就叫做"君不君，臣不臣，父不父，子不子"，就要受到社会的谴责。尽管我国古代的这种行为规范带有一定程度的封建色彩，但是，即使是在具有高度文明的现代社会中，我们也不能不承认，一定的角色对其承担者在社会生活中的言行举止具有或多或少的制约作用。

一般来说，人们的各种社会活动都是在一定的角色关系中进行的，传递信息与交流信息的人际沟通活动当然也不例外。既然"角色"对其承担者在社会生活中的言行举止具有一定的制约作用；那么作为信源的第一沟通主体在对其欲传递的信息内容进行编码时，当然就应该根据沟通双方的角色关系对作为信息载体的言行举止等沟通符号作出恰当的选择和配合；否则便会使沟通信息的传递过程出现障碍，导致沟通对方对所传递信息的误解。例如，"刘大请客"的笑话就是因作为信源的沟通主体忽视沟通双方特定的角色关系，采用违背角色要求编排而成的符号代码传递信息所导致的人际沟通失败。据说，从前有个叫刘大的人，在他50大寿的时候，请了张三、李四、王五和赵六到他家里做客。结果等了大半天，只来了三个，还有赵六没来，刘大等得不耐烦了，叹了口气说："唉，该来的还不来。"张三听了以后，心里想："我可能是不该来的吧？"于是掉头就走了。刘大见张三走了，心里更急，说："唉呀，不该走的又走了！"李四一听，心想："看来，我是该走的了！"也就不辞而别了。刘大见李四又走了，不知所措，把两手一摊对王五说："你看，我又不是指他们！"王五心里想："你不是指他们，那一定是指我了？"于是气呼呼地，也走了。刘大见到这种情景，大失所望，无可奈何地长叹一声说："哎呀！怎么都走了！"如果我们从编码的角色要求来分析这个笑话，我们就不难发现：刘大这三句话之所以引起张三、李四、王五的误解，同沟通双方正处于一种宾主型的角色关系是分不开的。充当主人角色的刘大在对欲传递的信息进行编码时，没有顾及张三、李四、王五充当客人角色的心情。他对已经来了的张三说"该来的还不来"，就意味着张三是不该来的了；他又对没有走的李四说"不该走的又走了"，就意味着李四是应该走的了；最后他对剩下的唯一一个客人王五说"我又不是指他们"，当然就意味着是指王五应该走了。反之，如果沟通双方不是处于这种宾主型的角色关系之中，刘大的这些话就不至于引起沟通对方那样的误解了。可见，人际沟通的双方一经形成某种特定的角色关系，其用来表达意义和传递信息的符号代码就要受到其角色的制约。其实，不同的角色关系往往制约着沟通主体对沟通符号的选择，这一点在称呼词语的使用和语气句式的选择上表现得尤为突出。比如：不同的角色关系对称呼就十分讲究，我们知道，在东西方语言中，第二人称代词"你"与"您"在使用上都有区别，其区别正是在于称呼者与被称呼者的角色关系不同。再比如，几个人在一间屋子里谈话，因为天气太热，大家都感到必须打开窗子，但角色关系不同，沟通主体编码时所选择的语气和句式也常常不一样："小明，把窗户打开。"这是父亲对儿子说话的方式，用的是命令语气；如果是儿子对父亲说话，他则可能选择这样的句式："爸，我手头正忙着，您把窗子打开一下吧！"此时用的是请求的口气，并解释自己不能亲自打开的理由。如果是朋友之间，这个意思的表达方式又不同："能把窗子打开一下吗？"用的是商量的语气。如果客人与主人的角色关系还不太熟悉，但客人又要表达这层意思，客人很可能会说："哎，这屋里真热呀！"用的是委婉的句式，不直接表白打开窗户的意思，但主人能从客人的感叹中领悟客人的沟通意图。由此看来，即使是同样的信息内容，沟通双方的角色关系不同，编码时所选用的句式和语气也是大不一样的。有时候，随着人们社会地位的变化，人际沟通双方的角色关系也会发生变化，用来传递信息的沟通符号也必须进行相应的调整，如果沟通主体在编码时忽视了沟通双方角色关系的改变而一如既往地采用过去的编码方式，那么在人际沟通过程中沟通双方的信息传递就会因编码不当而受到干扰。

实际上，编码的角色要求具体来说应该包括两个方面的内容：一方面，要求沟通主体在对欲传递的信息进行编码时要考虑自己所充当的角色；另一方面，要求沟通主体在编码时还要考虑对方所担当的社会角色。就前一方面的角色要求而言，我们知道，一个人在社会生活中，在不同的时间和地点，对于不同的人，往往充当着不同的角色。例如，一个从事教育工作的人，在其所工作的学校里，对于他的学生来说，他充当着"老师"的角色；对于同一工作单位的其他教师来说，他又充当着"同事"的角色；在家里，对于他的妻子来说，他充当的角色是"丈夫"；对于其女儿来说，他又充当着"父亲"的角色；在骑自行车下班遇到红绿灯时，他是"公民"；在街坊邻里遇到了王大婶，他又承担着"邻居"的角色；如果是一个未婚男子在与女友约会时，他便充当着"恋人"的角色……人充当着什么样的社会角色，其言行举止就应该与其所充当的角色相适应；反之，如果混淆了角色，则可能会导致其作为信息载体的言行举止不成体统，进而影响人际沟通的效果。因此，我们在对人际沟通信息进行编码时，一定要使所选择和编排的符号代码符合我们自己所充当的社会角色，要明白什么时候、什么地点，我们应该选用什么样的沟通符号来表达和传递我们欲表达和传递的信息。在对欲传递的沟通信息进行编码时，作为第一沟通主体，我们不仅要使用来传递信息的符号代码与我们自己的地位和身份相符，而且还应该努力使我们所选择和编排的符号代码与沟通对方所充当的社会角色相适应，以便所传递的沟通信息能够更有效地为沟通对方所接受。人们常说："见什么人，说什么话。"如果从传统的观点来看，这句话原本是对那些不讲原则、投机取巧者的贬义评价；但是，如果我们从编码要求的视角来看这句话，那么它便可以被赋予新的含义，它可以作为对编码角色要求之第二方面内容的生动描述，即我们在对沟通信息进行编码时应该选择和运用那些适合于沟通对方角色的符号代码来表达和传递我们欲表达和传递的信息内容。例如，同是一个单位工作的同事，有上级、下级和同级的角色之分；同是一家人，有长辈、晚辈和同辈的角色差异，试想：如果我们不顾不同角色之差异，随便、任意地选用沟通符号来传递信息，那么信息传递的效果显然是要受到消极影响的。比如，上级可以拍拍下级的肩膀以示关怀；大人可以拍拍小孩的肩膀以示爱抚。如果反过来，则明显是违反了角色要求的，使用这种编码来传递信息，其人际沟通的效果当然也是可想而知的了。

四、美学要求

编码的美学要求主要是就言语沟通符号而言的。我们知道，言语沟通符号是一种音义结合而且可以进行分层组装的符号系统，当我们运用这种符号进行人际沟通时，我们往往是借助于语音负荷着语义去表达思想、传输信息的。尽管使用书面言语沟通符号进行的人际沟通活动没有声音，但是人际沟通主体无论是在对欲传递的信息进行编码，还是在对载荷信息的书面言语沟通符号进行解码，其发音器官都在参加活动，更不要说是念出声来了。因此，为了使载荷信息的言语沟通符号更好地为沟通对方所感知，使经过选择、编排、组合的符号代码更准确地表达语义、传递信息，作为信源的沟通主体在对欲传递的沟通信息进行编码时，就不能不注意利用言语沟通符号语音和语义的特点来增强沟通符号在信息传递过程中的美学效果。而增强沟通符号之美学效果的关键就在于对沟通符号进行恰当的选择和配合，若选择和配合得好，则使人感到顺口悦耳、声情并茂，有利于思想的表达、信息的传递；反之则会使人感到拗口刺耳，妨碍思想感情的表达，干扰人际沟通信息的有效传递，影响良好人际沟通效果的实现。可见，编码的美学要求对于优化人际沟通效果是十分重要的。

如前所述，增强沟通符号之美学效果的关键在于对沟通符号作出恰当的选择和配合，因而编码的美学要求自然也包括正确地选择符号和对符号进行恰当的配合这两个方面的内容。

首先，我们来看看第一方面的内容——正确地选择符号。俗话说："一句话能把人说跳，一句话也能把人说笑。"同一种信息往往可以借助于不同的言语沟通符号予以传载，这样就有一个如何正确地选择沟通符号的问题。在言语沟通符号这个大符号系统中，蕴藏着极为丰富的语词符号。在人际沟通过程中，我们常常可以根据不同的需要从中选取恰当的语词符号来表情达意。如果从编码的美学要求来看，作为第一沟通主体，我们在对欲表达和传递的信息内容进行编码时，应当讲求语言美，得体地选择和运用礼貌语言符号；使负载信息的沟通符号更富有美感和可接受性，使沟通对方感到"良言一句三冬暖"，以保证信道畅通无阻，人际沟通目标的有效实现。在人际沟通活动中，最容易违反美学要求的就是称呼语的选用。通常，人们对称呼恰当与否的问题，总是十分敏感的，尤其是初交，往往会影响人际沟通的成败。称呼不当会使人际沟通双方发生情感上的障碍，干扰信息的传递与交流，影响人际沟通的效果。据传说，古时候，有个年轻人骑马赶路，时至黄昏住处还没有着落。忽见迎面来了一老农，他便在马上高声喊道："喂，老头儿，离旅店还有多远？"老人回答："五里！"年轻人策马飞奔，向前驰去，结果一跑十多里，仍不见人烟。他暗想，这老头真可恶！非得回去整治他不可。并自言自语道："五里、五里、什么五里！"猛然，他醒悟过来，这五里不是"无礼"的谐音吗？于是，掉转马头往回赶。见那位老农还在路边等候。他急忙翻身下马，亲热地叫了一声："老大爷！"话没说完，老人便说："你已经错过了路头，如不嫌弃，可到我家一住。"这里，同是对老人的称呼，前者（"老头儿"）违背了美学要求，而后者（"老大爷"）则符合美学要求，称呼不同，人际沟通的效果便大不一样。可见，编码时符号的选择是否符合美学要求，对于整个人际沟通活动的成败具有决定性的影响。

上述编码之美学要求的第一个方面，主要是要求沟通主体在编码时应该利用言语沟通符号的语义特点正确地选择和使用沟通符号。而对于编码之美学要求的第二方面的内容——对沟通符号进行恰当的配合——来说，则主要是要求沟通主体在对欲表达和传递的信息内容进行编码时要利用言语沟通符号的语音特点，从音节的组合、声调的搭配以及韵脚的安排诸方面去增强言语沟通符号的美感，提高其在信息传递过程中的可接受性。具体说来，要求沟通主体在编码时应该努力做到如下三点：

1. 从音节的组合上求整齐美与参差美

人们在运用口头言语沟通符号进行人际沟通活动时，总是用一连串前后相继而又负荷着语义的音流构成语流来传递信息的，音节便是从语流中分割出来的最自然的语音单位，它是语言的实际发音单位。在使用书面言语沟通符号进行的人际沟通活动中，就我们的汉字而言，其书写符号通常是一字一个音节，所以音节的配合不仅在诗词等韵文里需要讲究，就是在日常的书面言语沟通活动中也不可忽视。无论是口头言语沟通符号，还是书面言语沟通符号，其在人际沟通活动中的整齐美和参差美往往都是从音节的配合中体现出来的。音节配合得好，不仅念起来顺口悦耳，而且使言语沟通符号层次清楚，语意顺畅，富有表现力和感染力。这样编码的符号序列在传递信息的人际沟通活动中当然就更具有可接受性。否则，如果音节配合得不好，则会使载荷信息的言语沟通符号给人一种呆板、杂乱的感觉，这样编码的符号序列自然就谈不上会有多强的可接受性，其传递信息的效果也是可想而知的。

2. 从声调的搭配上求抑扬美

"声调"是言语沟通符号的音节结构中不可或缺的成分，对于汉语言符号尤其如此。声调和音长、音高都有关系，主要表现为音节的长短升降变化。就汉语语言符号而言，由于一个汉字符号就是一个音节；所以声调又叫字调。现代汉语普通话分阴平、阳平、上声、去声。这四声按平仄分，阴平、阳平属于平声，上声、去声属仄声。平声语调平缓，仄声曲折多变，我们在编码时，若能做到使负载信息的符号序列声调协调、平仄相谐、有起有落、抑扬顿挫、节奏鲜明，就能收到说起来朗朗上口、听起来铿锵悦耳的效果，这也可以说是汉语语言符号的一个特点。因此，我们在实际的编码过程中便应该根据这一特点，自觉地注意音节的平仄搭配，使经过编排组合的符号序列获得一种语音形式的抑扬美，以达到更佳的人际沟通效果。

3. 从韵脚的安排上求回环美

"韵脚"是指句末押韵的词。从信息学的角度来看，声调的调配和句末的押韵都是为了追求美而采取的编码手段。为了使平仄交替、节奏鲜明，需要从同义词中选出最合调的语词；为了使韵脚和谐，加深印象，也需要从同义词中选用最合韵的字眼。诗歌、散文等文学作品要讲究押韵，这自不待言；但即使是在人际沟通活动中，沟通主体若能在编码时适当注意话语的韵脚安排，也同样能够增强言语表达的生动性和感染力，这对于沟通信息的有效传递也是很有好处的。

五、文化要求

我们每一个人都无一例外地生活在特定的民族文化圈之中。特定的民族文化圈往往具有自身特有的一套风俗习惯、生活方式、行为准则、思维方法和语言规范等。所有这些都在不同程度上影响着人际沟通活动的进展，尤其是影响着对沟通符号的信息解码。因为特定的文化对作为信息载体的沟通符号，犹如管道或轨道，不同民族的特定文化在某种程度上，对其沟通符号的运用具有制约作用。人们对某种沟通符号的使用和理解往往是以使用该种沟通符号的民族的文化背景为依据的。因此，作为信源的第一沟通主体，要想使自己欲传递的信息能够有效地为沟通对方所理解和接受，必须以沟通对方所属民族文化圈的沟通规范为基础进行编码，使我们用以表达和传递信息的符号代码符合沟通对方的文化传统。如果在编码时不考虑沟通对方的文化特点，不注意不同文化圈在沟通规范上所存在的差异，那么在实际的人际沟通过程中就会因编码不恰当、不得体而使传递沟通信息的通道严重受阻。我们知道，中国人和美国人分别属于两个不同的文化圈，当处在东方文化圈中的中国人与处在西方文化圈中的美国人之间进行人际沟通活动时，就不能不顾及彼此的文化特点。例如，由于东西方两种文化传统的不同，中国人与美国人在礼貌、谦虚表达上就存在很大的差异。中国人常常通过"自贬"和"扬他"两种形式来表示"礼貌"和"谦虚"，而美国人则一般不用"自贬"的方式来表示"礼貌"和"谦虚"。在中国，我们也许不难听到下属见了上司常爱说："我工作没做好"或者是"我才疏学浅，能力不足"之类的话以示谦虚；但是，在美国，如果下属对上司这样说则有被解雇的危险，因为上司会真的认为你没才能，不称职。有一位留美的中国学生初次见导师，谦虚地说自己成绩不好，望多指教。这在中国人看来很得体，但是他的导师却对他大失所望，心想带这样的学生真没劲。后来导师发现这位学生的程度并不差，于是惊奇地问这位学生见面时怎么不说实话。如果从信息学的角度来看，这位中国学生所说的话之所以引起美国导师的误解，其原因正是在于这位中国留学生在对其欲表达和传递的信息内容进行编码时，没有考虑到沟通对方是处于另一种不同的文化圈之中。他具有一套不同的风俗习惯、行为准则和思维方法。简言之，这位中国留学生在人际沟通过程中违背了编码的文化要求，选用了不符合沟通对方文化特点的符号表达式。其实，在东西方文化之间，符号的使用是有着很大差别的。比如，处于东方文化中的中国人历来重社会，表现出集体主义倾向；而处在西方文化中的美国人则具有重自我、个人中心主义的传统。两种不同的文化特点在语言符号的使用上表现得更为明显，在英语中"I"是个人主义和自我存在的象征，它在英文中要大写，带有强烈的个人主义色彩。而中国人则乐意使用表示集体的字眼，"我"常被改用"我们"。有时明明指"你们"，只有改称"我们"才算得体。比如，当老师跟学生说："你们要努力学习，你们要努力锻炼身体，你们长大了要为国家的发展贡献力量"时，听起来总觉得生硬，若把"你们"改为"我们"或"大家"，则听起来要亲切得多。难怪叶圣陶先生告诫中小学教师跟学生讲话要少用"你们"，多用"我们"！这是因为我们的民族文化不突出个人的成就和荣誉，而更多的是提倡集体主义精神。可见，特定的文化特点对于人际沟通符号的选用以及对人际沟通符号所负载信息的可接受性都具有十分重要的影响。因此，当我们在人际沟通过程中选用表达和传递沟通信息的沟通符号时必须符合沟通对方所属文化圈的特点，即要符合编码的文化要求。

六、时代要求

日月更新，星移斗转，时代变迁如沧海桑田，人们对人际沟通符号的使用也随着时间的推移而发生了很大的变化。就汉语语言符号而言，我们且不说古代的许多语词符号已经逐步淘汰，比如说，形容人的面貌"面如冠玉"、"樱唇一点"等，如今不会有人再用了；皇帝自称"朕"、"寡人"，称他人为"爱卿"之类的称谓语现在再用，就有不合时宜之嫌。即便是我们今天再听到30多年前人们常用的那些"革命"过头的言语沟通符号也往往会令人倒胃口。其实，从若干年前拍摄的电影中或者从若干年前出版的书籍中，我们都很容易发现人们在对言语沟通符号的使用上具有十分鲜明的时代特征。例如，在20世纪三四十年代拍摄的电影中，演员所使用的国语与今天我们所说的普通话显然就具有很大的差别。既然人际沟通符号具有明显的时代特征，那么发生在特定历史时期的人际沟通活动，其参与者在编码时对人际沟通符号的选择和使用就不能不受其所处时代的制约。试想，如果我们这些生活在21世纪的中国人在白话文早已取代文言文的现代社会生活中出口文言，再来什么"之乎者也"，岂不是会被人视为卖弄学问、故显高雅，乃至会像鲁迅笔下的孔乙己那样令人发笑吗？因此，在当今日常的人际沟通活动中，沟通主体在对其欲传递的信息内容进行编码时应该尽量选用与其时代相适应的沟通符号，亦即使其编码符合时代要求。只有这样，人际沟通过程中的信息传递效果才不会因沟通符号的时代差异而受到影响。可见，时代要求也是我们在人际沟通过程中不可忽视的一条基本的编码要求。我们常说的"什么时代说什么话"在某种意义上则正是对这一基本编码要求的生动概括。

第四节　编码过程简析

如前所述，人际沟通活动中的编码就是作为信源的沟通主体根据符号编排的规则（言语沟通符号的语法或非言语沟通符号的一般惯例）将自己欲表达和传递的信息内容转换为沟通对方能够理解的符号的操作过程。从信息学的角度来看，编码过程大致可以分为两大阶段：计划阶段和执行阶段。

一、编码的计划阶段

编码的计划阶段是指，作为信源的沟通主体决定欲表达和传递的信息内容以及怎样表达和传递这些信息内容的编码阶段。在这一阶段，沟通主体的基本任务就是：根据人际沟通的目的来确定沟通符号所载荷的信息内容以及应该采用的具体的沟通符号形式。就编码的计划阶段本身而言，它又包含两个基本的环节：构造和转化。

人际沟通信息编码的第一步就是构造，即建立要表达的思想、观念，确定要交流的意义、内容。由于人际沟通信息的编码是一种有目的的活动，沟通主体应该表达和传递些什么信息内容往往是根据人际沟通的目的而决定的。通常，沟通主体在决定应该表达些什么信息内容时，必须对沟通对方已有的知识、能力、需要等状况有一个基本的估计和了解。因为人际沟通和编码的目的都往往与此有关，对于同一个事件；由于沟通对方已具有的信息不同，作为信源的沟通主体可以有各种不同的描述。例如，对于"小张现在在什么地方"的回答，其详尽程度可以从"在中国"一直到"在某某学校十五号宿舍楼233室"，这在很大程度上取决于沟通对方已有的知识和需要以及人际沟通时的具体情况。人际沟通时的具体情境和语境对于沟通主体决定表达和传递什么信息内容也很重要，因为沟通主体只有考虑这个因素，才能确定所用沟通符号的直接意义是否重要以及与实际的意图是否相符，才能确定要表达的内容是否在语用上是恰当的，才能使其用以载荷和传递信息的沟通符号前后连置。

在决定了欲表达和传递的信息内容以后，接着就要把这些内容转化为具体的符号形式，这便是计划阶段的第二个环节——转化。这一环节的基本任务就是要把欲表达和传递的信息内容——原始信息转换，组织成具有特定符号结构的信息——符号化了的信息。在由原始信息向符号化信息的转化过程中，选择和组合是最为关键的两个步骤。所谓选择，其在编码中往往是多方面、多层次的，既包括言语沟通符号与非言语沟通符号这两大沟通符号系统之间的选择，也包括言语沟通符号与非言语沟通符号各自系统内的具体符号形式的选择。而组合则是根据一定的逻辑规则、语音规则、语法规则以及语义规则等把所选择的各种符号组合起来，以正确地表达欲传递的信息内容。组合如同选择一样，它也涉及许多方面和层次，仅就言语沟通符号来说，既有对构成语句符号的语词符号进行的组合，也有在构成语段的语句之间进行的组合，还有在一个个相对独立的完整话语片断之间进行的语段组合。应当指出的是，无论是言语沟通符号，还是非言语沟通符号，其选择和组合都必须遵循特定的规则。比如说，对言语沟通符号的选择和组合就要遵循一定的语法、音位等方面的规则；而对非言语沟通符号的选择和组合则必须遵循具有规则本性的一般惯例。只有这样，经过转换、组织而成的符号化信息才能够在后来的信息传递过程中发挥其表情达意的功能。

二、编码的执行阶段

即作为信源的沟通主体把计划好的符号化信息以物质的形式实现出来的编码阶段。它可以分为思维决策器官发出动作指令和效应器官执行动作指令两个部分。所谓思维决策器官即是指人的大脑。在编码的计划阶段，发挥作用的主要是沟通主体的思维决策器官，无论是对沟通内容的确定，还是对欲传递的信息内容的转化，都主要是由人的大脑来完成的。而效应器官主要包括手、足、口等人体器官。在编码过程中，当沟通主体把欲传递的信息内容转化为符号表达形式之后，他必须把符号化的信息从思维决策器——大脑发送到各个效应器官——手、足、口等，使它们执行指令，产生动作，向沟通对方发出所要发出的声音符号、动作符号、情态符号等。实际上，编码的这最后一个阶段是把符号化信息转换成肌肉的活动以产生各种传载信息的听觉符号、视觉符号、触觉符号等的过程，亦即从心理表征到肌肉动作的转换过程。心理表征是信息加工认知心理学用来说明在认知过程中对新的信息和已有知识如何编排和存储的基本观念。它是指将对象的某些特征及其相互关系在主体头脑中以另一种对应的形式予以表现。这种表现形式有不同的水平，既可能是形象的符号，也可能是抽象的符号。在编码的计划阶段，沟通主体在思维中的运作结果就是在头脑中建立有关人际沟通内容的心理表征，当沟通主体通过思维决策器官和效应器官将业已建立的心理表征转换为具有符号功能的肌肉动作时，他便基本上完成了编码的执行阶段的任务。

综上所述，人际沟通信息的编码是一个极为复杂的过程，其中的绝大部分内容是人的内部心理活动。如人们如何从人际沟通的目的意图到确定借助于人际沟通符号传载的信息内容，如何把信息内容转化为符号形式并发出各种具有符号功能的肌肉动作，这些都是难以捉摸和控制的。但是，尽管如此，仍然有许多国内外的学者从各自的学术背景出发对信息编码这个复杂的问题进行了有益的探索，积累了不少宝贵的资料，并且提出了一些具有重要参考价值的理论。所有这些都为我们进一步地剖析人际沟通信息的编码过程提供了重要的启示，如果我们以已有相关学科的研究成果为基础，结合人际沟通活动的具体特点，我们在此不妨将人际沟通信息的编码过程简要地勾勒如图 6-2 所示。

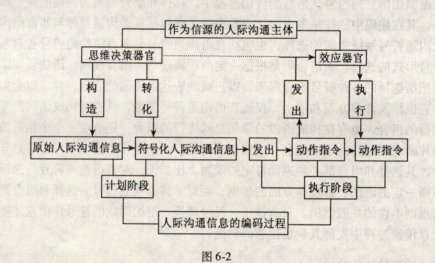

图 6-2

第七章　解码：人际沟通符号的破译

第一节　解码及其基本类型

一、解码的基本概念

从经典信息论的角度来看，当信号序列通过输出端输出之后，必须经过翻译，复制成消息，即把信号翻译成文字、图像等，这就是"解码"或"译码"。换言之，"解码"是将所接收的信号，依照一定的码规，译解、还原为消息，在申农的信息交流模式中，解码过程，即为接收器将信号转换为消息的过程。例如，电视机将无线电信号转换为图像，电影放映机将"透视"拷贝所产生的光、电信号还原为画面、声音，都是一种解码过程。在任何一次具体的通信活动中，信号必须通过解码或译码才能送到收信人的手里，成为收信人需要了解的信息。作为一种特殊的通信活动，人类传递信息和交流信息的人际沟通活动亦不例外。如果我们以经典信息论的"解码"概念为基础，再结合人际沟通的具体特点，我们不妨对人际沟通过程中的"解码"概念作如下理解：

所谓解码，它是指第二沟通主体（信宿）对第一沟通主体（信源）发来的信息符号（符号化信息）进行破译、领会和理解，以恢复其原义进而从中获取其载荷的信息的一种思维操作过程。从程序上来看，解码过程恰好与编码过程相反，解码也就是编码的反变换。

人能否摄取各种符号编码中所包含的本义信息或原义信息？即作为信宿的第二沟通主体能否理解沟通对方的原意（含义）？这是一个饶有趣味而又未曾从理论上得到彻底解决的问题。在此，笔者认为，在一般的或总体的意义上来说，对于这个问题，我们应该作出肯定的回答，就像面对"人能否认识世界"的问题一样。众所周知，人们每天都要与他人打交道，都要与外部世界进行信息交流，人们的言谈、举止、表情、神色、手势、动作以及出示什么物品，等等，无一不是在以言语沟通符号或非言语沟通符号发送信息并形成各种符号编码。人们如果不能破译各种符号编码的内在意义，不能摄取其中所蕴涵的信息，那么大家就不能彼此理解，更谈不上结成社会了。但是，我们也应当承认，对沟通符号的破译和对沟通信息的摄取过程是极其微妙的，稍有偏失，就会造成误会。在现实生活中，许许多多的矛盾和纠纷，往往都是由发送信息与摄取信息之偏失造成的。试想，我们有多少次对别人的言行产生了误解，别人又有多少次对我们的举止产生了误会，问题何在？究其原因，不正是在于对沟通符号的解码不当吗？因此，评价或检验人际沟通效果的最权威的标准只有一个，这就是要看作为信宿的沟通主体是否对作为信源的沟通主体所发出的信息符号有所领悟、有所理解以及领悟了多少，理解了多少。简言之，就是对信息符号的解码是否完整、准确。

二、解码的基本类型

我们在前面的第三章中曾经将沟通符号的意义大致分为"显意义"和"潜意义"两大基本类型。所谓"显意义"，它指的是人际沟通过程中的符号使用者根据基本的符号代码本，通过符号的表层结构便可以解译出的一种基本意义，它是一种较为稳定的并且具有规范性的静态意义。而"潜意义"则是指人际沟通过程中的符号使用者以基本的符号代码本为基础并且根据特定的语境，通过对符号深层结构的解释方可揭示出的一种隐含意义，它是在显意义的基础上引申和扩充出来的一种动态意义。与之相对应，人际沟通过程中的解码根据其对于语境的依赖关系不同也可以分为"解译"和"解释"两种基本类型。

所谓"解译"，它是指作为信宿的沟通主体对沟通对方发来的信息符号，依据基本的符号代码本，便可破译出其所包含的意义，获取其所载荷的信息的一种思维操作过程。由于这种解码形式只是通过沟通符号的表层结构便可破译出符号的基本意义，所以解译亦可称之为"表层的解码"。"解译"往往主要不是依赖于语境，或者说，在对沟通符号进行解译时，语境因素可以忽略不计，主要依靠的是基本的符号代码本。例如，莫尔斯电码的翻译，就无须参照某种语境因素，只要根据基本的符号代码本，按照既定的符号形式便可以直译出符号的意义内容。所以，有人认为："在依赖'代码'的情况下，收信者按照固定的'代码''解译'就足够了。"① 在人际沟通过程中，对于采用"平直"策略编排的符号代码来说，其意义的破译往往就是通过"解译"这种"表层的解码"来完成的。

与"解译"不同，"解释"不仅要求沟通主体在对沟通符号进行解码时要以基本的符号代码本为基础，而且更要求沟通主体参照各种语境因素，对发信方编排的符号代码进行创造性的思考。"解释"是远比"解译"更加复杂的一种解码形式，它是一种涉及众多因素的思维操作过程，由于"解释"是沟通主体在"解译"的基础上对沟通符号的潜在意义进行的深层思考，所以，与"解译"相对照，"解释"亦可以称之为"深层的解码"。

作为一种深层的解码形式，解释的最显著的特点就是依赖语境。一般来说，人们在进行人际沟通时，作为沟通主体的信源理应采用"平直"的策略对欲传递的沟通信息进行编码，以便使作为信宿的沟通主体能够清晰、准确地接收、理解符号代码的意义。但是，在许多情况下，由于语境诸因素的影响，作为信源的沟通主体常常不能或者不愿意采用"平直"的策略对其欲传递的信息进行编码，而是采用诸如"委婉"、"隐含"等其他编码策略，将其欲表达的意义内容隐藏在符号代码的表层结构之下。人们平常所说的"话里有话"、"言此意彼"、"指桑骂槐"、"潜台词"等都是这种情形的表现。对

---

① ［日］池上嘉彦：《符号学入门》，张晓云译，国际文化出版公司1985年版，第32页。

于这样编排的符号代码，仅仅依靠"解译"这种表层的解码形式，显然是难以揭示其潜在意义的。而这种符号代码所蕴涵的潜在意义只有通过先对其表面意义的解译，然后再综合语境的诸因素，经过沟通主体的推理、联想、分析、综合才能显现出来。可见，"解释"是作为信宿的沟通主体依据语境所进行的一连串思维活动的结果。也正是在这种意义上，日本符号学家池上嘉彦将"解译"视为"代码依赖型"的解码，而将"解释"视为"语境依赖型"的解码①。

第二节　解码的前提条件

解码是一种极其复杂的思维操作活动，作为人际沟通过程中的一个决定性环节，成功的解码至少应该满足下列两个基本前提条件。

一、建立一个"公共信号库"

在经典信息论中，"公共信号库"这个概念指的是信源与信宿之间的一种约定，在一般情况下，约定的内容越多，公共信号库就越大，信宿从信源那里能够获得的信息量也就越大。人与人之间进行通信的前提就在于信源与信宿具有可以共享的"公共信号库"或相互有重叠的知识库。作为一种特殊的通信活动，人际沟通也同样需要有一个"公共信号库"作为其成功的前提。通常，作为信源的第一沟通主体要把自己的思想、观念等信息内容传递给沟通对方，他只能在自己的知识和经验范围内进行编码。同样，作为信宿的第二沟通主体也只能在自己的知识和经验的范围内破译出沟通对方发来的沟通符号所蕴含的意义和所载荷的信息。这样，人际沟通双方知识和经验范围的交叉重叠，即存在一个"公共信号库"便成为人们之间有效沟通的基本前提。人际沟通双方在其知识库中只有具备一部分相同的先验信息，即存在一个"公共信号库"，彼此在人际沟通过程中才能相互理解，实现信息的传递与交流。否则，作为信宿的沟通主体在对信源发来的符号代码进行译解时至多只能接收语法信息，而不能接收语义信息，更不能接收语用信息。在现实生活中，我们不难发现这样的情形：作为发信方的沟通主体在传递信息时只是使用了很简单的符号代码，而作为收信方的沟通主体却能够"心领神会"，破译出发信方所要传递的全部信息内容，这其中的一个最重要的原因就在于人际沟通双方存在着一个"公共信号库"，相互之间具有一个重叠的知识库。这个"公共信号库"越大，说明人际沟通双方所具有的先验信息越接近、越相通，信宿的解码活动也就越能够有效地进行。反之，如果人际沟通双方的知识库中没有储存一部分相同的先验信息，彼此之间不存在一个可以共享的"公共信号库"，那么他们相互就不能理解，当然也就谈不上彼此之间能够进行有效的信息传递与交流了。例如，对于不了解交通指示灯"红、黄、绿"所表示的含义的人来说，他只能观察到不同颜色的变化，但却不能从中获得有关交通指示的信息。之所以如此，是因为这种人与交通指示信号的发出者

①　［日］池上嘉彦：《符号学入门》，张晓云译，国际文化出版公司 1985 年版，第 32 页。

之间没有一个可以共享的"公共信号库"。当然，人际沟通是一种远比普通通信活动更为复杂的特殊通信活动，其中的公共信号库并不仅仅是指信源与信宿之间的一些简单的约定，而是包含着多方面的内容。具体说来，作为成功解码必须满足的前提条件之一，"公共信号库"通常包括以下诸方面的要素：

1. 共同的符号代码本

我们在前面绪论中讨论人际沟通符号的相通性特点时曾经指出，人际沟通作用的发挥只有在作为信源的发信方和作为信宿的收信方掌握了统一的编码解码体系的情况下才能实现。简言之，人际沟通双方应该运用彼此相通的符号代码系统进行沟通，这实际上也就是说，人际沟通双方在传递和交流信息时必须使用共同的符号代码本。之所以要求人际沟通主体这样做，其道理很简单。众所周知，我们在人际沟通过程中总是以特定的符号代码作为传递信息和交流信息的载体的，人际沟通信息的获取总是以人际沟通符号意义的破译为前提的，如果人际沟通双方使用的符号代码本不同，信宿的解码就很难与信源的编码取得一致，当然也就达不到信息交流的要求。试想，我用汉语，你用英语，如果我们都不懂得对方的语言，又没有翻译人员在场，我们怎能破译对方沟通符号的意义呢？又如何理解和获取沟通对方所传递的信息？对于一个不懂英语的人来说，当他与一个只会说英语的人交谈时，他只能接收到不同频率的声波，却不能从沟通对方谈话中获得关于语言含义的信息，这便是由于人际沟通双方没有共同的符号代码本所致。据说，在英国西海岸的一个小岛上，住着数千名佛卡族人，他们以"哭"表示"欢乐"，喜庆时都要大哭一场；相反，碰到生离死别，则以"笑"表示"悲痛"，倘若我们与他们进行沟通，哪能不被误解呢？究其原因，这仍然是由于人际沟通双方没有共同的符号代码本所致。因为同样形式的符号代码，在人际沟通双方看来，代表的意义却截然相反。一般来说，任何一种符号代码本都是由基本的符号代码表和组合规则两部分构成的，有些复杂的符号代码系统，其符号代码的数量是无限的。比如，言语沟通符号系统中的符号代码，其数量就是无限的。词是符号代码，词组和句子等按一定组合规则组合的复合体也是符号代码。符号代码本的另一重要组成部分就是符号代码的组合规则。符号代码的组合规则常常具有不同的表现形式，言语沟通符号系统中的词法、句法是符号代码的组合规则；非言语沟通符号系统中的约定、惯例也是符号代码的组合规则；掌握符号代码的组合规则不仅对于正确地"编码"是十分必要的，而且对于成功地"解码"也是必不可少的。

2. 共有的文化背景知识

作为人际沟通信息的载体，无论是言语沟通符号，还是非言语沟通符号，它们都不仅是特定文化环境的产物，而且它们本身就是一种特殊的文化现象。因此，不仅是对人际沟通信息的编码不能脱离特定的文化背景，而且对人际沟通符号的破译更离不开特定的文化背景。在人际沟通过程中，作为信宿的沟通主体是否与作为信源的沟通主体共有一定的文化背景知识，对于正确的解码具有十分重要的影响。在现实生活中，由于沟通双方缺乏相通的（共有的）文化背景知识而导致的错误解码或解码失败的情形是不难发现的。

3. 类似的生活经验

生活经验是一个人生活阅历的积累。通常，生活在不同地区、不同时代的人往往具有不同的生活经验，因为在不同的地区和不同的时代，人们在生活方式和方言习俗上也往往存在着不同的差异。例如，20 世纪三四十年代的中国人与当今的中国人在生活方式上就有很大的不同，中国南方和中国北方在方言习俗上也存在着明显的差异。有这样一则笑话：一位南方籍的同志出差去哈尔滨办事，下火车之后天也快黑了，又带了不少东西，出火车站就向当地人打听："哪儿能找到旅馆住？"第一位被问的当地人回答说："往前走，那儿旅馆贼多！"这位外地同志一听此话心里一惊，见到了一个旅馆也没敢进去住。然后，他又接连问了好几个当地人，而得到的回答却都是一句类似的话："旅馆贼多！"结果他怕被盗，只好又返回了火车站，在候车室里蹲了一夜。后来，这位南方籍的同志才明白，哈尔滨人说话中的"贼"字表示"特别"的意思，当地人所说的"旅馆贼多"实际上就是指"旅馆特别多"，这与他所理解的"贼——小偷"的含义根本不同。这位南方籍的同志之所以对那些哈尔滨当地人所使用的符号代码产生了误解，其原因正是在于作为收信方的沟通主体（这位南方籍的同志）与作为发信方的沟通主体（哈尔滨当地人）双方没有类似的或共同的生活经验，信宿对信源所在地的方言风俗不甚了解，进而使信宿的解码活动发生了障碍，导致了失误，乃至出现了这种笑话。可见，人际沟通双方是否具有类似的或共同的生活经验，对于信宿解码的成功与否具有十分重要的影响。

4. 一般性的常识

所谓常识，它指的是一般人应该掌握的知识。常识是"公共信号库"中最基本的构成要素。我们在前面第六章中讨论编码的码位简洁性原则时曾经指出，在人际沟通活动中，我们应该以最经济的符号手段输出最大的信息量，使作为信宿的沟通主体能够在较短的时间内获取较多的有用的信息。然而，我们怎样才能以最经济的符号手段输出最大的信息量又不至于使信宿在解码时感到有困难呢？充分利用人际沟通双方对一般性常识的了解，应该说是保证信宿有效解码的基本前提条件之一。众所周知，我们在人际沟通过程中用来传递和交流信息的符号代码既有同形异义的现象，也有一词多义的现象，更有大量的省略、隐含、反语等情形。因此，作为信宿的沟通主体在对沟通符号的意义进行破译时如果没有一定的一般性常识作为基础，他不仅解释不出人际沟通符号的潜意义，而且连人际沟通符号的显意义也很难准确地解译出来。比如说，钢笔中是不会装进人的，这是一个显而易见的常识。但是，如果我们缺乏这一点起码的常识，那么我们也许就连最简单的一句话"John is in the pen"的意义都解译不出来，因为"pen"这个英文单词有同形异义的特点，它既可以表示"钢笔"，也可以表示"牲口棚"。而常识告诉我们，John 不可能待在钢笔里，而这句话的意思只能解译为"约翰在牲口棚里"。因此，常识对于正确解码的作用是显然的，它至少可以帮助解码者在英文单词"pen"的第一种意义"钢笔"之外寻找正确的答案。在深层的解码中，一般性的常识更可以帮助解码者解释出人际沟通符号的潜意义。俗话说："听话听声，锣鼓听音。"在人际沟通过程中，有许多隐藏在沟通符号之表层意义背后的话外音往往可以借助于一般性的常识予以揭示出来。例如，甲乙两人对话，甲说："李明说伦敦是法国的首都。"乙说："他可真聪明啊!"对于乙所说的话，我们便可以借助于一般性的常识来解释出其潜在的意义。虽然乙的话字面意义是"他（李明）聪明"，但是这句话传输的实际意义或语义信息却是"他（李明）愚笨"。而对"愚笨"之意的理解，来自于人际沟通双方共有的一般性常识，因为人际沟通双方都知道，"伦敦是英国的首都"这是一个一般性的常识，如果不具备这一常识，则当然谈不上聪明，在这种情况下说一个人聪明，实际上是讥讽之意。

5. 共通的专业背景知识

人际沟通的范围是极其广泛的，作为人际沟通的内容，人们之间相互传递和交流的信息内容也是多种多样的，既有十分普通的经验、情感，又有高度专门化的思想、观念。当人们之间所传递和交流的是一些专业性较强的信息内容时，人际沟通双方共通的专业背景知识便成为沟通双方"公共信号库"中必不可少的构成要素。我们知道，对人际沟通符号的译解，对人际沟通信息的接收，同人际沟通主体观念中已经储存的先验信息有着密切的关系。在专业性较强的人际沟通活动中，情况更是如此，一个没有一定专业背景知识的人尽管可以感知沟通对方传递过来的某种感性信号或符号，但他却并不能真正接收这种信号或符号所携带和传递的信息，因为人们对感性信号或符号意义的理解，对信号或符号所载荷的信息的接收总是以其已有的背景知识为基础的。比如说，一个天文学家通过天文观测仪器感光板所接收的微小光点，可以获得宇宙太空中某个遥远天体物质的信息，而没有天文知识的人却从中得不到这种信息，两者之所以从同样的感性信号中获得的信息不同，其原因无非是在于他们所具有的专业背景知识各异。对于一本专业性的科学理论著作的读解也同样是如此，外行人看到的只是一连串的文字、符号的连缀与组合，而不知其中包含着何种意义、负载着何种信息，但是专业工作者则相反，他们往往可以通过对一串串符号序列的解码，从中获取大量的有用信息，究其原因，这无非是在于外行人与科学理论著作的作者缺乏共通的专业背景知识。而专业工作者则不然，他们与科学理论著作的作者所共有的专业背景知识为其阅读过程中的正确解码，进而为读者与作者之间有效的人际沟通奠定了必要的基础。我们也许不会怀疑这样一个事实：如果一个社会科学家不懂原子科学知识，那么他当然就无法就"裂变反应和聚合反应"等专业性很强的问题同自然科学家进行信息交流。由此可见，只有人际沟通双方具备一部分共同的或相通的专业背景知识，人际沟通双方才会有"共同的语言"，专业性较强的高层次人际沟通活动才有可能有效地进行。

6. 相当的修养水准

"修养"是一个含义十分宽泛的概念，我们在此所说的"修养"主要包括人际沟通双方的思想修养和文化修养。通常，不同的思想修养和文化修养往往决定着人们对事物的认识和理解。而作为人际沟通双方"公共信号库"中的一个重要组成部分，人际沟通双方修养水准是否相当常常会影响到信宿解码的效果进而会影响到整个人际沟通活动的成败。就思想修养而言，具有不同思想修养水准的人常常会对同样的人际沟通符号产生不同的理解。有这样一个故事："文革"时期，兰州军区司令员皮定均将军经过一个哨位时，他问哨兵："想不想家呀！"哨兵答道："报告首长，为了革命，不想家！"谁料到这样的回答竟会招来将军的斥责："革命就不要家了？没有家哪来国？连家都不想咋保国？大话、空话、套话、假话！"将军接着对哨兵说："不想家的兵不是好兵。记着，要想着家里的父老，才能对得起肩上的钢枪。"这里，哨兵之所以对皮定均将军欲传递的信息产生了误解，其原因正是在于哨兵的思想修养水准与皮将军的思想修养水准不相当，哨兵没有从皮将军那较高的思想修养水准上去理解他的话，因而才招来了皮将军的斥责。人际沟通双方的思想修养水准不相当可能会致使信宿的解码出现误差，人际沟通双方在文化修养上的差异同样也会导致信宿解码的失败。因为对符号含义的把握，实质上是符号与其使用者及其文化和知识背景"互动协商"的过程。人们所处的文化修养层次不同，即使是对同一符号代码也会作出不同的理解。例如，曾有这样一个流传颇广的"小幽默"：一对情侣晚上出去散步，男士大概是一个具有较高文化修养的文人，而女士或许是比较务实、文化修养不太高。当他们见到月色很好时，男士便发感慨道："多好的月光啊……"女士马上应道："明天好晒衣裳……"这里之所以产生某种喜剧效果，主要是因为男女双方在文化修养水准上存在着较大的差异，男士的编码与女士的解码不是处于同一文化修养水准上。男士说"多好的月光……"，既有"月光好"的显意义，更重要的还有由此生发而出的一些富有诗意的"潜意义"。但是，他的女友在对这一符号代码进行译解时，虽然解译出了"月光好"的显意义，但是却没有像她的男友所希望的那样去解释这一符号代码的潜意义。相反，她则是由"月光好"这一显意义联想到"天气好"，由"今天天气好"推想到"明天天气也会好"，乃至"会出太阳"，最终便得出"明天好晒衣裳"的结论，以此作为对男友所发消息的"反响"。在此，作为信宿的女士之所以未能破译出其男友欲传递的实际信息内容，进而导致信息的交流出现了偏差，其原因无非也是在于人际沟通双方没有相当的文化修养水准，女士那较低的文化修养决定了她不可能对具有较高文化修养水准的男友发出的符号代码作出准确的解码。

综上所述，人际沟通双方的"公共信号库"是一个内容含量十分丰富的先验信息库，其中所存储的每一种先验信息对于沟通主体的正确解码都具有不可忽视的作用。当然，人们头脑中业已存储的先验信息或背景信息并不是先天固有的，也不是主观自生的，而是人们在同外部世界的相互作用中，通过对外部信息的接收、加工、储存，不断积累起来的。总之，不断地积累信息，以之为背景，建立一个可以为人际沟通双方所共享的"公共信号库"，是我们在人际沟通过程中正确解码的基本前提条件之一。不过，应当指出的是，建立一个可以为人际沟通双方所共享的"公共信号库"是成功解码的必要条件，但不是充分条件，即使人际沟通双方建立了一个"公共信号库"，也未必就能保证信宿可以准确无误地破译出沟通对方所传递过来的符号意义，因为解码是一种极为复杂的思维操作活动，其成功除了需要人际沟通双方有一个"公共信号库"之外，它还必须满足另一个基本的前提条件，这个基本的前提条件就是我们下一小节要讨论的

"正确地利用语境"。

二、正确地利用语境

"语境"这个词是语言学、逻辑学、心理学界广泛使用且理解各异的一个术语。至于"语境"究竟指的是什么，尽管目前学术界对它的解释和使用相当灵活，似乎具有很大的随意性，但是总的来说，对"语境"的解释和使用则不外乎以下两种情况：即狭义的理解和广义的解释。所谓狭义的"语境"概念，它相当于同英语语词"context"对译的"上下文"或"前言后语"。例如，在口头言语沟通活动中，假定有话语A—B—C，那么A、B相对于C，A、C相对于B，以及B、C相对于A来说，都是语境。而在人际沟通中，广义的"语境"概念则不仅限于此，它常常还包括人际沟通的社会环境和自然环境、人际沟通的场合以及人际沟通双方的有关因素，如沟通的目的、对象，沟通双方的身份、职业、经历、思想、性格、处境、心情等。本书所谈及的"语境"是指后者，即广义的"语境"概念。

语境作为现代符号学的一个重要范畴，它主要是语用学的研究对象。在人际沟通这种传递与交流信息的社会性活动中，载荷信息的沟通符号，无论是一句话或一个词，还是一种姿态或一种表情，其意义的最后确认往往是通过借助于语境来完成的。比如说，汉语中的"工夫"这一语词符号既可以指时间，又可以指造诣（此与"功夫"同义）。如"他真有工夫"，这句话究竟是前者的意思，还是后者的意思呢？关键就要看它处在什么样的语境之中。如果在杂技场里，一个演员表演了一个高难度的动作，某甲说："他真有工（功）夫！"而且某乙接着话茬往下说："可不，这准是从小就练起的。"这样，杂技场这一人际沟通场合以及某乙接着说的这句话等语境因素显然已经对"工夫"这一语词符号的意义作出了规定，即是指"造诣"；倘若在另一个很普通的人际沟通场合，某甲说："他真有工夫！"而某乙却接着说："反正他也没有什么正经事干"。此时，"工夫"这一语词符号的意义也便因语境的变动而发生了变化，其意义明显不是指"造诣"，而只能是指"时间"，即"他时间多得很"。因此，发生在特定语境中的人际沟通活动，不仅其编码环节要受到语境的制约，而且更为重要的是，"语境"对于正确地破译人际沟通符号的意义亦具有举足轻重的作用。国外心理学家曾经做过这样一个实验，把录在录音带上一段对话中的单个的语词和短语剪出来，为了尽量减少声音失真，实验采用了专业剪接技术。当这些单词和短语拼接在一起录在一个空白磁带上放给从未听过原对话的被试者听时，他们只能辨认出百分之五十的孤立的单词，但是却能够辨认出百分之八十的由两个、三个或四个单词构成的短语。研究者由此也得出结论，人们甚至不能正确地听出语词，除非了解这些语词的上下文语境。事实上，要正确地领会和把握人际沟通的真实意图，没有上下文的帮助是无法实现的。例如："你心可真够好的"这句话，从表面上看起来，它是一溢美之词。但是，在特定的语境中，它的含义恐怕就不那么简单了。比如说，有一对夫妻，丈夫喜新厌旧，有了外遇，于是提出和妻子离婚，妻子不同意，丈夫对妻子说："只要你同意离婚，什么都好说，房子归你，存款归你，另外我每个月还承担你300元钱的生活费。"妻子冷笑一声道："你心可真够好的。告诉你，想离婚，没门儿！"在这样的一个语境中，我们才能领会妻子说这句话的真正含义，任何一个思维正常的人都绝不会认为妻子此时真的是在表扬丈夫。可见，在人际沟通过程中，作为信宿的沟通主体只有借助于特定的语境才能准确无误地理解和获取沟通对方运用沟通符号所负载和传递的真实信息。

关于语境在人际沟通过程中的作用，人们曾从不同的角度作过有益的探讨，就言语沟通符号的解码而言，语境的作用主要体现在以下几个方面：

1. 语境有助于人际沟通主体准确地断定沟通符号序列中"索引词语"的真实所指

所谓"索引词语"，指的是那些离开语境便不知所指的词语。由于"索引词语"可以指称不同的对象，所以离开语境便很难说它表达的是什么概念，而只有将它们放到特定的语境中才能明确其真实所指。"索引词语"最主要的表现形式就是指代用语。在人际沟通活动中，作为避免用词重复、简练文字，加强句间联系的重要手段，指代用语是普遍存在的。在言语沟通符号系统中，表示指代关系的用语既有语词，例如："你、我、他"等人称代词，"这、那"等指示代词，以及英文中的冠词和动词 do 等；也有短语，如，汉语中的"这样一来"以及英文中的"this way、that fact、these cases、those factors"等。在对言语沟通符号进行解码时，人际沟通主体必须正确地判断指代用语的所指，否则就难以对整个人际沟通符号序列或语句作出正确的理解。而指代用语之所指的正确判断则往往又必须借助于一定的语境才能实现。试比较下面这两个句子：

①The city council refused the women a parade permit because they feared violence. / 市政委员会拒绝给妇女们游行许可证，因为他们害怕暴力。

②The city council refused the women a parade permit because they advocated violence. / 市政委员会拒绝给妇女们游行许可证，因为她们提倡暴力。

在这两个句子中，同是一个人称代词"they"，其所指却不同，在第①句中，人称代词"they"应该理解为是指"市政委员会的委员们"；而在第②句中，人称代词"they"则应该理解为指的是"妇女们"。在此，为什么同是一个人称代词"they"会导致两种不同的理解呢？这是因为第①句中的"they"后面跟的是动词"害怕"（feared），而第②句中的"they"后面则跟的是动词"提倡"（advocated），两句的唯一差别就在这里。从言语沟通符号本身的规则来说，并没有规定这两个"they"指的是哪些人，我们之所以作出上面这样的理解，则完全是语境作用的结果。其实，在日常生活中，即使是一句看起来十分简单的话，如"这一点他不赞成"，往往也必须借助于特定的语境才能予以正确的理解，因为离开了特定的语境，我们既不知道"他"指的是谁，也不明白"这一点"指的是什么，当然也就更谈不上能够对整个语句的意义有一个准确的把握了。

索引词语除了表现为上述指代用语之外，它常常还包括诸如"今天"、"去年"、"下个月"等表示时间的名词或短语。作为索引词语，这些表示时间的名词或短语，如果离开了特定的语境，其所指同样是无法理解的。因为这些名词或短语的所指只有相对于特定的语境才能确定，例如"昨天下了一场大雪"，离开了特定的语境，我们便不能确定究竟"哪一天"下了一场大雪。

2. 语境有助于人际沟通主体准确地理解省略形式的语句符号所负载的完整信息含义

"省略句"是人们在人际沟通活动中使用得极为普遍的一种言语沟通符号形式，何谓省略句？在一定语境中省去句子的一个或几个成分，有时省去的甚至是构成完整的语法结构所必需的成分，这种形式的语句符号便叫做省略句。省略句有多种表现形式，其中的一种表现形式是对话省。例如，"你在单位里从事什么工作？""秘书。""还兼做其他的什么工作吗？""不。"这便是对话省，在对话中两处省略主语，最后一句答语省得只剩下一个作状语的副词"不"了。承前省是省略句的另一种表现形式，例如，"我爱热闹、也爱冷静，爱群居、也爱独处"。此为承前省。第一分句"我爱热闹"有主语"我"，而后三个分句"爱冷静，爱群居，也爱独处"，它们的主语也都是"我"，由于承接前文，所以统统省去。与承前省相反的一种省略句形式是承后省，例如，"听到朋友的忠告，我只好微微一笑"。此乃承后省。在前一分句中，听到忠告的主语"我"没有出现；但是它在后一分句中出现了。此外，在日常的言语沟通活动中还广泛地存在着一种省略句形式，这就是习惯省。例如："你真是，花这个钱干什么！"在这个语句中，"真是"什么呢？这里有一个没有说出口的、你知我知的意思。省略形式的语句符号就其本身而言，难免是含混的，但是由于既定的语境，所以它们反而倒显得精练简洁了。实际上，人们在日常的人际沟通活动中使用的言语沟通符号往往是一种省略的形式；但是，尽管如此，作为信源的沟通主体却可以运用它毫无困难地表达思想，作为信宿的沟通主体也可以依靠它毫无困难地获取信息，其原因就在于语境的作用。比如，在公共汽车上，乘客常说："三个百货大楼。""三个百货大楼"对于乘客所要表达的"我要买三张到百货大楼的车票"来说，显然是一种省略的言语沟通符号形式，但是，在这个特定的语境中，哪个售票员都能够准确地理解说话人所要表达的意思。从本质上说，言语沟通符号就是一个不自足的系统。从表达的功能来看，言语沟通符号并不会把所要表达的东西都体现在字面意义上。从解码的角度来看，许多言语沟通符号所负载的真正含义单从言语沟通符号结构本身也是无法解释的。在特定的语境中，人际沟通双方常常进行的是一种"只需意会、不必言传"或"只可意会、不可言传"的人际沟通活动。

在言语沟通符号系统中，"独词句"可谓最典型的省略形式，对"独词句"的理解可以最有力地说明语境对于省略句的解码所具有的重要作用。任何一个独词句，离开特定的语境，其所表达的意义就很难确认，因为它在不同的语境中常常被赋予特定的语用意义。例如，独词句"鱼！"就是如此：如果是在钓鱼的时候说这句话，它可能是表示"鱼来了"、"你这儿有鱼了"或"鱼咬钩了"，如果是在副食菜市场说这句话，它可能是指顾客买了鱼出来，怕碰周围的人弄脏衣服而表示提醒；它也许是指前边顾客的鱼从篮子里掉出来了，后面的顾客提醒他；它也可能是指卖鱼的售货员在聊天没注意到顾客的购货，顾客在提醒售货员；它或者是指顾客交完钱走时忘记拿鱼走，售货员提醒顾客等含义。至于这个"独词句"到底指的是什么意思，我们只有将它置于特定的语境之中才能破译出这种省略形式的言语沟通符号所表示的完整意义。"火"这个语词符号也同样是如此，当它作为一个独词句进入人际沟通场合时，这个独词句便因语境的不同而附上了不同的语用意义：《三国演义》写赤壁之战前夕诸葛亮和周瑜共商对策，各人仅在手掌上写了一个"火"字就达成默契，简明而完整地表达了"用火攻的策略"；夜间长途跋涉，正愁没处投宿，同伴中有人突然惊叫一声"火"，此时，这个独词句所表达的是"前面有人家，有落脚的希望了"的意思；消防队员乘着疾驰的消防车朝报警方向开去，突然有人遥指某处高喊了，一声"火"，这时，它所表达的又是"那儿起火，快去扑灭"的意思；两位抽烟的伙伴拿出香烟正要送往嘴边，其中有一位摸了摸自己的衣袋说"火"，对方自然明白是向他要打火机……同是一个独词句"火！"，人际沟通的场合不同，语境发生了变化，其所表达的意义和传递的信息便不一样。因此，当我们在人际沟通过程中对各种省略形式的言语沟通符号进行解码时，我们便应该根据特定的语境，补充句子的省略成分，使各种省略形式的语句符号恢复其原型。倘若我们能做到这样，那么，即使是对于那些单独看来简直令人莫名其妙的省略句来说，其意义的破译似乎也不会有多大的难度。

3. 语境有助于言语沟通符号的意义专一化，从而获得确定的话语意义

言语沟通符号系统中的语词符号和语句符号是丰富多彩的，它们往往具有高度的灵活性，在不同的语境中，它们的意义也常常呈现出多样性。就语词符号而言，语词符号是言语沟通符号系统中有意义的且能够自由运用的最小造句单位，其意义就往往是多样的。一个语词符号，当它储存在词库里的时候、仅仅是词汇系统中的一个成员，是备用材料，一旦派上用场，和其他的语词符号或短语组成了语句，进入具体的语境之中，就表达出各种不同的意义。但是，这些意义在每一个具体的语境中则是单一的、确定的、不可更改的。例如，"意思"这个语词符号在下面五个语句中就分别表达了五个意义：

①"乌托邦"就是没有的意思。
②老李的意思是先开会统一思想，然后再分头行动。
③他有点儿想撒手不管的意思。
④这次玩儿得真有意思。
⑤这点儿礼物表达我的一点儿小意思。

"意思"一词在第①句话中指的是"意义"；在第②句话中指的是"意见"；在第③句话中指的是"趋势或苗头"；在第④句话中指的是"趣味、情趣"；而在第⑤句话中则指的是"心意"。

在言语沟通符号系统中，像"意思"这一类多义词为数不少，这是词汇语义丰富的表现。我们在人际沟通活动中之所以可以运用这类多义词有效地传递与交流信息而不发生歧义，关键就在于具体的语境能够使语词符号的意义专一化。

语句符号的情况和语词符号的情况一样。单独一个语句，其意义往往是不确定的，一个语句只有在具体的语境中才能获得确定的意义。在现实生活中，同样的一句话语符号，出现的时间和场合不同，其所表达的意义和传递的信息显然有所差异。例如，"我心里不好受"这句话，如果是在饭后说的，它便可能是指吃饭后胃不舒服；如果是在刚刚生完气说的，它就表达的是情绪很不好；倘若是在听了他人讲完不幸事件之后说的，那么它则表示的是心情沉痛。其实，同样的一句话，出自不同的人际沟通对象之口，其意义也常常是不一样的。例如："我走不动了！"如果这句话是从一个长途跋涉或从一个体弱多病的人口中说出来的，其意思便是指路程太远，体力支撑不了，该休息休息；如果这句话是从一个同父母一道散步的小孩口中说出来，它则是"撒娇、希望抱一抱"的意思。对于同一句话，即使是同一接受对象，在不同的心境下，其对意义的理解也是不一样的。例如，妻子下班回家，男方问："你怎么才回来？"如果夫妻关系好，女方心情好，她则会认为是关心体贴；如果不是这样，即使男方说话的口气很平和，并无恶意，女方也会认为这是对自己不信任、盘问、刁难，说不定以此为导火线，大闹一场。在此，语境的作用是显而易见的。

4. 语境有助于人际沟通主体准确地推断言语沟通符号的"言外之意"

如前所述，人际沟通符号的意义大致可以分为"显意义"和"潜意义"两种基本类型，而言语沟通符号的"言外之意"便是人际沟通符号潜意义的一种典型的表现形式。"言外之意"是蕴藏于言语沟通符号表层之下或超乎言语沟通符号本身的一种暗示意义，与表达"显意义"的言语沟通符号不同，表达"言外之意"的言语沟通符号与其自身的字面意义常常是不相吻合的，它通常因某种原因而带有一定的隐含性，而对于这种言语沟通符号"言外之意"的正确理解，则必须借助于语境，通过推理，透过沟通符号的字面意思去了解说话者的意图才能实现。否则，我们就根本无法弄明白这种言语沟通符号所要表达和传递的真正含义和真实信息。例如，"我想趁年轻的时候多学点儿东西"这句简单的话语符号，如果孤立地看这句话，也许看不出它会有什么"言外之意"，但是，如果这句话是一位姑娘对小伙子说的，那么小伙子借助于语境就不难推断出蕴藏在言语沟通符号表层之下的"言外之意"："姑娘要中断与他的来往。"实际上，同样是一句话，在不同的人际沟通语境中，其所表达的"言外之意"常常是不一样的。

有时，当某些言语沟通符号一进入特定的人际沟通语境，其表达的"言外之意"不仅与其自身的字面意义不相吻合，反倒与之完全相反。比如，"你可真有能耐"这句话，从表面上来看，它有"夸奖"、"赞赏"之义，但是，如果有"这么点儿事你都给办砸了"作前言或后语，或者不说出来，而有共同了解的事实情况作背景知识，那么它则有"责怪、讽刺"之义，即："你可真无能！"这样，其字面意义与"言外之意"就显然是完全相悖的。

语境不仅在以上诸方面有助于人际沟通主体的正确解码，它对于非言语沟通符号意义的准确破译也同样可以发挥其重要的功能，因为非言语沟通符号既具有模糊性的特点，更具有语境依赖性的特征。无论是何种类型的非言语沟通符号，如果脱离开特定的语境，只能是一片模糊的形象。例如，"皱眉"这一非言语沟通符号在激怒、气愤、痛苦、同情或全神贯注时都会出现，其含义之悬殊简直与爱和恨一样大相径庭。"眉毛一扬"，可能表示"欢迎"、"承认"、"吃惊"、"惊愕"，甚至强压住的"愤怒"；"皱皱眉"、"耸耸鼻子"、"噘噘嘴"、"做一个鬼脸"等动作，其含义也很庞杂，最普通的意思是"不赞成"，但它们也可能是一种绝妙的"挑逗"动作。对于这些含义十分模糊的非言语沟通符号，我们仅从这些符号本身是无法准确判断出它们所表达的意义的，而只能根据特定的语境来辨认、断定其具体的符号意义。

为了更好地说明语境对于非言语沟通符号的正确解码所具有的重要作用，我们在此不妨再举出著名的通俗科学作家 M. 伊林著作中引用的一个例子。用实物这种标志语沟通符号作为人们之间传递和交流信息的沟通工具，自古到今都是很常见的。据说，某些部落就是用贝壳来作为沟通工具的。相传，两部落间发生摩擦，其中的一个部落派使者给另一部落送去了一封"实物信"——即一条带子上并列着四个贝壳：一个是白的，一个是黄的，一个是红的，一个是黑的。

对于这封"实物信"，可以作如下两种完全相反的理解：

第一种理解是："我们愿意同你们和好（白色），如果你们愿意向我们纳贡（黄色）的话；假如你们不同意，那我们就向你们宣战（红色），把你们杀光（黑色）。"

第二种理解是："我们向你们求和（白色），准备向你们纳贡（黄色）；如果战争（红色）继续下去，那我们就非灭亡（黑色）不可。"

哪一种理解正确呢？这就要看当时信息发出方和信息接收方所处的特定语境。如果发出信息的一方比接受信息的一方强大得多，而且正在显示出种种实力的话，那么第一种理解就是正确的；如果发出信息的一方远比接收信息的一方弱小，而且正处在信息接收方的武力威胁之下，那么正确的理解则应该是第二种。

可见，非言语沟通符号所表达的意义和所传递的信息只有在特定的人际沟通语境中才能显示出来，才能被人们准确地理解，语境对于非言语沟通符号的解码常常具有决定性的意义。

综上所述，语境是人际沟通活动中的一个十分重要且极为复杂的变量，它无论是对于言语沟通符号的读解，还是对于非言语沟通符号的破译，都具有非常重要的影响。正是由于语境对于信宿的正确解码具有如此重要的影响，因此，在人际沟通活动中，作为信宿的沟通主体在解码尤其是在进行深层的解码时则应当正确地利用语境，以达到对沟通符号的准确译解和对沟通信息的完整获取。

第三节　解码的过程分析

如前所述，人际沟通活动中的解码就是指第二沟通主体（信宿）对第一沟通主体（信源）发来的信息符号进行破译、领会和理解，以恢复其原义进而从中获取其载荷的信息的一种思维操作过程。从其程序上来看，解码过程大致可以分为两大阶段：即感知阶段和理解阶段。

一、解码的感知阶段

"解码"始于对沟通符号的感知。在人际沟通过程中，当沟通对方向我们发出信息时，他首先要通过沟通符号这一媒体作用于我们的感觉器官。作为信宿，要想获取沟通对方欲传递给我们的信息，同样也必须首先通过眼、耳、鼻、舌、身等感觉器官同载荷沟通信息的沟通符号发生联系，接收沟通符号的刺激，从感官上把握沟通符号的表现形式，为进一步理解沟通符号的意义进而从中获取其载荷的信息奠定基础。

在解码过程中，对沟通符号的感知是由沟通主体的感觉神经系统来完成的。沟通主体的感觉神经系统是由感觉器官、大脑皮质的相应部位（分析器中枢）及联系它们的神经通路组成的，其中对于沟通符号的感知具有决定性作用的是各种感觉器官，因为感觉器官是沟通主体获取沟通信息的门户，它通过感受器接受来自沟通符号的刺激，并将信息沿着感觉神经通路传到大脑皮质中感觉分析器的中枢部分，从而产生关于沟通符号的感知觉，这是解码过程的起始环节，在这个环节中，沟通符号是刺激物，由刺激物发出的能激发感觉器官并因此对机体发生效应的物质能量是刺激。物质能量以各种形式——发光的、振动的、化学的、热量的、机械的等形式存在着，它们携带着各种沟通信息。沟通主体的感觉器官由神经通路而同大脑皮质的相应部位（感觉分析器中枢）相联系；感觉器官因结构和功能不同，接收的刺激也不同，相应的感觉器官接收相应的物质能量的刺激，这些刺激由神经通道传入大脑皮质的相应部位，引起相应的反应，产生相应的感觉，如视觉、听觉、味觉、嗅觉、皮肤感觉等。在人际沟通过程中，人们用以获取信息的感觉器官主要有视觉器官、听觉器官以及皮肤感觉器官三种。视觉器官即眼，它的功能在于感知物体的形象、运动和颜色，它在人的感觉功能中占有重要的地位，一个正常人从外界所接收的信息，绝大部分来自视觉，视觉是由光刺激引起的。首先，光线透过眼的折光系统，到达视网膜，并在视网膜上形成物像；然后，光刺激兴奋视网膜的感受神经单位，产生神经冲动，沿视神经传导到视觉中枢而形成视觉。在人际沟通活动中，对诸如书面言语沟通符号以及动姿沟通符号、静姿沟通符号，情态语沟通符号、近体学沟通符号和标志语沟通符号等大部分非言语沟通符号的感知就是由沟通主体的视觉器官——眼来完成的。因此，视觉器官是沟通主体在解码过程中感知沟通符号的重要感觉器官之一。感知沟通符号的另一重要感觉器官是听觉器官——耳。耳的结构可分为外耳、中耳和内耳三个部分，内耳之中与听觉有关的是耳蜗，耳蜗的螺旋器（或叫柯蒂氏器）上的毛细胞是听觉的感觉器，它的适宜刺激是声波（20～20000 周/秒的振动波）。声波入耳先要经过传音系（外耳、中耳），再传到感音系（内耳的螺旋器）。毛细胞受刺激而兴奋，它们产生的冲动经听神经到达听中枢，引起听觉。如同视觉器官——眼一样，听觉器官——耳在人际沟通过程中也具有十分重要的作用。我们知道，在日常的人际沟通活动中，口头言语沟通符号以及辅助言语沟通符号和类语言沟通符号也是使用频率很高的沟通符号形式，我们交谈、演讲、谈判等无不是在使用这些人际沟通符号传递和交流信息，而对这些常用人际沟通符号的感知则正是通过我们的听觉器官——耳来实现的。此外，皮肤受到刺激也会产生多种感觉，皮肤感觉按其性质可分为：触觉、压觉和振动觉、温觉和冷觉、痛觉和痒觉等。由于人体有像听觉、视觉这样接受远距离刺激的感受器，所以皮肤感觉功能的一部分常被掩盖着。但是，在日常的人际沟通活动中，且不说对丧失听觉的聋人或失掉视觉的盲人而言，皮肤感觉特别是触觉能发挥代偿作用，即使是正常人不是也在广泛地使用着各种触摸语沟通符号传递和交流信息吗？而对这些触摸语沟通符号及其所载荷的信息，人际沟通主体不正是通过其皮肤感觉器官来感知和获取的吗？

从本质上说，人们对于任何沟通符号的解码首先都得通过感觉器官这个门户，只有感觉器官首先感知了沟通符号，沟通主体才能在此基础上译解沟通符号所蕴含的意义，进而获取其所载荷的信息。反之，倘若沟通主体的诸如眼、耳、鼻、舌、身等感觉器官连沟通符号都感知不清，那么沟通主体则谈不上对沟通符号的意义能够有什么正确的理解，更不可能准确地获取沟通符号所载荷的信息。举一个很简单的例子，假如有人对你说："你能够借给我十元钱吗？"碰巧你对普通话的"十"与"四"的读音区分不清，于是你将声波还原成"你能够借给我四元钱吗？"的语句符号，在这种情况下，你对沟通符号的误解就是由于你的听觉器官不能正确地感知语词符号"十"的读音而导致的。因此，我们说，对沟通符号的正确感知是沟通主体正确解码的起点和第一步。

应当指出的是，感知只是进一步理解的前提条件，即使是沟通主体准确地感知了沟通对方发出的信息符号，也并不等于他就能自然而然地理解沟通符号的含义，更不等于说他就能轻而易举地从中获取信息。沟通主体要想实现成功的解码，还必须把握好理解这一重要环节。

二、解码的理解阶段

"理解"较之"感知"更为复杂，对于解码过程中的这一决定性环节，曾有不少认知科学家从不同的学术背景进行过有益的探索并且就此提出过一些颇具启发性的理论模型，其中对于我们最具有参考价值的理解模型有自下而上的理解模型和自上而下的理解模型。

自下而上的理解模型蕴含了一个基本的假定，即理解从个体符号的解码开始一直到获取整个符号序列的意义。认知主体要掌握整个符号序列的全部意义，就必须加工作为整个符号序列之构成部分的子符号序列，而这种加工取决于认知主体是否分析了构成那些子符号序列的个体符号。按照这种理解模型，理解过程是有组织的、有层次性的。要达到任何一个水平，认知主体就必须首先达到所有低级或简单一些的水平；但反过来说，达到低级水平并不一定就能保证达到高一级的水平。显而易见，这种理解模型强调的是符号本身的作用。

而自上而下的理解模型则不同，它强调的是认知主体的作用。其理论前提是，理解在于以最短的时间、最少的努力，从符号序列中构造出意义；有选择地使用最少的、最有成效的线索来构造意义。因此，认知主体所要做的是，尽可能不去依赖个体符号的细节，而探索符号序列的意义和符规制约关系。按照这种理解模型，理解的起点是认知主体头脑中已有的知识（它包括有关外部世界的一般知识和有关符号结构、符号使用的知识），而不是新感知到的符号。认知主体已掌握的有关沟通主题的知识越多，其对沟通符号理解的效果就越好，其对个体符号的特定信息的依赖也就越少。因此，自上而下的理解模型强调认知主体的主动作用。

尽管上述两种理解模型都具有一定的合理之处，但是它们也都因其固有的缺陷而受到批评。就自下而上的理解模型而言，其最主要的缺陷在于它过于狭隘的假定：理解就是从符号序列中提取意义的过程。许多研究表明，在理解过程中，符号仅仅是信息的一个关键来源，其他信息来自认知主体已有的知识。因此，这里的问题是，虽然符号是以层次结构的形式把信息呈现给认知主体的，但是认知主体却可以直接在任何水平上提取并平行加工已有的信息。具体说来，认知主体能够并确实以自上而下的方式激活已有的知识，以之补充或预期来自符号序列的信息流。对于自上而下的理解模型来说，其缺陷也是显而易见的，我们知道，任何整体都是由部分构成的，没有部分，整体也就无法辨认，其意义当然更难以理解，许多研究已经表明，尽管熟练的认知主体对高层次的微妙线索更加敏感，但是这并不等于说，认知主体在辨认个体符号时不加工或不完全加工个体符号的信息，无论上下文的预测性如何，认知主体总是要注视每一个作为符号序列之构成要素的个体符号，并注意到它们的细节。可见，自上而下的理解模型与自下而上的理解模型一样，都具有片面性：自下而上的理解模型没有认识到认知主体带进理解过程中的高层知识的作用，而自上而下的理解模型则不承认低级加工水平的重要性。

基于以上认识，笔者认为，解码过程中的理解是一个需要认知机制的积极参与并受到语境控制的多层次信息处理过程。如果我们从系统论的观点来看的话，那么解码过程中的理解阶段就可以被视为由分析系统、知识系统、（语境）控制系统和推理系统四个子系统构成的一个十分复杂的认知系统，其中的每一个子系统都对沟通符号的正确理解具有极为重要的影响。分析系统的功能在于对感知到的沟通符号进行音、形、义的分析，由于承载特定沟通信息的沟通符号是由语形、语义和语用三个层次构成的一种表达—意义结合体，所以当沟通主体感知到某种沟通符号时，接着的任务就是要在上述几个层次上对沟通符号进行分析、处理。知识系统存储靠已往经验积累的世界知识，它的基本组织形式是知识框架，用于分门别类地存储相关的知识内容。在一定的上下文或人际沟通情景的控制下，沟通符号触发相关的知识框架，将其由知识库中提取出来参与对沟通符号的理解。世界知识在填补沟通符号序列中的"空缺信息"、建立沟通符号序列的连贯性时有着不可忽视的作用，正是由于"共有知识"的存在，人们之间传递信息和交流信息的人际沟通活动才有可能实现。在人际沟通过程中，有许多沟通符号从形式上看往往都是不连贯的，这是因为沟通主体对某些双方共知的内容作了预设和省略。因此，沟通主体在对沟通符号进行理解时，必须依赖相关知识，对省略的信息内容进行补充，对沟通符号的真实含义作出推断。所以知识系统既是符号解码时符号外部信息的主要来源，又是推理系统的前提资源之一。控制系统主要包括诸语境参数，例如，人际沟通活动的参与者、人际沟通活动的时空特征、人际沟通的目的以及前因后果等。语境参数的变化，直接影响到知识系统对符号理解的参与。在解码过程中，人际沟通主体应根据语境信息的变化，及时并灵活地对沟通符号所触发的知识框架进行选择、限制、调整或补充。作为控制系统，语境除了触发相应的知识框架之外，它还能够限制沟通符号的语义结构，减少其歧义性和模糊性。部分语境信息还可能对现有知识框架进行扩充，使知识库不断增添新的内容，提高人的解码能力。控制系统反映了理解的灵活性和不确定性，从根本上改变了传统的静态理解模式，增强了我们对理解随语境变化的认识。推理系统的基本原理是根据前提（已知数）X、Y……推导出结论（未知数）Z。但是，理解中的推理和形式逻辑的推理有一定的区别，形式逻辑的推理程序是由一套公理规则（真值表）预先编制好的，其推理结果是二元择一（非真即假）的、确定的；而理解中的推理由于牵涉到语境和世界知识等易变因素，其推理程序带有较大的"随机性"，推理结果具有一定的或然性和不确定性。理解中的推理，其目的是根据思维的理性活动，以沟通符号的基本意义为基础，参与世界知识和语境参数，揭示沟通符号所蕴含的真实意义，获取沟通符号所承载的信息内容。一般来说，理解中的推理可以分为两类：第一类是直义推理，它根据沟通符号、知识框架和语境提供的前提，经过思维处理，得出沟通符号"言如其意"的结论。在这一过程中，推理还起着填补信息空白、建构信息内容、连贯表层上非连续的信息的作用。第二类是转义推理，转义推理往往在直义推理的结论与沟通符号的宏观结构（如言语沟通的话题）不相符时进行，对沟通符号的"言外之意"作出可能的解释，其基本过程是对沟通符号"言此及彼"的过程进行推导。这里，有必要提及的是，以往人们大多认为理解中的推理主要局限于言 A 指 B 的现象，而不大注意直义沟通符号也须经推理方可达到理解。事实上，推理是解码过程的理解阶段贯穿始终、必不可少的中心环节。

至此，我们可以对解码过程中的理解作如下概括：理解是牵涉多信息层面且易受语境影响的一种综合处理和推导沟通符号所蕴含的意义及所承载的信息的理性活动。

第八章　噪音：人际沟通的障碍

第一节　人际沟通噪音及其分类

一、噪音与人际沟通噪音

"噪音"本是电信学中的一个术语，指影响设备和系统正常运行的各种干扰。例如，在通信系统中，信号从发射机到接收机传输过程中所受到的干扰（如串扰、电磁感应、大气环境等影响）；某一系统中电流、电压、声音、数据等的随机变化（如数据中出现没有意义的数位、字符等）。在日常生活中，噪音几乎是无所不在的，电话中的杂音、"蜂音"、收音机的失真、电视机荧光屏上的"雪花"噪扰，都是一种噪音。噪音可能是人为引起的，例如，电器开关的触点毛病，电气设备的启闭以及荧光灯（日光灯）产生的电磁辐射等；它也可能是自然事件引起的，例如闪电、风暴、太阳辐射以及星际辐射，这些不能为人们所预料和控制的噪音，通常叫做"随机噪音"。

到了 20 世纪 40 年代末，随着信息论的产生和发展，人们对"噪音"概念的认识也得到了进一步的深化。在经典信息论中，"噪音"被理解为任何加入信号的传输和接收过程，但并不为信源所要发送的东西。目前，"噪音"的概念已经被扩大为除了需要的信号和经过选择发送出去的消息之外的所有干扰，或者是任何使所要传输的消息不易被精确编码、解码的东西。

作为所有对正常信息传递的干扰，噪音在通信活动中是客观存在的。如同控制论的创始人维纳所认为的那样，信息在到达时总要比发出时更含糊而绝不会更清楚，信息的传递过程总是同噪音过程相互制约的。这种噪音过程叠加在信息传递过程中，就发生了消息的畸变、逸失、失真等现象，这就是维纳所说的"信息逸失过程"。

噪音不仅存在于一般的通信活动中，在人际沟通这种特殊的通信活动中也同样存在着噪音。因为人际沟通的本质就在于传递和交流信息，人际沟通信息的传递过程中也同样会存在有各种各样的干扰，只不过人际沟通过程中的干扰比一般通信过程中的干扰在内容上更加复杂，在形式上更加多样罢了。例如，就作为信源的沟通主体而言，其口语中的一个错误的发音、停顿，其书写时的一个错字、一个不适当的标点，都可以成为沟通对方译解沟通符号的"噪音"。从作为信宿的沟通主体来看，一种身体上的某种不适，甚至一个旁骛的念头，也可以成为其接收信息和解码过程中的"噪音"。可见，人际沟通语境中的"噪音"概念较之经典信息论中的"噪音"概念在含义上显然要宽泛得多。在人际沟通过程中，一切妨碍信息有效传递和交流的干扰因素，均可视为"噪音"——"沟通噪音"。无论这些"噪音"产生于人际沟通过程中的哪一个层次、哪一个环节，它们往往都会在一定程度上增加消息编码和解码中的不确定性，导致信息在发送和接收时失真，从而模糊、干扰了信息发送方的沟通意图，限制了既定情形、既定时间内所要发送的信息量。因此，对沟通噪音及其克服对策的探讨必然成为人际沟通研究的重要组成部分。

二、人际沟通噪音的分类

在电信学中，对于"噪音"，人们传统上往往根据其来源将其分为两大类：一类是设备或系统外部产生的噪音；另一类是设备或系统内部产生的噪音。对于系统外部产生的噪音还可以进一步分为人为噪音和非人为噪音。人为噪音包括电力线、电机、电炉等电器设备工作时所产生的工作噪音，以及由各种无线电发射机形成的无线电干扰等。非人为噪音包括由太阳、银河系等宇宙星体的电磁辐射所构成的宇宙噪音，由雷电所造成的天电噪音，大气辐射所形成的大气噪音，地面热辐射所产生的地面噪音，等等。设备或系统内部产生的噪音是指由各种有源器件（真空管、半导体器件等）产生的散弹噪音以及电阻、传输线等各种无源器件所产生的热噪音，等等。此外，噪音按其性质也可以分为高斯噪音、脉冲噪音和无线电干扰三类。

在通信系统中，噪音因其来源不同而主要包括来自信源的噪音，来自信宿的噪音以及来自传媒的噪音三大类。作为一种特殊的通信系统，人际沟通是沟通主体在特定的沟通环境中运用各种沟通符号作为载体来传递信息和交流信息的一种社会活动。沟通主体、沟通符号和沟通环境是构成人际沟通这一特殊通信系统的三大基本要素。与之相对应，有人根据人际沟通的内在结构将沟通噪音分为三种不同的类型：一是由于沟通主体的原因而产生的沟通噪音；二是由于沟通符号的原因而导致的沟通噪音；三是由于某些不利于人际沟通信息有效传递的环境而引起的沟通噪音。

以上关于噪音和沟通噪音的诸多分类思想无疑为我们进一步对人际沟通噪音进行科学而实用的分类提供了有益的启示。通过以上几章的分析和探讨，我们不难发现，人际沟通的确是一种极为复杂的信息传递与交流活动。它涉及的变量是十分繁多的，影响人际沟通活动正常进行的因素也是多方面的。如果我们参考以上关于噪音和沟通噪音的分类思路，以沟通噪音的产生原因为基础，从多学科、多视角出发对沟通噪音进行考察，我们不妨将干扰人际沟通信息有效传递和交流的常见沟通噪音分为生理学噪音、心理学噪音、物理学噪音、语言学噪音、社会学噪音以及文化差噪音六大基本类型。

第二节　常见人际沟通噪音及其克服对策

一、生理学噪音及其克服对策

所谓生理学噪音，指的是因人际沟通主体自身身体器官的不适，而引起的各种妨碍人际沟通信息正常传递和交流的干扰因素。由于传递信息和交流信息的人际沟通活动首先是一种生理活动，它需要沟通主体充分调动其各方面的器官去发送和接收沟通符号，并对各种承载信息的沟通符号加以选择、处理。所以，不仅一个健康的人与一个不健康或有生理缺陷的人对同一消息的接收会有所不同，例如，盲人对于视觉消息、聋人对于听觉消息都难以有什么反应；即使是作为正常人的沟通主体在生理上也都客观地存在着个体差异，例如，有人的听觉器官相对来说更灵敏一些，而有人的视觉器官较之他人则相对要弱一点，还有人的发音器官较之他人却更能够清楚、流畅地表达信息内容。所有这些客观存在的个体生理差异在人际沟通过程中都可能会在一定程度上影响着人际沟通双方正常的信息传递与交流。比如说，沟通主体因近视而看不清楚沟通对方说话时所辅助使用的表情等非言语沟通符号；沟通主体因听觉器官不灵敏而识别不出沟通对方所使用的语调和语势；沟通主体因口吃或吐字不清等生理原因而不能流畅、清晰、准确地发送言语沟通符号，等等。这些都是生理学噪音妨碍人际沟通信息正常传递的典型表现形式，而其中的诸如沟通主体的近视、耳背、口吃等干扰因素即是我们在此所说的人际沟通的生理学噪音。

对于人际沟通主体来说，人际沟通的生理学噪音往往是诸多沟通噪音中最令人感到棘手的干扰因素之一。但是这并不意味着人际沟通的生理学噪音就是不能克服的。克服这种沟通噪音所需要采取的最根本的一条对策就是沟通主体应该以极其坚强的意志，积极主动地针对各自生理缺陷的成因进行系统的训练。以干扰信息发送的"口吃"为例，由于口吃者往往容易养成孤独、退缩、羞怯、恐惧、焦虑、自卑等不良个性，他们大多不愿意与他人接触，在人际沟通活动中多独处一隅，即便参加这些活动，他们也会因心情紧张而口吃得更厉害，进而严重地妨碍沟通信息的有效传递。因此，对于"口吃"这种沟通噪音，除了外界应为克服口吃患者的紧张情绪创造良好的环境之外，作为人际沟通主体的口吃患者本身而言，还应克服内在的不利因素，积极主动地、有针对性地训练自己：第一，应该努力消除自身的心理障碍，即消除对口吃的自我注意。一般来说，口吃患者的性格都是比较内向的，他们往往把注意力转向自我，容易留心自身的缺点。他们愈是发现自己有缺点，便愈会产生心理压力，进而愈可能使口吃加重。因此，消除心理障碍是矫正口吃的关键。第二，要有坚强的意志。"口吃"这种生理现象不是一下子形成的，当然也不可能在一个早上把它根除掉，对于克服口吃这种沟通噪音，如果没有坚强的意志，再好的办法也无济于事，只有知难而进，持之以恒，才能达到克服口吃的目的。古希腊德桑西尼斯从严重口吃者到天才演讲家的例子，就可以作为一切口吃患者锤炼自己意志的榜样。第三，要有信心。树立信心对于克服口吃是很重要的，因为人际沟通主体若没有信心，一旦在克服口吃的过程中碰到了困难，出现了反复时，他就会动摇决心。第四，要积极地克服紧张等消极情绪。情绪与口吃关系很大，在情绪轻松、安定时，口吃较轻；在恐惧、着急、紧张时，口吃较重。因此，作为人际沟通主体的口吃患者要随时调整好自己的情绪，力争心平气和，不慌不忙地讲话；要培养乐观精神，克服自卑心理，克服不敢在人多场合说话的胆怯心理，打消对说话的恐惧感。当感到精神紧张时，可以进行自我暗示，如自言自语道："我一定不要紧张，也用不着紧张；我能够把话说清楚；我不怕别人笑话我，别人也不会笑话我。"同时，也可以做几次深呼吸，使自己的情绪缓和下来。第五，要加强语言训练。通常，口吃者唱歌时并不口吃，因此，有节奏地同时轻而慢、柔和而又连贯地谈话是对口吃患者语言训练的要求，他们谈话时辅以手势和表情也有助于克服口吃。此外，口吃者在谈话前先要考虑成熟后再说；没有人在场时，要多练习朗诵，如果条件允许，要将自己的谈话录音，然后放出来给自己听，找出不流畅之所在，分析产生的原因，以便心中有数；有些人口吃是因为某些词语的发音有困难所致，有针对性地多练习这些词语的发音，就可以消除言语沟通时的障碍。

克服人际沟通的生理学噪音除了要求沟通主体应该以极其坚强的意志，积极主动地针对各自生理缺陷的成因进行系统训练这一根本性对策之外，就具体的人际沟通信息传递活动而言，"重复传递"与"多通道传递"等行之有效的传统对策对于有效地克服人际沟通的生理学噪音也是不无帮助的。当沟通主体因听觉器官不甚灵敏而难以完整准确地接收到沟通对方发送来的信息符号时，便可以采用"重复传递"的方法来提高信息接收的有效程度；当沟通主体因视觉器官不良而接收不清沟通对方传来的沟通符号时，"多通道传递"的对策便能够通过两种人际沟通符号体系的相互补充和相互辅助来消除生理噪音对信息传递的干扰，进而增强沟通主体对载荷信息的沟通符号的准确理解。

二、心理学噪音及其克服对策

人际沟通的心理学噪音指的是沟通主体自身所具有的各种干扰沟通信息有效传递的心理因素，这种沟通噪音纯粹是由于沟通主体自身的主观原因所导致的。在人际沟通过程中，沟通主体的心理状况不仅对于沟通信息的编码和发送具有明显的制约作用，而且对于沟通信息的接收和解码亦具有较大的影响。

就信源对沟通信息的编码和发送而言，最常见的心理学噪音就是作为信源的第一沟通主体所产生的羞怯心理。羞怯，即害羞与胆怯，它是在与人交往中因感到恐惧、紧张而表现出来的防御情绪和动作反应。在日常人际沟通活动中，我们不难发现：有的人轻松自在，谈吐自若，应对自如；而有的人则口未开却脸先红，不敢正视对方，低头垂眉，手足无措，言不成句，声音微弱，羞羞答答、忸忸怩怩，言行举止都显得失常，这后一种情况在心理学中就叫做羞怯心理。一般来说，羞怯心理是一种正常的情绪反应。一方面，它是一种普遍的、人人都可能体验过的心理活动，只是反应的剧烈程度不一样，从而主观体验不同；另一方面，羞怯心理所引起的生理反应是短暂的，反应过后，生理功能又恢复正常的平静。因此，它无损于身心健康。但是，羞怯者所具有的各种表现形式已经表明，羞怯心理的产生对于人际沟通过程中的信息传递，尤其是对沟通信息的编码和发送无疑是一种障碍，如果这种心理特别严重或者形成了恶性循环，那么它对人际沟通活动的顺利进展就会产生更大的危害。

既然如此，怎样才能克服羞怯心理呢？要克服羞怯心理，首先必须弄清楚这种心理噪音产生的原因，只有这样才能对症下药。从生理心理学的角度来说，羞怯心理的产生，是由各种心理因素引起的紧张情绪，在大脑皮层形成了优势兴奋中心，按高级神经活动的负诱导规律而产生抑制作用，阻碍了大脑皮质原有暂时神经联系的接通。当大脑皮层对低级中枢控制失调时，便容易产生胆怯和冲动，导致羞怯。如果从社会心理学的角度来看，羞怯心理存在的根本原因在于对安全感的过分追求——只求太平，不想冒点儿风险。羞怯者常常担心自己被别人否定，思考多于行动，对于他们来说，自己的一举一动，一言一行，都是一幕幕演出，别人正一刻不停地对他们的言行举止在作评价。他们总是把别人看做是他们的"法官"，自然，他们跟周围的人在一起时就会感到不自在。缺乏自信，过于自卑，怯于担风险，这些可怕的"离心力"使羞怯者不能全面地认识自己的潜在能力，同时又使羞怯者很难与他人亲密相处。此外，有人认为羞怯心理与社会文化教养有关系。有些人之所以羞怯，其原因之一就在于他们接受的是一种"羞怯教育"，受到很多不许给自己家族丢脸的清规戒律的束缚，因此变得谨小慎微，怕失败，不敢冒风险。与此同时，还有人从先天与后天的区别上来解释羞怯的原因，先天型的羞怯很大程度上是生理现象。例如，在生疏环境中通常心跳加快的幼儿，遇见生人就常常害羞或害怕。这表明，生理上的羞怯现象牵涉到非常敏感的神经系统。相反，后天型的羞怯是在青少年时期开始的，这种羞怯完全出于社会经验不足，它是由一个人的生长环境所引起的。当然，无论是先天型的羞怯者，还是后天型的羞怯者，都需要接受一些人际沟通训练；这样，其羞怯心理就会逐渐得到改变、缓解乃至完全消除。

鉴于羞怯心理的各种原因，我们在此简要地介绍几种人们在长期人际沟通实践中总结出来的克服羞怯心理的有效方法。

（1）松弛训练法。当沟通主体在人际沟通过程中感到心理紧张、心跳过速的时候，可以转换一下视线，变换一下姿势，说两句寒暄之类的话，这样可以有助于沟通主体消除人际沟通过程中产生的紧张心理，进而克服干扰人际沟通活动正常进行的羞怯心理。

（2）认知平衡法。羞怯大多由自卑心理不平衡状况所导致。在人际沟通主体因其自卑而导致胆怯的时候，可以在内心进行认知的自我平衡；不要轻易否定对自己，相反，多想想如何去纠正别人的错处，进而增强自己的自信心。

（3）气氛转换法。在与他人进行沟通时，作为发信方，你可能会由于某些原因而难以启齿，从而产生心理紧张、脸红。这时，你可以迅速转换话题，使气氛得到缓和。待气氛有利于你准确有效地发送、传递信息时，你便可以恰当地选择沟通符号，正确地向沟通对方发送欲传递的沟通信息。

（4）模仿法。作为易于产生羞怯心理的人际沟通主体，应该经常注意观察和模仿一些泰然自若、善于沟通、活泼开朗者的言谈、举止、风度，对照自己的弱点加以克服。这正如社会心理学家乔纳森·麦克所说的那样，开朗的伴侣对羞怯者来说像一座桥，引导他们步入广阔的社交界。

干扰信宿准确译解沟通符号和有效接收沟通信息的心理因素较之制约信源正确编码和发送沟通信息的心理因素要复杂得多，限于篇幅，笔者只打算就其中最常见且影响最大的典型心理学噪音——偏见及其克服对策作简要的探讨。

所谓偏见，用心理学术语来说，又叫心理定势，或者叫刻板印象。说得更通俗一些就是人们常说的"戴着有色眼睛看人或事"，亦即对某人、某事的看法形成了固定的倾向。作为心理定势，偏见这种因先前的活动而造成的心理准备状态，常常使人以比较固定的方式去进行认知或作出行为反应：对一个人信任，他的每一句话你都会深信不疑；对一个人不信任，他的每一句话你都会打上问号；对一个人喜爱，他的一言一行看起来都是美好的，连他的朋友乃至他身边的一花一木都能够引起你的愉悦之情；反之，对一个人厌恶，他的一举一动看起来都是丑陋的，甚至与他有密切关系的人或物都会使你反感。一个失足者，总是遭到人们的白眼和怀疑；而一个舍己救人者，则往往受到人们的夸奖和赞许。作为刻板印象，偏见往往使我们对他人的认知受到强烈的影响：如果我们对某人印象良好，我们就会对其言行举止作尽可能好的解释，以至于爱屋及乌，以偏概全；相反，如果我们对某人的印象很差，那么他的优点在我们眼里也常常会变成缺点，他所传递的信息也会遭到曲解。可见，偏见这种典型的心理学噪音对于人们之间信息的有效传递与交流具有明显的制约作用，对于人际沟通过程中的解码尤其如此，因为作为信宿的沟通主体往往是依据对信源的印象来对其传来的沟通符号进行译解的。通常，若认为沟通对方好夸大，就会对他的话打折扣；反之，若认为沟通对方诚实，则会对其传递的信息予以全盘接受。其实，偏见往往都是在不自觉地甚至无意识地对人的认知活动发生影响，它能够决定和调整人的理智、情感和意志的实现，能够影响后继心理活动的方向和趋势。

作为一种严重干扰人际沟通信息有效传递和交流的典型心理学噪音，偏见普遍地存在于人们的意识之中。人们不仅对曾经接触过的人会具有偏见，即使是对从未见过面的人，也会根据间接的资料与信息产生偏见，究其原因，偏见主要是由于第一印象或片面推理而导致的。

两个素不相识的人第一次见面所形成的印象，即称之为第一印象，它主要是获得对方的表情、姿态、身材、年龄、服饰等方面的印象；这种印象虽然只是初步的相互了解，并不能说明一个人的全面情况，但是它在对人的认知中起着很明显的作用，对人们之间的人际沟通能够发生很大的定向效应。第一印象既是人们之间进一步沟通的根据，也可能成为不再交往的原因。尽管它有可能在知觉者进一步认识后被改变，甚至推翻，但是由于这种印象是在对某个人一无所知的基础上获得的，因此它在大脑中的烙印就显得十分深刻，难以磨灭。关于这个人后来的信息，都是在有了这种印象之后输入的，于是就不可避免地要受到这种印象的"干扰"。如果第二印象与第一印象不符，知觉者往往会改变第二印象中不相同的部分以求得与第一印象一致，因为在人们的潜意识中，常常都以为第一印象是最正确的，这就是我们常说的"先入为主"。由第一印象导致的偏见即称之为"先入为主"式的偏见，它是指人们在人际沟通初期，根据了解到的不多的情况过早地下结论，以至于表现出缺乏充分根据的态度。怀有这种偏见的人在与其他人的沟通中大多被最初的影响所迷惑，对他人做出不切实际的反应。在人际沟通过程中，不少人之所以会对沟通对方通过其言行举止等沟通符号传递的信息不能作出正确的译解，就是这种偏见在作怪。

导致偏见的另一个主要原因就是片面推理。个体的思维活动，由于受生活经验的影响，往往按一种固定的思路来考虑问题。这种机械的、封闭的思维方式常常致使认知主体对认知对象进行片面的推理，他们或是从认知对象的某种品质推断出其他的一些品质。例如，看到一个很胖的人，就推断他是一个过惯舒服日子的人，因为"心宽"才会"体胖"。他们或是在对认知对象的了解不多，所获信息有限的情况下，仅根据认知对象的某一特征而对其各项特征都给予过高或过低的评价。例如，因某人不慎做错了一件事便将其看得毫无可取之处，或因某人具有某一方面的好品质便将其他特质也认为都好等。这两种过分简单的推理方式显然带有很大的片面性，往往与事实不相符合。用这

样的推理方式去进行认知活动，便很容易走上偏见的轨道。由上述这两种片面推理方式
所导致的偏见分别被称为"以此及彼"式的偏见和"抓住一点，不及其余"式的偏见。
了解了偏见产生的原因，我们就不难找到克服偏见的办法。

如前所述，人际沟通过程中的许多误解往往都是由于第一印象所导致的"先入为
主"式偏见造成的。因此，克服偏见的重要对策之一就是要正确地对待"第一印象"，
力戒"先入为主"式的片面认知。我们并不是说"第一印象"一点儿也不可相信，人
的直觉在许多时候都有其合理的成分，何况经过某种理智介入的"第一印象"。但是，
认识、了解一个人毕竟不是见一两次面，谈一两次话所能完成的；而"第一印象"毕
竟是建立在初次见面时所听到的、所看到的一些零碎信息基础上的，加上沟通双方期望
的影响、情绪的影响，根据"第一印象"对人作出的判断和选择，不能不具有一定的
片面性，常常会造成我们对人产生偏见和错觉，进而导致对其所传递的信息的曲解和误
解，严重干扰人际沟通活动的正常进行。因此；作为人际沟通的主体，我们在人际沟通
活动中既要重视和利用第一印象，又不要过分倚重第一印象，更不能盲信第一印象，而
应当清醒地看到第一印象的局限性，从而使我们与别人的沟通定向一开始就注入理智的
因素。众所周知，人是世界上最复杂的生物，要想一眼看透一个人则根本是不可能的。
为此，我们切不可以貌取人，实际上，最善良的人也可能有一副严肃或忧郁的外貌，骄
傲自大、凶狠残暴或者不诚实的人也可能有一副文雅的面容和潇洒的风度，所以，仅凭
外貌看人以及认识、理解其言行举止，则很容易发生偏差，这一点对于我们准确地破译
非言语沟通符号尤其重要。

前面我们还说到，造成偏见的另一个重要原因就是片面推理。由于片面推理的产生
根源在于认知主体机械的、封闭的思维方式。所以，作为认知主体，当我们在对沟通对
方的言行举止等沟通符号进行译解时，不妨进行自我怀疑，作一些开放性的思考。通
常，当我们在一个循环圈中进行封闭性思考时，我们似乎觉得自己的思维是很顺理成章
的。但是，当我们冷静地从多方面思考问题，尤其是多设几个对立面，作一些开放性思
考之后，我们或许会发现原来的思维循环圈其实是漏洞很多的。大家都知道"疑邻偷
斧"这个故事吧。在这个故事中的农夫怀疑邻居之子偷了他的斧头，开始也是活脱活
像的。可是，一旦突破原先的封闭性思维之后，不也发现自己的猜疑是何等可笑吗？所
以，当我们与某些我们对其抱有偏见的人进行沟通时，尤其是在对其用来传递沟通信息
的各种沟通符号进行译解时，适当地进行一些自我怀疑，作一些开放性的思考，对于我
们正确地解码无疑是有好处的。

总之，无论是来源于第一印象的偏见，还是产生于片面推理的偏见，其最根本的特
征就是以有限的或不正确的信息为基础，它缺乏充分的事实根据。从根本上说，优化知
识积累和坚持辩证思维是认知主体克服偏见的两把"金钥匙"，因为一个人在进行认知
活动时是否会产生偏见在本质上便取决于他是否具有足够的知识积累以及是否掌握了科
学的思维方法。

三、物理学噪音及其克服对策

如果说前述的生理学噪音和心理学噪音是由于人际沟通主体自身内在的主观因素而

对沟通信息有效传递所造成的干扰，那么我们在此所谈及的物理学噪音则指的是妨碍和干扰人际沟通主体之间有效传递和交流信息的外在客观环境。众所周知，任何人际沟通活动总是在一定的时间和空间等物理环境中进行的，构成物理环境的各种因素既可能促进人际沟通活动的顺利开展，也可能干扰甚至妨碍人际沟通活动的有效进行。从消极的意义来看，人际沟通的外在环境并不总是与传递和交流信息的人际沟通活动配合默契、相得益彰的，它常常在人际沟通过程中构成妨碍和干扰沟通信息有效传递的噪音。例如，在礼堂讲演，礼堂内人们的走动、喧哗，礼堂外的汽车喇叭声都会不同程度地分散人际沟通双方的注意力，干扰人们对沟通符号的编排和译解，妨碍人们对沟通信息的发送和接收，进而影响人际沟通活动的效果和质量。

对于物理学噪音这种客观存在，尽管我们不可能完全予以消除，但是我们在人际沟通活动中却可以设法最大限度地克服这种干扰因素。其实，经典信息论中的理想信息率定理已经证明，只要提高信噪比（即是指使信号功率比噪音功率大得多），就可以提高信息率。例如，在喧闹的人群中，我们为了一次喊话就能使沟通对方听清楚，就得提高嗓门。这就是在提高信噪比，使信息率增大（不需要用更多的时间去重复喊话和传递同样的信息）。当然，提高信噪比不一定要单纯从提高信号的功率着眼，有时，提高信号功率未必就能够提高信噪比，例如，对于远距离的信息传递来说，情况就是如此。几百米以外的人的呼喊不会比你近旁的人的耳语对你有更大的效力。因此，就克服物理学噪音这个问题而言，我们在人际沟通过程中除了可以正确地运用上述的这种通过提高信号的功率来提高信噪比的经典排噪方法之外，下面的几种方法对于我们在人际沟通过程中有效地克服物理学噪音也是十分有帮助的。

1. 重复传递

在嘈杂的人群中和人说话，说一次对方可能听不清楚，但是多次重复，你的话就有可能被听懂。从信息量的角度来看，每次听者从所听到的语句里得到的信息量不多，但是重复多次后，信息量积累到一定数量，就听明白了。重复传递的方法通常有两种不同的表现形式。一是将业已传递的全部信息内容重复传递一次或多次，例如，无线电对话，一般都把呼号重复一次，比如："我是长江。我是长江。我要黄河。我要黄河。""长江"和"黄河"者是人际沟通双方预先约定的符号代码，这里重复一次，以使传递的信息内容不致受物理学噪音的干扰而模糊难辨。重复传递的第二种形式是只重复传递欲传递信息中可能被干扰的关键部分。例如，发一封"20日乘38次抵京西客站"的短信，信源为保证关键信息（哪一天？乘哪一次火车？那个车站？）不受干扰，重发一次，即在短信末尾重发"20日"、"38次"和"西客站"三个语符，以便收信方核对。从本质上说，重复传递信息的方法就是用延长通信时间和增加消息的冗余度的办法来提高信息量。由于信号的不断重复实际上就是给予信号以噪音所不具有的"周期性"，而正是信号的这种周期性才使我们能够把信号从强噪音中区别出来，所以，重复传递是使沟通对方接收掩蔽在强噪音中的微弱信号的有效方法。

153

2. 双向对流传递

即对于欲传递的信息内容，先由作为信源的沟通主体传递至作为信宿的沟通主体；然后再让作为信宿的沟通主体将其反传回来。通过人际沟通双方之间的这种双向对流传递，信息传递过程中存在的某种物理学噪音便可以在一定程度上得以克服，人际沟通过程中因某种物理学噪音的干扰而导致的信息误解或曲解也可以得到不同程度的纠正。人际沟通的实践证明，双向对流传递对于克服人际沟通过程中的物理学噪音是一种极为有效的方法。

3. 多通道传递

人际沟通信息的载体有多种形式，在人际沟通过程中，我们既可以用言语沟通符号来负载信息，也可以用非言语沟通符号来载荷信息。即便是在言语沟通符号和非言语沟通符号这两大载体系统内，也还包含着各种丰富的人际沟通符号，而这种种人际沟通符号所携载的信息则是通过听觉道、视觉道、触觉道等信息通道予以传递的。在人际沟通这样一种复杂的信息传递活动中，由于客观地存在着诸如嘈杂声、光线暗淡、空间距离较远等物理学噪音，所以，如果只采用一条通道传递信息，不仅难以保证信息传递的准确性和可靠性，而且还可能因某种物理干扰而造成信道受阻，进而导致人际沟通失败。因此，如果我们在传递人际沟通信息时能够做到多通道并举，使各个通道之间相互辅助、互相补充，那么我们无疑可以排除人际沟通过程中因某种物理学噪音的干扰而导致的人际沟通障碍。

此外，把用来传递信息的沟通符号在不影响信息传递效果的情况下高度压缩、简化，通过缩短传递时间来减少产生干扰的机会，也是我们在人际沟通过程中的一种有效克服物理学噪音的对策。

四、语言学噪音及其克服对策

我们在此所谈及的语言指的是自然语言，亦即作为人类两大沟通符号系统之一的言语沟通符号。作为一种以语音为物质外壳，以词汇为建筑材料，以语法为结构条理而构成的符号体系，语言是人类借以传递和交流信息的最重要的沟通工具。尽管语言这种为人类所独有的信息载体在人类的人际沟通活动中具有不可或缺的作用，但是因语言符号本身的某些特性而导致的干扰——语言学噪音，在人际沟通过程中也常常妨碍着沟通信息的顺利传递。在人际沟通活动中，因语言的运用而造成的沟通障碍通常有两种情况：一种是因沟通双方运用不同的语言，亦即沟通双方在人际沟通过程中使用的言语沟通符号缺乏相通性而导致的沟通障碍。例如，当一个不懂外语的中国人与外国人进行人际沟通活动时，首先就会遇到这种沟通障碍；当一个不懂某一方言的人初到使用该方言的地区也同样会饱尝语言不通之苦。另一种则是因语言自身的某些特性而造成的人际沟通障碍。由于前一种情况的人际沟通障碍从根本上说是因沟通双方的文化差异所导致的，所以我们把这种沟通障碍归于后面将要谈到的文化差噪音，而在此只拟从语言学的角度讨论因语言自身的某些特性而导致的沟通障碍及其克服对策。

由于言语沟通符号客观地存在着同形异义、同音异义等歧义特性以及"显意义"和"潜意义"两个意义层次，而且沟通主体的认知能力和心理状态等主观因素也对其解码存在着明显的制约作用，这样就从主观和客观两个方面为人际沟通过程中语言学噪音的产生提供了较大的可能性。

言语沟通符号的歧义性一般来说有词汇歧义、语法歧义和语音歧义这三种表现形式。词汇歧义是指语句中含有多义的语词或短语，从而造成同一语句有不同的解释。例如，"小店关门了"这句话，由于其中的"关门"一词是多义的，所以这句话至少有两种可能的解释：一是"小店打烊了"，一是"小店歇业了"，这是因语词的多义而导致词汇歧义的情形。词汇歧义的另一种情形则是因语句中含有多义的短语而造成同一语句有不同的解释，例如，有这样一个通知："明天上午八点，有三个公司的领导来我单位视察，请派车去接。"其中"三个公司的领导"这个短语就有两种解释的可能：一种是三个"公司"的领导，领导同志只有三个人，是同一个公司的；另一种解释是"三个公司"的领导，领导人数多少没说，但是知道他们分别来自三个公司。

与词汇歧义不同，语法歧义是由于句子成分有不同的结合方式，从而造成同一语句有不同的解释。例如："He hit the man with a hammer."这个英文句子就可以有两种全然不同的解释，如果我们将介词短语"with a hammer"理解为定语，修饰"the man"，那么这个句子的正确含义就是"他打了那个拿着锤子的人"；如果我们将介词短语"with a hammer"理解为状语，修饰动词"hit"，那么这个句子的正确含义则是"他拿锤子打了那个人"。这里之所以可以有不同的解释，其原因不是在于词汇歧义，而是在于其结构意义的差别。在汉语中，语法歧义的情形也是不乏其例的，比如，"他连我都不认识"这个句子既可以理解为"他连我都不认识"，也可以理解为"他是谁？连我都不认识"。前者所传递的信息是："他"不认识"我"；而后者所传递的信息是："我"不认识"他"。前者是宾提动前，而后者则是宾提主前，它们的不同解释同样是由语法引起的。

语言是以语音为物质外壳的，作为一定语言系统的语音，具有形成语词和区别语词的作用，但是由于同一语音可以表示不同的词，所以也可能导致语言上的歧义，这种歧义被称为语音歧义。语音歧义是一种很常见的自然语言现象，它不仅可能存在于书面言语沟通符号里，而且更可能发生在口头言语沟通符号之中。就书面言语沟通符号而言，"他是一个好说话的人"便是一个语音歧义的典型例证，句中的"好"，如果读上声(hǎo)，它所传递的信息就是"这个人性格随和，愿意采纳别人的意见"；如果读去声(hào)，它所传递的信息便是"这个人是一个饶舌者"。对于口头言语沟通符号来说，语音歧义则更不足为奇，例如，"他们是社会的 zhōng jiān 力量"这句话，既可以理解为："他们是社会的中坚力量"，也可以理解为："他们是社会的中间力量"，而它们在意义上的差别是很大的。

作为自然语言自身所固有的特性之一，歧义本身并无好坏而言，然而，当它出现在人际沟通情景中并给沟通主体的正确解码造成困难、进而干扰着沟通信息的顺利传递时，它便构成了一种不容忽视的沟通障碍——语言学噪音，对此，我们应设法予以克服。

言语沟通符号的歧义特性可能会成为妨碍沟通信息有效传递的语言学噪音，但其所具有的两个意义层次也在一定程度上为语言学噪音的产生提供了机会。我们知道，在人际沟通过程中，由于礼貌、羞涩等种种原因，很多话是不宜直说的，但又不得不说，于是只好采用"隐含"、"委婉"等编码策略来表达欲传递的信息，这样便使言语沟通符号具有了两个意义层次："显意义"和"潜意义"。在这种情况下，作为信宿的沟通主体，如果仅仅是按照字面对沟通符号进行解译，而不是采用正确的解码方法对沟通符号进行解释，那么他便只能通过沟通符号的"显"意义获得表浅的信息内容，而不能透过沟通符号的"显"意义而揭示出沟通符号的"潜"意义，进而了解沟通对方的真正意图，获取其所传递的真实信息。此时，妨碍沟通主体正确解码的除了沟通主体的认知水平和心理状态等主观因素以外，言语沟通符号所具有的两个不同意义层次也从客观上给沟通主体的有效解码造成了困难，进而构成了另一种语言学噪音。

对于人际沟通过程中出现的语言学噪音，人们在长期的人际沟通实践中积累和总结了不少有效的克服对策。例如，为了克服因语音歧义造成的人际沟通障碍，人们常常把诸如"一"(yī)，"七"(qī)等容易被听错、弄混的数目字（而数字往往是关键信息）用"幺"(yāo)、"拐"(guǎi)等社会公认的特定叫法来称呼。具体说来，克服语言学噪音的对策主要有以下几种：

1. 利用"语境"的中介功能

如前所述，"语境"有狭义的解释与广义的解释之分，狭义的"语境"往往是指可以与英文单词"context"对译的"上下文"或"前言后语"，而广义的"语境"概念则包含有更加广泛的内容，它不仅包括人际沟通活动发生的场合、时间，而且还包括沟通的对象、目的，沟通双方的心境、关系等许多对人际沟通活动可能产生影响的相关因素。语境不仅可以消除言语人际沟通符号的歧义性，而且还能够使隐含在言语沟通符号表层下面的"潜意义"得到准确的揭示。就前者而言，任何一个孤立地看来带有歧义的语句在特定的语境中都能够得到确定的解释，例如，"小张的父亲说他星期六不能出门"这句话就是一个因代词"他"指代不明而造成的语法歧义句。如果我们脱离开具体的语境，那么我们也许很难确定谁不能出门，是小张不能出门呢？还是他的父亲不能出门？但是，倘若我们能够结合特定的语境因素来译解这句有歧义的话语符号，那么这句话便不难理解。比如说，这句话是小张的一个朋友在去小张家约他星期六外出郊游而遭到小张父亲反对的情况下说的，那么它显然是指"小张星期六不能外出"。可见，在人际沟通过程中，当我们遇到含有歧义的言语沟通符号时，只要我们正确地利用语境，就不难确定其真正的含义，当然也就可以准确地获取其载荷的真实信息。对于言语沟通符号之"潜意义"的揭示，语境同样具有不可忽视的作用。如前所述，在人际沟通过程中，由于种种原因，人们常常采用诸如"隐含"、"委婉"等编码策略将其欲传递的真实信息内容隐藏在话语的表层意义之下，此时，作为信宿的沟通主体要想揭示出隐含在言语沟通符号之表层意义之下的深层含义，则必须借助于特定的语境因素方可实现。比如，有位作者给一位主编寄来一篇稿件并附言道："寄上拙作一篇，请斧正。"作为信宿的主编一看便明白，作者并不是真的写了文章来请自己修改，而是在这种礼貌语的遮掩下探听文章能否被采用并希望得以发表的真正意图。这里，沟通双方的关系这种语境因素便是该主编成功解码的基础。因此，在人际沟通过程中，要正确地领会沟通对方的沟通意图，准确地破译沟通对方的言语沟通符号所携载的真实信息，则必须很好地利用各种语境因素，以此为中介，去揣度沟通对方话语中的"深层含义"。

2. 重视"语调"的表现功能

"语调"是指一个句子声音的高低变化和快慢变化，它一般包括语气、轻重、停顿、快慢等几个方面的内容。"语调"在人际沟通活动中的功能是很多的，它既能够区分意义，又可以表现细微的感情。比如，作为语调之构成要素的语气，在汉语中，可以分为"平直调"、"高升调"、"曲折调"、"下降调"等几个类型。不同类型的语气往往可以表现不同的意思和感情。就"这是你干的"这样一句简单的话语来说，语气不同，其意义可就大不一样，如果说成"平直"语气，只是陈述谁干的这件事；如果是"上升"语气，就变成了疑问或者惊奇；如果用"曲折"语气说出来，则表示的是嘲讽；如果用"降调"说出，便可能传达的是不满或愤怒。因此，要消除人际沟通过程中因言语沟通符号的意义层次而造成的沟通障碍，要准确地理解沟通对方所发出的真实信息内容；作为信宿的沟通主体，除了要听清楚沟通对方所使用的词语之外，还应该充分重视沟通对方说话的语气、停顿、轻重等"语调"因素的表现功能。

3. 注意"表情"、"动作"等非言语沟通符号的辅助功能

"表情"、"动作"等非言语沟通符号是一种同样可以传递信息的无声伴随语言，非言语沟通符号和言语沟通符号是相辅相成的两种沟通工具。由于言语沟通符号在人际沟通过程中客观地存在着产生语言学噪音的可能性，所以我们有时很难明白一个人说话的完整含义。在这种情况下，密切注意沟通对方的"表情"、"动作"等非言语沟通符号的辅助功能，对于我们有效地克服语言学噪音的干扰，进而准确地获取沟通对方欲传递的真实信息，无疑是一种很好的对策。非言语沟通符号有多种不同的类型，即使是以"表情"为特征的情态语沟通符号和以"动作"为特征的动姿沟通符号，也都具有各种各样的表现形式。无论是什么样的非言语沟通符号，其对于沟通主体准确地理解沟通对方运用言语沟通符号所传递的信息都有一定程度的帮助，有时候甚至起着关键作用，因为非言语沟通符号往往是人们内心情感的自然流露，它较之言语沟通符号所传递的信息更具有真实性和可靠性。其实，在日常的人际沟通活动中，大量的"言外之意"等"潜意义"正是借助于非言语沟通符号的补充才得以让人理解的。比如，母子俩在大街上，儿子突然说："妈妈，我渴。"于是，母亲马上买了一听"可口可乐"来。在此，儿子并没有直接表示要喝饮料，尤其是没有说要喝什么样的饮料，但是母亲通过儿子的眼神这种非言语沟通符号很快就明白儿子话语的潜在意义。因为儿子一边说渴，一边紧盯着商店柜台上的"可口可乐"饮料，这就表达了他的心迹；母亲也因密切注意到儿子的眼神这种非言语沟通符号的辅助功能而克服了语言学噪音，进而顺利地完成了对儿子所发出信息的准确破译。

此外，通过增加消息的冗余度来提高信息率对于有效地克服因语音歧义造成的噪音

干扰也不失为一种良策。"冗余"并不等于"多余",由于言语沟通符号客观地存在着同音异义的现象,这便为口头言语沟通活动中的语言学噪音提供了产生的可能性。为了克服由这种语言现象导致的语言学噪音,我们便可以采用增加消息冗余度的办法。例如,当我们在与他人进行的口头言语沟通活动中自报姓氏时,为了克服因诸如"李"、"陈"、"周"等易于与其他同音语词符号相混淆的字词而造成的干扰沟通对方正确接收的噪音,我们便可以采用诸如"木子李"、"耳(阝)东陈"、"圈(冂)吉周"、"周恩来的周"等可以增加消息冗余度的方法。

五、社会学噪音及其克服对策

社会学,顾名思义,是一门以人类社会为其研究对象的综合性传统社会科学学科。众所周知,作为它的研究对象,社会是由一定数量的人组成的有机整体。因此,社会学从本质上来说也就是对作为社会关系之总和的人,尤其是对人的社会化及角色等问题进行的系统研究。换言之,它要探讨作为个体的、生物性的人如何成长为社会成员;一个合格的、为社会所接受的成员有什么样的与其地位、身份等相一致的权利义务规范和行为模式等问题。在人际沟通这样一种极为复杂的社会性活动中,对于人际沟通信息的传递与交流影响最大的社会学因素是沟通主体所具有的社会地位以及他们所扮演的社会角色。在此,我们将人际沟通过程中因沟通双方的地位和角色等社会学因素而造成的沟通障碍称为社会学噪音。

"地位"是指人际沟通双方在社会以及相互关系上所处的相对位置,这种位置有的是天生的、自然性的,例如,父母之于子女、晚辈之于长辈;有的则是后天的、社会文化性的,例如,下级之于上级,知识分子之于体力劳动者,富人之于穷人;当然,也有的地位,既带有自然性,也带有社会文化性,例如,东西方社会中,男人与女人的相对地位状态。这种种在地位上的相同和相异因素,构成了人与人之间实际上的平等与不平等状态,从而极大地影响着人际沟通双方的关系、言行以及整个人际沟通系统的结构和过程。一般来说,具有相同地位的人在人际沟通活动中往往处于平等状态,他们之间的信息交流活动也比较容易有效地进行。比如说,同学、同事、朋友之间的谈心,毫无利害关系者之间的闲谈等人际沟通活动就是如此。与之相对而言的是,人际沟通双方在地位上存在着差异,而这种地位上的差异常常使沟通双方的关系和言行呈现出不平等的状态,进而成为干扰和妨碍沟通双方间有效传递和交流信息的社会学噪音。这里,我们仅以上级与下级之间的地位差别为例来对因地位差别而导致的社会学噪音作一简要的分析。上下级关系是现实生活中尤其是管理情境下极为常见的一种社会关系,构成这种社会关系的双方——上级与下级之间在地位上的差异常常成为他们彼此传递和交流信息的障碍。比如,有的上级往往以地位高自居,居高临下地对待下级,不乐意听从下级的说明、解释,致使一部分下级对上级采取过于敬畏的态度,总是保持接受指示的姿势,从而导致人际沟通场所的气氛异常,阻塞了上下级之间信息的顺畅传递和交流。另一方面,有的下级在与上级的人际沟通活动中,往往也自认为低人一等,进而对上级毕恭毕敬,不敢直抒己见,甚至话到嘴边留半句,即使是有情况需向上级反映,也往往"打埋伏",报喜不报忧,以非理性的、逢迎讨好的方式向上级报告情况,进而导致所传递的信息失真。无论是哪一种情况，都必然严重地干扰和妨碍人际沟通主体间信息传递与交流活动的正常进行。可见，要使具有不同地位的沟通主体之间的人际沟通活动得以顺利进行，就必须排除因其地位差异而导致的社会学噪音。

由于因地位差异而导致的社会学噪音对于人际沟通活动的干扰在沟通双方身上都有所表现，因此，克服这种社会学噪音也应该从两方面着手。首先，那些身居较高地位的人在与他人进行人际沟通时要有平等意识，平等待人，这可以说是消除因地位差异而造成的人际沟通障碍的一个决定性环节。其次，对于地位较低的人际沟通主体来说，则要消除自卑感、充满自信、真诚坦率地表达自己的意见，敢于辩解，以理性的方式，实事求是地向对方传递欲传递的信息内容。只有这样，才能促进人际沟通双方信息传递活动的圆满完成。

"角色"一词是一个借自于戏剧的社会学术语，其原意是指演员在戏剧舞台上依据剧本所扮演的某一特定人物。在社会学中，它则指的是每一个人作为社会一分子，在社会大舞台上都扮演着一定的角色，都得按照社会对这些角色的期待和要求行事，服从社会行为规范。实际上，在社会生活中，每一个人都不可避免地扮演着某种甚至多种角色。例如，一个人相对于他的父母来说扮演着儿子的角色，在学校读书时他是一名学生，而到商店购物时他又成了顾客。可见，人的社会角色具有多重性。人际沟通作为一种复杂的社会活动，其主体也同样是特定社会角色的扮演者，角色对人际沟通活动的进行具有重要的影响，从某种意义上说，人们总是以各自的角色参与人际沟通活动的；在特定的社会交往活动中，人们总是习惯于从自己的角色出发看待别人和自己的行为，包括对沟通符号的理解。通常，一条信息如果从扮演不同角色的人那里发出来，其接受者对此则往往会作出不同的理解和解释，"角色"可以为沟通主体在人际沟通过程中理解彼此发出的信息提供参照系，这样就可能会导致解码的片面性，进而给传递和交流信息的人际沟通活动造成障碍。这种因沟通主体扮演的角色而导致的人际沟通障碍便是社会学噪音的又一种表现形式。

作为一种社会学噪音，不仅社会生活中的不少矛盾是因此而发生的，而且人际沟通过程中的许多误解也是由此而产生的。因此，克服这种社会学噪音无疑是十分必要的。对于如何消除、克服因角色引起的人际沟通障碍，人们曾从不同的视角提出了一些颇具启发性的对策，其中最值得一提的方法是让人际沟通主体学会与对方进行"角色互换"。例如，护士扮演病人的角色，整天躺在床上，体验病人的忧郁情绪，以加深对病人的同情心；让售货员扮演顾客的角色，让他在买东西时体验顾客的难处，体验在售货员冰冷面孔前的愤怒，以改变他对顾客的不良态度；从社会心理学的视角来看，在对沟通符号的理解过程中，成功解码的一个非常重要的条件就是作为信宿的沟通主体要时时注意从沟通对方的角度去揣摸其深层的、真实的沟通意图；就发出信息的一方而言，一般说来，缺乏经验的沟通主体不大考虑信息接收方的情况，他们多半是把只有自己感兴趣和能理解的信息发送出去，这种人际沟通效果往往不佳。而经验丰富的沟通主体则不然，他们常常会从沟通对方的角色出发，理智地考虑沟通对方的需要和兴趣，有选择地按照最佳方式输送使沟通对方能够理解、易于接受的信息内容，从而使人际沟通活动顺畅地进展下去。

六、文化差噪音及其克服对策

我们在前面曾经指出，文化，从人类学的观点来看，是指一个民族的生活方式所依据的共同观念体系，即该民族的概念设计，或共同的意义体系，它包括各种外显的或内隐的行为模式。生活在一定社会文化中的人往往会以他们自己的文化眼光去看待其他文化背景下人们的生活方式，理解其使用的各种沟通符号的意义。因此，作为一定文化的产物，沟通符号的使用是建立在一定的文化基础之上的，而不同文化之间所存在的差异可能会干扰人们对沟通符号的准确译解，进而会在很大程度上妨碍具有不同文化背景的人们进行人际沟通信息的有效传递与交流。从信息学的视角观之，在人际沟通中，因沟通双方的文化差异而导致的沟通障碍便称为"文化差噪音"。

"文化差噪音"是跨文化沟通活动经常会遇到的问题，它不仅在跨文化的言语沟通活动中会出现，而且在跨文化的非言语沟通活动中更有可能产生。就言语沟通而言，作为信息载体的言语沟通符号是与文化相互依存的，无论是其结构，还是其意义，都建立在使用这种符号体系的群体的文化经验之上，言语沟通符号所承载的文化信息在同一符号群体中世代沿袭，许多变成了约定俗成的东西，使同一言语符号群体内的人际沟通成为可能。然而，在使用不同言语沟通符号体系的群体之间，特别是在文化源流不同的群体之间进行人际沟通就显得比较困难。因为不同的文化群体基于生活经验、思维方式的影响而组成其各自独特的言语沟通符号体系，造成它们对外界事物的分类各不相同；有时，在一种言语沟通符号体系中，根本就不存在相应的语汇来表达另一种文化中的思想或概念，而且不同文化背景下的人即使是对同一语词符号也往往会产生不尽相同的反应。我们知道，同样一个语词符号对于不同的人会产生不同的联想意义，在同一文化圈内尚且如此，跨文化沟通就更是这样。这种文化差异对言语沟通符号的影响，一旦进入人际沟通过程，干扰沟通主体对言语沟通符号的正确破译，妨碍沟通信息的顺畅传递，便构成了文化差噪音的一种表现形式。

非言语沟通符号的文化特性较之言语沟通符号更为明显，一个动作或姿势在不同的文化背景下甚至表示完全相反的意思。鉴于我们在前面的第五章"非言语沟通符号"中对"非言语沟通符号的文化差异"作过专门论述，在此笔者只拟结合实例对干扰非言语沟通符号正确译解的文化差噪音作简要的分析。在现实的人际沟通活动中，因非言语沟通符号的文化差异而造成错误解码和人际沟通失败的例子是很多的。美国著名行为学家朱利·法思特在其《人体语言》一书中就举例生动地说明了这种情形。朱利·法思特所举的例子是这样的：在纽约的一所中学里，该校高中的一个 15 岁的波多黎各裔少女利维亚在盥洗室里被逮住，校方怀疑她偷偷吸烟，虽然利维亚没有违反纪律的记录，但是校长和她说了一会之后认定她犯了错误，并决定让其停学。校长的理由是：利维亚在见他时，眼睛盯着地板，不敢正视校长的眼睛。因为在美国文化中，为人诚实的信条要求我们直视某人的眼睛。利维亚不敢正视校长的眼睛，很显然是犯了错误，并给人以一种狡猾的感觉。而利维亚的非言语沟通符号所表示的信息却恰恰相反："我是一个正派的姑娘。我尊敬您和学校。我对您如此尊重，以致不能回答您的问题，不能大胆无畏地直视您的眼睛，也不能为自己辩护，但是可以肯定，我的态度告诉了您这一切。"一个含义如此明确的信息怎么会被误解，答案当然应该在文化差异中寻找。原来在波多黎各文化中，一个好姑娘不会去正视一个成年人的眼睛，因为这样做是对别人尊重和顺从的表示，而要利维亚正视校长的眼睛，就像要她做出不轨行为一样。利维亚出于一种娴静才避开校长的眼睛，看起来像狡猾的表现，而实际上是害羞。可见，校长之所以不能正确译解利维亚利用其目光这种非言语沟通符号所传递的信息，从而导致他们之间的沟通失败，其原因正是在于他所属的美国文化与利维亚所属的波多黎各文化对于诸如眼语等非言语沟通符号的含义有着不同的解释。

其实，在日常生活中，人们因非言语沟通符号的文化差异而造成错误解码的情形是极为常见的。例如，初到东方的西方人，在公共场合见到同性之间肆无忌惮地亲热、搂抱，便以为东方世界是"同性恋者的天堂"；同样，东方人初到西方国家，见到西方人异性之间交往的随便和亲近，则认为西方在男女关系问题上都是放纵的。实际上，这些都是由于文化的差异而导致的误解。在当今这样一个跨文化沟通活动十分频繁的开放时代，克服文化差噪音显得尤其重要。

如前所述，文化差噪音是因人际沟通双方的文化差异而导致的沟通障碍。既然如此，对于人际沟通过程中出现的文化差噪音，我们当然应该从努力消除文化隔阂去寻找对策。科学研究业已证明，文化可以作为一个知识体来看待，即文化是可知的，是能够在一定程度上习得的，就如其他可以习得的知识体一样。因此，从最一般的意义上来说，学习其他文化的有关知识是沟通主体排除人际沟通活动中文化差噪音的有效途径。当然，这不是一件轻而易举的事，它需要我们用大量的时间去广泛地涉猎文化的各个侧面，从而把握住它的复杂性、各种细微的差别及其深层结构。如果我们就具体的人际沟通活动而言，我们至少应该从以下三个方面去努力：首先，要尽可能地做到入乡随俗，在对沟通信息进行编码和对沟通符号进行解码时，沟通主体应该先慎重地考虑到沟通对方的文化背景，这样就可以避免误解或陷入沟通困境，为沟通信息的顺畅传递创造条件。其次，要尽量使用相通的沟通符号，对于沟通主体来说，掌握必要的外语工具是成功地进行跨文化沟通的重要前提，也是克服文化差噪音的一种有效对策。在一般情况下，我们不可能总是借助于翻译，况且使用沟通对方的言语沟通符号体系还可以有效地缩短我们与沟通对方的心理距离，进而为人际沟通活动的深入进展提供良好的氛围。最后，要尽可能多地掌握沟通对方的文化背景知识。通常，人际沟通活动中的许多误会乃至冲突都是由于沟通主体对沟通对方的文化习俗等缺乏必要的了解而造成的，因此，扩大知识面，增进对沟通对方文化背景的了解，不仅可以避免误会、减少曲解，而且还能够增进跨文化人际沟通的效果。

结语 关于人际沟通信息学的若干思考

一、建立人际沟通信息学的必要性与可能性

以上我们对构成人际沟通系统的六个基本要素——即作为信源和信宿的沟通主体、作为沟通内容的信息、作为信息载体的各种沟通符号以及编码、解码、作为沟通障碍的噪音——进行了探讨。然而，从一门学科的形成标准来看，上述内容并未囊括人际沟通信息学的全部，正因为如此，笔者从严格的意义上将本书暂定名为《人际沟通论——基于信息学的考察》。那么，我们是否有必要在此基础上建立一门更为科学、更加完备的"人际沟通信息学"呢？答案当然是肯定的。因为就目前而言，无论是从实践需要观之，还是从理论基础来看，建立一门科学、完备的"人际沟通信息学"不仅具有必要性，而且也具有十分现实的可能性。

众所周知，人们每时每刻都要遇到如何运用沟通符号相互有效传递和交流信息的问题，这就迫切需要有一门学科给予指导。就一个人来说，在单位，要与上下级、同事进行沟通；在家庭中，要与父亲母亲、兄弟姐妹、妻子儿女等进行进行沟通；在学校，要与老师、同学进行沟通；在生活中，要与朋友、恋人进行沟通……特别是在当今全球化的开放时代中，人们之间的人际沟通活动呈现出多层次、多角度、多侧面的新景象。不仅各个国家之间、各个政府之间以及各个团体之间在政治、经济、军事、文化、外交等各个领域会发生多种关系，即使是在国内，各民族、各地域、各行业、各阶层之间，人们相互也需要进行各种各样的信息交流。而在上述的各种人际沟通活动中，个人常常是作为一个国家、一个企业、一个单位的代表参加经济、政治、外交谈判等各种人际沟通活动、与别人进行信息交流的；而且人们在传递和交流沟通信息时又常常会碰到各种各样的问题，人们从来没有像今天这样迫切需要掌握运用各种沟通符号传递和交流信息的规律和技巧。因此，作为一门以人际沟通信息的传递与交流规律和技巧为研究对象的人际沟通信息学便显得尤其重要，正如英国著名的科学学家 J. D. 贝尔纳所言："科学既是我们时代的物质和经济生活的不可分割的一部分，又是指引和推动这种生活前进的思想的不可分割的一部分。科学为我们提供了满足我们物质需要的手段，它也向我们提供了种种思想，使我们能够在社会领域理解、协调并且满足我们的需要。"[1] 作为科学的一个重要组成部分，人际沟通信息学也同样是如此。

---

① [英] J. D. 贝尔纳：《科学的社会功能》，陈体芳译，张今校，商务印书馆 1982 年版，第 542页。

关于建立人际沟通信息学的可能性也是十分现实的。首先，从学科的形成标准来看，人际沟通信息学有其独立的研究对象或专门的研究内容。我们知道，一门学科能否成立，其最关键的一点就是要看这门学科是否有其自身独特的研究对象或专门的研究内容，以区别于研究其他领域的其他学科。当然，有的对象可能被多种学科研究，但是它们必然是以同一对象的不同侧面或不同层次为研究内容的。作为一门独立的学科，人际沟通信息学在研究对象或研究内容上就具有自己的独立性或专门性。尽管有许多学科也都要研究人际沟通问题和信息交流问题，但是相比之下，人际沟通信息学却具有自身独特的研究视角和研究层面，它始终把眼光盯在人际沟通过程中信息传递的运作规律上。作为一门独立的学科，人际沟通信息学不仅注重对单个案例的分析和研究，而且更注重规律性的解释和系统的描述，从而大大增强其科学性。此外，人际沟通信息学还特别注意将人际沟通问题的研究与信息学挂钩，将二者有机地联系起来，使得人际沟通技术的归纳更加明确，更加管用。所以，人际沟通信息学既不是纯粹的人际沟通学，也不是纯粹的信息学，它是运用信息论的基本原理和方法研究人际沟通过程中的信息传递规律的一门具有很强的可操作性和广泛用途的新兴交叉性学科。其次，人类千百年来的人际沟通实践为我们科学地探讨人际沟通信息学问题提供了大量而丰富的研究素材和经验资料。如前所述，人类社会的人际沟通与人类社会的历史一样久远，在这漫长的历史进程中，人们运用着各种沟通符号传递和交流信息，并且在运用沟通符号传递和交流信息方面进行了多种实践，积累了丰富的经验。就拿我们中华民族来说，历史上曾涌现出许许多多的能言善辩之士，他们或是作为个人参加人际沟通，如触龙说赵太后，孟子劝齐桓王；或是代表集团参加人际沟通，如烛之武言退秦师，诸葛亮舌战群儒；他们无论是以何种身份参加人际沟通，都往往能够巧妙地运用各种沟通符号准确地传递信息，达到有效人际沟通的目的。我们中华民族留下的许多关于如何运用各种沟通符号传递和交流信息的思想，对于我们今天科学地研究人际沟通信息学问题无疑是一份十分宝贵的遗产。再次，信息论、符号学、认知心理学、现代语言学、器官生理学、物理学、逻辑学、释义学、语言哲学等众多相关学科的研究成果为人际沟通信息学的建立提供了理论上和方法上的启示和借鉴机会。信息论是于 20 世纪三四十年代产生的一门研究信息处理和信息传递的科学，它主要研究信息的获取、变换、传输、处理等问题，其任务是解决通信技术的编码和抗干扰等问题，从而提高通信系统的传输效率和可靠性。人际沟通作为一种特殊的通信活动，信息论的基本概念、原理和方法可以为人们科学地研究人类的人际沟通现象，进而建构一门以人际沟通信息的处理和传递为研究对象的学科——人际沟通信息学提供分析框架。符号学，顾名思义，是关于符号的科学，它兴起于 19 世纪末 20 世纪初。它以符号过程作为自己的研究对象，研究符号的各个方面及其相互关系。它既是关于符号的一般理论，也是关于符号过程的科学，符号学由语形学、语义学、语用学三大部分构成：其中，语形学或句法学主要研究符号之间的形式关系，语义学研究符号与它可以应用于其上的对象之间的关系，而语用学则研究的是符号与其解释者或使用者之间的关系。由于符号学的研究对象正是人际沟通信息的载体，所以符号学的研究成果有助于我们正确地揭示人际沟通符号的本质特征和运作规律。认知心理学是用信息加工的观点来研究人的认知过程和问题解决过程的一门新兴心理学分支学科。所谓认知，即是指人们感知、认识世界，获得知识、解决问题等一系列认识过程中的心理活动，尽管人们对它早就有所研究和认识，但是，认知心理学作为一门独立的学科，其出现的时间也不过只有几十年而已。认知心理学主要研究人的智能或者认识活动的性质及其操作过程。由于人类对沟通信息的编码和对沟通符号的解码本质上是一种认知活动或思维操作活动，所以，认知心理学的许多基本概念和原理都有助于我们正确地把握沟通信息编码和沟通符号解码的内在本质。现代语言学是一个由众多语言学分支学科组成的庞大学科群，其中，社会语言学、心理语言学、模糊语言学等众多分支学科可以为我们科学地分析人际沟通符号，尤其是言语沟通符号提供有力的工具。器官生理学是人体生理学的重要组成部分，它以人体各器官及系统的功能为研究对象，其任务在于说明各个器官及系统怎样进行活动，它们的活动受到哪些因素的控制，以及它们对整体的生理功能来说有什么作用，等等。器官生理学中关于感觉器官和中枢神经系统的基本原理为我们正确地认识人际沟通的生理机制奠定了理论基础。物理学是研究物质运动最一般的规律和物质的基本结构的一门基础自然科学，通常根据所研究的物质运动形态和具体对象的不同，分为力学、声学、热学和分子物理学、电磁学、光学、原子物理学、原子核物理学、固体物理学等部门，每一个部门又包含着若干分支学科。由于人际沟通过程中的信息（如视觉信息、听觉信息等）都是由光波、声波等波（动）来传递的，所以，物理学中关于声学和光学等的基本原理无疑有助于我们了解和把握人际沟通信息传递的物理媒介。逻辑学是一门以推理为其主要研究对象的思维科学，而人际沟通过程中的编码和解码等认知活动无一不包含着推理；而且逻辑学中诸如自然语言的逻辑、模糊逻辑以及语境理论等重要组成部分本身就是以言语沟通符号为其研究对象的。可见，逻辑学作为建构人际沟通信息学的理论基础是必然的。释义学可以广泛地定义为关于意义的理解和解释的理论或哲学，"意义"是一个抽象的概念，它虽然看起来似乎玄不可言，但又是我们生活中最普遍、最常见、最不可少的东西之一。在我们日常的人际沟通活动中，一句话、一个动作、一个表情，甚至一个眼神，无不传递着一定的信息，无不具有一定的意义。沟通信息的获取是以沟通符号意义的理解为前提的，意义是人人际沟通的纽带，是信息交流的桥梁。作为一种关于意义的理解和解释的理论或哲学，释义学本身在某种意义上就可以被视为一种关于解码的学说。语言哲学属于哲学的一个学科或领域，它着重从哲学的角度研究语言的一般性质和状态，研究语言的一般特征，研究名称、语句、指称、意义、真理、言语行为、必然性和意向性等问题。因此，语言哲学不仅包括对语词和语句的分析、对指称理论、意义理论和真理理论的探讨，还包括对言语行为、语言的使用、语境以及语言与意向和信念等心理因素的关系，对各种隐喻、甚至包括对语言与实在、语言与思想和文化的相互关系等的研究。其中的许多概念和理论，对于我们科学地把握言语沟通符号乃至非言语沟通符号的本质特征和操作规律具有重要的启示。此外，由于人类的人际沟通是一种极为复杂的信息传递活动，干扰沟通信息正常传递的噪音也是多方面的，既有生理学、物理学和心理学的，也有语言学、社会学和文化学的。因此，诸如社会学、心理学、文化学、民俗学等相关学科的基本理论均可以为我们正确地认识沟通噪音的本质进而找到克服对策提供全新的视角。最后，从人类整个科学发展的进程来看，人类知识由古代的混沌整化走向近代的精密分化（约在15世纪后半期开始）是一大进步；经过 400 多年的迅速发展，又在高度分化的同时出现了高度综合化占主导的趋势，这主要表现在自然科学与社会科学以及自然科学与社会科学各自范围内的不同学科之间的相互渗透、互相融合；多学科相互交叉，形成综合性学科；两门或两门以上学科交叉，形成边缘学科。科学发展到今天，人类知识的这种综合化趋势显得尤为突出。作为一门由多学科相互交叉而形成的综合性学科，人际沟通信息学便可以适应整个科学从高度分化走向高度综合的趋势，从传统的沟通与传播学中分化出来，在信息论、符号学、认知心理学、现代语言学、物理学、逻辑学、释义学、语言哲学等众多学科的交叉口上，由众多学科的知识多边融合、发展成为一门综合研究人际沟通信息传递规律的新兴学科。因此，我们说，人际沟通信息学的建立是大势所趋，它符合整个人类科学发展的历史进程，它具有十分现实的可能性。

二、人际沟通信息学的内容和任务

既然建构科学而完备的人际沟通信息学学科体系不仅具有必要性，而且也具有十分现实的可能性，那么，从科学的意义上来说，完备的人际沟通信息学体系应该包括哪些内容呢？其任务又是什么呢？前面曾提到，人际沟通信息学是运用信息论的基本原理和方法研究人际沟通过程中的信息传递规律的一门具有很强的可操作性和广泛用途的新兴交叉学科，从这个定义出发，笔者认为，人际沟通信息学的内容至少应该包括以下九个方面：

1. 关于人际沟通信息学的研究对象和研究范围的认识

研究对象的独立性和研究内容的专门性是任何一门学科存在的基本前提。德国著名哲学家康德说得好："如果想要把一种知识建立成为科学，那就必须首先能够准确地规定出没有任何一种别的科学与之有共同之处的，它所特有的不同之点；否则各种科学之间的界线就分不清楚，各种科学的任何一种就不能彻底地按其性质来对待了。"① 的确，人际沟通信息学只有在明确了自己的研究对象和研究范围之后，才可以从本质上把自己同其他学科区别开来，进而建构和完善自己的理论。当然，作为一门学科，人际沟通信息学还十分年轻、幼稚、不够成熟，但即便是如此，我们也不能"期望一个研究人员能够合理地进入一个完全没有加以明确、没有界限的学科的领域"②。因为没有一个明确的、大致的界限，人际沟通信息学就会失去其应有的个性、地位和独立性。

2. 关于人际沟通信息传递形貌和活动的认识

即对人际沟通信息传递的本体系统的认识，不同的学科有着迥然不同的本体系统，而不同的人对同一学科的本体系统又会有不同的认识。人际沟通信息传递的本体系统包

---

① ［德］康德：《任何一种能够作为科学出现的未来形而上学导论》，庞景仁译，商务印书馆1978 年版，第 17 页。

② ［美］亚历克斯·英克尔斯：《社会学是什么》，陈观胜、李培茱译，中国社会科学出版社1981 年版，第 1 页。

括人际沟通信息传递的目的、特性、类型、原则、功能、效果等各个部分，人们不仅要运用推理、判断、记忆、想象等方法来确定对这各个部分的认识，而且还会在研究中进一步深化和扩大对这各部分的认识。人际沟通信息学的这部分研究内容旨在从整体上、宏观上提供人际沟通信息传递活动的概貌，为进一步地深入认识人际沟通系统的各个构成要素奠定基础。

3. 关于人际沟通信息传递主体的认识

人际沟通信息传递主体，简言之，即人际沟通主体，它是指在人际沟通过程中能够积极、主动地进行信息传递与交流的人。人不仅能够按照生物学和生理学来加以规定，而且能够按照心理学和社会学来加以规定。人际沟通系统的核心之一是人，这个系统是一个可认识、可确定的实体，从沟通信息传递的起点到终点，人都充塞并活动其间；尽管在具体的人际沟通活动中，人所充当的角色不定、位置常换，但人际沟通活动的主体都必定是人，人是人际沟通信息过程得以存在的链条。因此，揭示和阐述作为人际沟通主体的人及其特点和功能，就成了人际沟通信息学不可或缺的内容之一。

4. 关于人际沟通信息的认识

作为人际沟通的内容，信息也是人际沟通系统的核心之一，是人际沟通主体进入互动过程的理由，没有信息，就没有传递和交流信息的人际沟通活动；没有传递和交流信息的人际沟通活动，当然也就没有人际沟通信息学研究。所以，人际沟通信息学就不能不将人际沟通信息的本质、特征、分类、层次、度量以及作用等内容纳入自己的研究视野之中。

5. 关于人际沟通信息载体的认识

人际沟通信息的载体即是沟通符号，沟通符号是人类的人际沟通区别于动物交往的本质特征。人类的人际沟通符号由言语沟通符号和非言语沟通符号两大载体系统构成，无论何种信息，无一例外地要通过其中的某种符号表现出来，没有人际沟通符号便没有人际沟通信息的传递与交流，人际沟通信息全靠人际沟通符号，尤其是言语沟通符号，使它脱离现实时空，获得超时空的意义而世代相传。因此，关于人际沟通符号的基本含义、本质特征、意义与分类等问题的探讨必然构成人际沟通信息学的重要组成部分。

6. 关于人际沟通信息传递媒介的认识

人际沟通信息的传递媒介，简称传媒，它是指沟通信息传递与接受的物质手段和中间通道。在人际沟通活动中，传媒主要包括两种基本类型，一种类型是沟通信息传递的物理媒介，另一种类型是人际沟通符号运作的物质媒体。由于人际沟通过程中的信息（如视觉信息、听觉信息等）都是由光波、声波等波（动）来传递的，所以，人际沟通信息传递的物理媒介又可以分为听觉信息传递的物理媒介——声波和视觉信息传递的物理媒介——光波等不同的表现形式。而人际沟通符号运作的物质媒体则主要包括书、信、电话、互联网以及其他印刷品等。通常，传媒的优与劣、先进与落后、单一与综合，直接影响到人际沟通信息传递的范围和效果。因此，关于传媒的认识理所当然地应成为人际沟通信息学理论体系中不可忽视的一个组成部分。

7. 关于人际沟通信息传递的生理机制的认识

传递信息和交流信息的人际沟通活动首先是一种生理活动，它需要人际沟通主体充分调动其各方面的信息器官去发送和接收沟通符号并对各种承载信息的沟通符号加以选择和处理，这就要求我们应该对人际沟通主体的信息器官及其功能有一个基本的了解。所谓人际沟通主体的信息器官，是指人际沟通主体用来获取、处理、传输信息的器官，它主要包括感觉器官、传导神经网络、思维器官以及效应器官等四类。诸如视觉器官、听觉器官、触觉器官等感觉器官是人际沟通主体获取沟通信息的门户，而人际沟通主体通过感觉器官获取的沟通信息则是由诸如导入神经网络和导出神经网络等传导神经网络传送给思维器官的，经过思维器官加工、处理的沟通信息又是通过导出神经网络传送给诸如操作器官（手）和语言器官（口）等效应器官的。从生理学意义上来说，人类的每一次人际沟通活动都是由这四类信息器官及其功能相互联系、共同作用的结果。可见，关于人际沟通信息传递的生理机制的认识对于完备的人际沟通信息学理论体系也是必不可少的。

8. 关于人际沟通过程中编码和解码等认知机制的认识

"编码"和"解码"从本质上说都是人的思维所进行的认知活动，无论是作为信源的沟通主体，还是作为信宿的沟通主体，其对人际沟通信息的传递和接收都是以对沟通信息的编码和对沟通符号的解码为前提的。从某种意义上说，作为传递和交流信息的人际沟通活动实际上就是人际沟通主体不断地对沟通信息进行编码和对沟通符号进行解码的一系列认知活动或思维操作活动。因此，揭示人际沟通过程中的编码和解码等认知活动的内在机制，无疑构成了人际沟通信息学的一部分重要研究内容。

9. 关于人际沟通噪音及其克服对策的认识

人际沟通的本质就在于有效地传递和交流信息。在传递和交流信息的人际沟通活动中，又常常会出现各种各样的沟通障碍——噪音，而这些噪音往往都会在一定程度上增加消息编码和解码中的不确定性，导致信息发送和接收的失真，从而模糊、干扰信息发送方的沟通意图，妨碍沟通信息的有效传递，严重地影响了人际沟通的质量和效果。因此，揭示人际沟通噪音的内在本质、认识人际沟通噪音的各种表现形式及其危害性以及努力找寻克服人际沟通噪音的有效对策，理应成为人际沟通信息学研究者所关注的问题。

当然，人际沟通信息学的研究内容也许远远不止以上这些，因为人际沟通现象五光十色，人际沟通活动丰富多彩，影响和制约人际沟通信息传递和交流的种种因素也是错综复杂的。但是，笔者认为，以上这九个方面的研究内容至少可以构成人际沟通信息学体系的主干。

至于人际沟通信息学的任务，具体说来，包括以下三个方面：

第一，对人际沟通过程中的信息传递规律作出客观的描述。对客观规律作出最为真实的描述是科学的最为基本的目标。作为一门科学，人际沟通信息学首先应当将我们身边每时每刻都在发生着的各种传递信息和交流信息的人际沟通活动客观地、细致地描述下来，以求得到其内在的运作规律。

第二，对人际沟通过程中的种种现象作出理论上的解释。科学不仅仅满足于对事件的描述，因为描述的总是个性化的、独一无二的现象，而解释则是要力图在这种种充满个性化的、独一无二的现象背后，找出具有共性的、带有普遍意义的东西，而科学的真谛正是在于透过现象，用概念、范畴体系，全面、系统地揭示和把握认识对象的本质和规律。对于人际沟通信息学来说，就是要在将我们身边发生的各种人际沟通活动描述下来之后，再进一步对这种种现象作出理论上的解释。解释与描述的不同在于，描述是要告诉人们人际沟通活动究竟是什么样的问题，而解释则是要进一步告诉人们这种信息活动为什么是这个样子，全面的描述是解释的基础，而深刻的解释则又可以推动更好的描述，二者相互依存、相互渗透、相互促进。

第三，对人们在人际沟通过程中有效地传递沟通信息作出规范，从而指导人们的人际沟通实践。对于一门学科来说，客观的描述和深刻的解释是其科学性所在，而合理的规范则是其实用性所在。由实践赋予活力和生机的理论会反作用于实践，对人们的实践活动产生巨大的影响，作为一种科学的理论体系，人际沟通信息学也不例外，它不仅要对人际沟通活动作出现象的描述和规律的解释，而且更把对传递人际沟通信息的种种技巧与艺术作出归纳、规范作为自己更重要的任务，它尤其强调把自己的全部研究成果付诸人们的人际沟通实践，指导人们的人际沟通实践。科学的人际沟通信息学理论应该能够武装人们的头脑，协调人们的思想和行动，指导人们按照人际沟通信息的传递规律去正确地解决人际沟通过程中出现的问题，去有效地进行传递和交流信息的人际沟通活动。

总之，在人际沟通日益频繁、人们迫切需要交流信息、相互理解、相互支持的今天，人际沟通信息学不仅在当代科学研究领域中占有十分特殊的地位，而且也担负着极其重要的任务。笔者相信，经过人们的不懈努力和深入探索，一个更加科学、更为完备的"人际沟通信息学"体系不久将会屹立于当代新学科之林！

参 考 文 献

一、英文部分

1. Jurgen Ruesch and Gregory Bateson. *Communication: The Social Matrix of Psychiatry.* New York: Norton, 1951.

2. Renato Tagiuri and Luigi Petrullo, eds.. *Person Perception and Interpersonal Behavior.* Standford, Calif.: Standford University Press, 1958.

3. D. K. Berlo. *The Process of Communication.* New York: Holt, Rinehart &. Winston, 1960.

4. Joel R. Davitz, ed.. *The Communication of Emotional Meaning*, New York: McGraw-Hill, 1964.

5. Ronald D. Laing, H. Phillipson. and A. Russell Lee, *Interpersonal Perception.* New York: Springer-Verlag, 1966.

6. Erving Goffman. *Interaction Ritual: Essays in Face-to-Face Behavior.* Chicago, Ill.: Aldine, 1967.

7. Don Fabun. *Communication: The Transfer of Meaning*, New York: Macmillan. 1968.

8. Michael Argyle, *Social Interaction.* London: Methuen, 1969.

9. Ray L. Birdwhistell. *Kinesics and Context: Essays on Body Motion Communication.* New York: Ballantine Books, 1970.

10. Ashley Montague. *Touching: The Human Significance of the skin*, New York: Harper &. Row, 1971.

11. Mark Cook. *Interpersonal Perception.* Baltimore: Penguin, 1971.

12. Paul Ekman, Wallace V. Friesen and Phoebe Ellsworth. *Emotion in the Human Face: Guidelines for Research and an Integration of Findings.* New York: Pergamon Press, 1972.

13. Pier Paolo Giglioli, ed.. *Language and Social Context.* Baltimore: Penguin Books, 1972.

14. Paul A. Eschholz, Alfred F. Rosa and Virginia P. Clark. *Language Awareness.* New York: St. Martin's Press, 1974.

15. John C. Condon, Jr.. *Semantics and Communication*, 2d. ed.. New York: Macmillan, 1974.

16. Kurt Danziger. *Interpersonal Communication.* Elmsford N. Y.: Pergamon Press, 1976.

17. Joseph A. Devito, ed.. *Communication: Concepts and Processes.* Rev. ed. Englewood Cliffs, N. J.; Prentice-Hall, 1976.

169

18. Dale Leathers. *Nonverbal Communication Systems*. Boston，Mass.：Allyn ＆. Bacon，1976.

19. Paul Watzlawick. *How Real Is Real? Confusion，Disinformation，Communication*. New York：Random House［Vintage Books］，1976.

20. Mark Knapp. *Nonverbal Behavior in Human Interaction*，2d ed. New York：Holt，Rinehart and Winston，1978.

21. Paul Watzlawick. *The Language of Change：Elements of Therapeutic Communication*. New York：Basic Books，1978.

22. Albert Mehrabian. *How We Communicate Feelings Nonverbally，A Psychology Today Cassette*. New York：Ziff-Davis，1978.

23. Richard W. Brislin，*Cross，Cultural Encounters：Face-to-Face Interaction*. New York：Pergamon Press，1981.

24. Joseph A. Devito，*Communication：Concepts and Processes*，3d ed.，Englewood Cliffs，N. J.：Prentice-Hall，1981.

25. T. Dean Thomlison. *Toward Interpersonal Dialogue*，New York：Longman，1982.

26. Loretta A，Malandro and Larry Barker. *Nonverbal Communication*. New York：Random House，1983.

27. Theodore Isaac Rubin. *One to One：Understanding Personal Relationships*. New York：Viking Press，1983.

28. Loretta A. Malandro and Larry Barker. *Nonverbal Communication，Reading* Mass. Addison-Wesley，1983.

29. Allan Pease. *Signals*. New York：Bantam，1984.

30. Carroll C. Arnold and John Waite Bowers，eds.. *Handbook of Rhetorical and Communication Theory*. Boston：Allyn ＆. Bacon，1984.

31. Susan T. Fiske and Shelley E. Taylor. *Social Cognition，Reading*. Mass：Addison-Wesley，1984.

32. Brain H. Spitzberg and William R. Cupach. *Interpersonal Communication Competence*，Beverly Hills，Calif.：Sage，1984.

二、中文部分

1. 【美】维纳：《控制论》，陈步译，科学出版社 1963 年版。

2. 【英】艾什比：《控制论导论》，张理京译，科学出版社 1965 年版。

3. 上海第一医学院：《人体生理学》，人民卫生出版社 1979 年版。

4. 【苏】列尔涅尔：《控制论基础》，刘定一译，科学出版社 1980 年版。

5. 李允武等：《声音》，科学出版社 1981 年版。

6. 【美】汤普森：《生理心理学》，孙晔译，科学出版社 1981 年版。

7. 【英】贝尔纳：《科学的社会功能》，陈体芳译，商务印书馆 1982 年版。

8. 王希杰：《语言学百题》，上海教育出版社 1983 年版。

9. 陈原：《社会语言学》，学林出版社 1983 年版。

10. 夏皮罗：《无数学的物理》中译本，知识出版社 1983 年版。

11. 程极济等：《生物物理学》，人民教育出版社 1983 年版。

12. 白唐等：《漫谈信息和控制》，中国青年出版社 1984 年版。

13. 陈明远：《语言学和现代科学》，四川人民出版社 1984 年版。

14. 宣伟伯：《传学概论》，余也鲁译述，中国展望出版社 1985 年版。

15. 【英】汤姆生：《思维心理学》，许卓松译，福建科学技术出版社 1985 年版。

16. 【英】拉扎列夫等：《认识结构与科学革命》，杨延延、王炯华译，湖南人民出版社 1986 年版。

17. 【美】李普曼：《当代美学》，邓鹏译，光明日报出版社 1986 年版。

18. 【日】古烟和孝：《人际关系社会心理学》，王康乐译，南开大学出版社 1986 年版。

19. 中国逻辑与语言研究会：《逻辑与语言论集》，语文出版社 1986 年版。

20. 居延安：《信息·沟通·传播》，上海人民出版社 1986 年版。

21. 张汝伦：《意义的探究——当代西方释义学》，辽宁人民出版社 1986 年版。

22. 王雨田：《控制论、信息论、系统科学与哲学》，中国人民大学出版社 1986 年版。

23. 【法】罗兰·巴特：《符号学美学》，董学文、王葵译，辽宁人民出版社 1987 年版。

24. 马大猷：《语言信息和语言通信》，知识出版社 1987 年版。

25. 孙非等：《社会心理学》，兰州大学出版社 1987 年版。

26. 【美】莫里斯：《开放的自我》，定杨译，上海人民出版社 1987 年版。

27. 【美】约翰·哈斯灵：《演讲入门——信息·演讲者·听众》，杨高潮译，上海人民出版社 1985 年版。

28. 【英】尼尔·史密斯、【英】达埃德尔·威尔逊：《现代语言学》，李谷城等译，外语教学与研究出版社 1987 年版。

29. 【美】尼伦伯格·卡莱罗：《怎样洞察别人》，蔡庆兰译，浙江文艺出版社 1987 年版。

30. 刘发中：《信息唯物论与科学学体论》，湖北人民出版社 1987 年版。

31. 冯健伟：《信息的传播与应用》，新华出版社 1987 年版。

32. 林岗：《符号·心理·文学》，花城出版社 1987 年版。

33. 【英】丹尼斯·麦奎尔、【瑞典】斯文·温德尔：《大众传播模式论》，祝建华、武伟译，上海译文出版社 1987 年版。

34. 苗东升：《模糊学导引》，中国人民大学出版社 1987 年版。

35. 【法】皮埃尔·吉罗：《符号概论》，怀宇译，四川人民出版社 1988 年版。

36. 【美】萨姆瓦等：《跨文化传通》，陈南、龚光明译，生活·读书·新知三联书店 1988 年版。

37. 钟坚等：《社会沟通论》，浙江教育出版社 1988 年版。

38. 庄稼：《人与人》，广东人民出版社 1988 年版。

39. 涂纪亮：《英美语言哲学概论》，人民出版社 1988 年版。

40. 李志强等：《交际与口才》，江西人民出版社 1988 年版。

41. 钟义信：《信息的科学》，光明日报出版社 1988 年版。

42. 萧斌：《制度论》，中国政法大学出版社 1989 年版。

43. 沈政等：《生理心理学》，华夏出版社 1989 年版。

44. 胡成富：《生存·发展·成功——打开人际关系的深层结构》，陕西人民教育出版社 1989 年版。

45. 王安平：《领导控制论》，中国人民大学出版社 1989 年版。

46. 李光等：《交叉学科导论》，湖北人民出版社 1989 年版。

47. 【日】竹内郁郎：《大众传播社会学》，张国良译，复旦大学出版社 1989 年版。

48. 熊守海等：《神奇的交际艺术》，武汉出版社 1989 年版。

49. 王维贤等：《语言逻辑引论》，湖北教育出版社 1989 年版。

50. 【英】谟敦·亨特：《人心中的宇宙：探究人心智的一门新科学——认知心理学》，章益译，人民教育出版社 1989 年版。

51. 李仲师：《口语交际艺术与技巧》，长春出版社 1990 年版。

52. 刘焕辉：《言语交际学》，江西教育出版社 1990 年版。

53. 陈建民：《说话的艺术》，语文出版社 1990 年版。

54. 徐斌：《人类大沟通》，长春出版社 1990 年版。

55. 朱曼殊：《心理语言学》，华东师范大学出版社 1990 年版。

56. 【美】冯·拉弗勒-恩格尔、【美】沃尔伯加：《传神的一举一动——非语言交际》，熊文华等译，国际文化出版公司 1990 年版。

57. 沙莲香：《传播学》，中国人民大学出版社 1990 年版。

58. 邢福义：《文化语言学》，湖北教育出版社 1990 年版。

59. 【美】莱杰·布罗斯纳安：《中国和英语国家非语言交际对比》，毕继万译，北京语言学院出版社 1991 年版。

60. 江昭等：《信息处理概论》，中国人民大学出版社 1990 年版。

61. 余柏民等：《交际心理趣探》，武汉大学出版社 1991 年版。

62. 曹南燕：《认知学习理论》，河南教育出版社 1991 年版。

63. 周文彰：《狡黠的心灵》，中国人民大学出版社 1991 年版。

64. 邵培仁：《政治传播学》，江苏人民出版社 1991 年版。

65. 于清文等：《简明信息词典》，经济科学出版社 1991 年版。

66. 【美】迈克尔·E. 罗洛夫：《人际传播——社会交换论》，王江龙译，上海译文出版社 1991 年版。

67. 姚亚平：《人际关系语言学》，辽宁教育出版社 1992 年版。

68. 章士嵘：《认知科学导论》，人民出版社 1992 年版。

后　记

　　人际沟通的本质在于有效地传递和交流信息，尽管近年来有不少学者曾经从各自的学术背景出发对人际沟通问题进行了许多有益的探讨，但是，直接运用信息论的原理和方法研究人际沟通本质的专著迄今尚不多见，这不能不说是人际沟通研究领域中的一大缺憾，有感于此，我尝试着撰写了这本小书：《人际沟通学》。

　　"人际沟通"是一个涉及内容十分广泛的论题，在本书的写作过程中，我虽然阅读了不少有关文献并试图通过这些文献与其作者进行有效的"人际沟通"，但限于自己的"解码"水平有限，对文献中蕴含的许多信息获取得尚不够全面、准确，甚至对许多问题可能食而不化，唯希望在常识上不要出错或尽量少出错，以免误人子弟。众所周知，科学研究是继承性与创造性的有机统一，作为一项研究成果，本书当然亦不例外，书中既有对他人成果的借鉴、引用，也有我自己的探索、体会，也许书中的有些问题还略有新意，稍具价值。遗憾的是，这部著作是我在繁忙的工作之余撰写的，我的思索与探讨，无论从深度上还是广度上，都还是初步的，书中的某些问题因篇幅所限尚未能够得到充分的讨论，在此只能向读者提供一个简陋的坯模。对于一些因篇幅关系未及展开，或者还可加以深化的论题，我期待在今后的探讨中来完成。同时，我也热切地期待着同仁们与我一起对此进行更为深入的探讨，力争尽早以更为科学、更为完善、更为成熟的《人际沟通信息学》来"扬弃"我这本《人际沟通学》。

　　本书的写作首先得益于我过去在哲学学科积淀的相关学术背景知识，更得益于我后来所从事的公共行政管理学研究，逻辑学、符号学和信息论等方面的哲学知识为我揭示人际沟通的本质提供了重要的思维方法论，而公共行政管理学研究则为我进一步探索人际沟通的内在规律提供了动力和素材。当然，在此还要感谢我的妻子方兴教授和可爱的儿子丁丁，正是在与他们的日常沟通中，我才更加领会了"人际沟通"的真谛。可以这么说，没有与他们的沟通，恐怕本书只好暂时搁浅了；这里我更要感谢武汉大学出版社教育分社的王雅红社长和胡国民编辑为拙著的出版所付出的宝贵心血，没有他们的关心和支持，本书也不可能这么快与读者见面。

　　至于写作过程中参考和引用的文献资料，我尽可能以脚注的形式或在书后列出，但仍难免有所遗漏，在此，我向所有被参考和引用的文献资料的作者和译者一并表示衷心的感谢。

　　笛卡儿说得好："愈学习，愈发现自己的无知。"现在我也深有此感。由于知识结构的局限和研究深度的不足，再加上情报资料的匮乏，本人深感力不从心，书中许多问

173

题的阐述或许不能令人满意，缺点和错误在所难免，这里，我诚恳地希望广大读者不吝指教。

丁　煌

2012 年 10 月于珞珈山

高等院校通识教育系列教材
书 目

《四库全书》与中国文化
社会性别与女性发展
通识逻辑学
当代中国社会问题透视
女性学导论
伦理学简论
中国文化概论
美学
科学技术史（第二版）
工程项目管理（第二版）
维纳斯巡礼·西方美术史话
宇宙新概念
《孙子兵法》鉴赏
唐诗宋词名篇精选精讲
明清小说名著导读（修订版）
中国美术鉴赏
诗词曲赋鉴赏
电子商务与电子政务
博弈论
资源环境与可持续发展
美术鉴赏
中国音乐史
西方音乐史
音乐欣赏教程
商务文书写作（第二版）
机关公文写作（修订版）
事务文书写作
大学书法通识
毕生发展心理学（第二版）
人际沟通学

图书在版编目(CIP)数据

人际沟通学/丁煌著．—武汉:武汉大学出版社,2013.1
高等院校通识教育系列教材
ISBN 978-7-307-10278-1

Ⅰ.人…　Ⅱ.丁…　Ⅲ.人际关系学—高等学校—教材　Ⅳ.C912.1

中国版本图书馆 CIP 数据核字(2012)第 270621 号

责任编辑:胡国民　　　　责任校对:黄添生　　　　版式设计:马　佳

出版发行:**武汉大学出版社**　　(430072　武昌　珞珈山)

(电子邮件:cbs22@ whu. edu. cn 网址:www. wdp. com. cn)

印刷:湖北金海印务有限公司

开本:787×1092　1/16　印张:11.5　字数:261 千字　插页:1

版次:2013 年 1 月第 1 版　　　2013 年 1 月第 1 次印刷

ISBN 978-7-307-10278-1/C · 335　　　　定价:25.00 元